L'art des vers lyriques

L'ART

DES

VERS LYRIQUES

PARIS — IMP. SIMON RAÇON ET COMP , RUE D'ERFURTH, 1.

L'ART

DES

VERS LYRIQUES

PAR

CASTIL-BLAZE

Car, s'ils font quelque chose,
C'est proser de la rime, et rimer de la prose.
RÉGNIER, *satire* IX, 1598.

Leurs pauvres vers estropiés
Ont des ampoules sous les pieds.
SAINT-AMANT, la *Gazette du pont Neuf*, 1650.

Et le moyen que d'un pas assuré
Marche en cadence un vers sans prosodie !
MARMONTEL, *Polymnie*, 1778.

Quand Thalie et Melpomène
Font parler les passions,
Sans rivale notre scène
Fait envie aux nations.
Mais sa lyre méprisée,
De l'Europe la risée,
N'a qu'un son d'aigre fausset ;
Bien que douce elle résonne,
Sans le rhythme, qui détonne,
Elle jure sous l'archet.
J. A. DUCONDUT, inspecteur d'académie. *Essai de Rhythmique française*, 1856.

PARIS

ADOLPHE DELAHAYS, LIBRAIRE-ÉDITEUR

4-6, RUE VOLTAIRE, 4-6

—

1858

PRÉLUDE.

J'avais déjà fait connaître mes idées sur la réforme de nos vers lyriques en 1819, dans la préface des *Noces de Figaro*, traduction de ce chef-d'œuvre de Mozart, lorsque, en 1820, je publiai *De l'Opéra en France*, deux volumes in-8. Ce livre me conduisit sur-le-champ, de plein vol, au *Journal des Débats*, et me fit nommer, en 1822, directeur de l'École royale de Chant et de Déclamation, précédemment et plus tard le Conservatoire de Musique. Le chapitre Iᵉʳ de cet ouvrage renfermait un *Traité des Vers lyriques*; traité que je reproduisis avec de notables augmentations, en 1826, dans une édition nouvelle de mes deux volumes, il y figura sous le titre d'*Essai sur le drame lyrique et les vers rhythmiques*, chapitre XVII.

Depuis mon entrée au *Journal des Débats*, 7 décembre 1820, jusqu'à ce jour, je n'ai cessé de prêcher la croisade contre la prose rimée de nos chansons, de nos cantiques, de nos opéras; prose que l'on ne saurait adapter à la musique, toujours écrite en vers notés, sans la forcer de rompre sa mesure, ses rhythmes, ses cadences. Une musique modelée sur de la prose ne pouvant être que de la musique en prose. J'ai poursuivi mon projet de réforme dans *le Globe*, la *Revue musicale*, de Fétis, la *Revue française*, le *Constitutionnel*, la *Revue de Paris*, la *France Musicale*, etc., etc.

En 1852, j'ai mis au jour deux volumes in-8 intitulés *Molière musicien*, pour lesquels le ministère voulut bien m'honorer de son aide précieuse en souscrivant pour cent exemplaires. Un quart de cet ouvrage traite *de l'Harmonie de la langue française et des vers lyriques*. Le même sujet est rappelé sous d'au-

tres formes dans mon *Histoire des Théâtres lyriques de Paris*,
quatre volumes in-8, plus un *Recueil historique de Musique de
1140 à 1856*, et dans une brochure ayant pour titre : *Sur l'Opéra
français, Vérités dures mais utiles*. J'avais tant de fois renouvelé mes instances, mes attaques dans les journaux, qu'un ré-
dacteur impatient s'éleva contre ce qu'il appelait mon *dada*.
Caton, le sage Caton n'avait-il pas le sien? *Delenda Carthago*.

Aux préceptes nouveaux contenus dans ma nouvelle publication, je dois ajouter ceux que j'avais consignés dans mes deux
traités précédents, et les divers fragments insérés dans les journaux. *L'Art des Vers lyriques*, tel est le troisième titre que je
donne à la troisième édition de mes *Essais*. Il me semble que
pendant trente-huit ans révolus, je dois m'être suffisamment
essayé.

Tout le monde sait faire de la prose rimée; compter jusqu'à
douze avec ses dix doigts, tel est le fin du métier. Un général
qui se bornerait à compter ses recrues, à les prendre au tas,
sans les mesurer à la toise, sans avoir égard aux défauts, à
toutes les infirmités de l'humaine espèce, arriverait sans peine
à se composer une armée aussi bien organisée que le sont nos
œuvres épiques et lyriques.

Tout le monde sait fabriquer de la prose rimée. Ce serait donc
faire injure à mes lecteurs, à d'aimables dilettantes, mathéma-
ticiens au point de savoir compter des syllabes jusqu'à douze,
si je leur dévoilais avec une emphase burlesque les arcanes de
la césure, de l'hiatus, de l'élision, de l'enjambement. Il est vrai
que je pourrais les égayer en traitant le plus sérieusement possible la question de la rime peinte curieusement pour les yeux
qui ne doivent pas l'entendre. Serait-il moins ingénieux de pré-
parer un splendide festin, un régal de gastronomes, en chevreuils,
en gélinottes, coqs de bruyère, phaisans truffés, jambons, truites,
dorades, patés de carton, en pudding géologique, en épinards
de peluche verte, en crèmes de lait de chaux, en poires, pêches,
fraises de marbre d'une imitation parfaite, fantastique repas que
l'on offrirait aux regards affamés d'une troupe de virtuoses rimant pour les yeux? Les cuisines, les magasins de nos théâtres

fourniraient, à l'instant et sans frais, tous les détails de cette mise en scène.

— Quelle nécessité de réunir ici, parmi des idées nouvelles, ce que vous aviez éparpillé dans les journaux? Qui diable a pu vous mettre en tête de publier encore des vérités dures mais utiles? Qui?

— Vous ne me croirez pas.

— Qui?

— Faut-il vous le dire? *Cachinno referens!* Un membre de l'Institut!!! Oui, je vous le répète, un membre de l'Institut! Satisfait, enchanté, ravi de mon projet de réforme, il a souscrit en même temps pour deux cents exemplaires de ce traité, qu'il veut distribuer à ses amis, que sais-je? peut-être à ses confrères académiciens!

Que dites-vous de cet encouragement, de ce progrès énorme, formidable? *Victrix causa diis placuit*, quel triomphe pour la bonne cause! Ce que je me fais l'honneur insigne de vous affirmer est une vérité douce, balsamique, mellifue, qui n'en est pas moins solide sur sa base, et dont l'utilité ne saurait être contestée.

Vous resterait-il quelques doutes? Vite à l'épreuve, parions; posez un gage de bataille, un momon de cinquante francs, et cinquante mille seront l'enjeu que je mettrai sur table.

— Son nom?

— Cet académicien vous le dira lui-même, lorsque, suivi de ses gentilshommes, il assistera son protégé venant toucher la somme engagée. Jusqu'à ce moment, chu.... ut! Chantons avec *les Deux Suisses* de Gaveaux :

> Que nos enfants n'en sachent rien.

L'Institut, vous le voyez, a déjà fait un premier, un immense pas vers le but. S'il ne s'avance point en armes, l'épée à la main, pour assiéger et détruire Carthage, il fournit au moins des subsides à ceux qui belligèrent. Docte et courageuse Pallas, ayant le casque en tête et la lance en arrêt, l'Université va se présenter en personne. Sachez qu'un inspecteur d'académie s'est rangé

sous notre bannière. Tout ce que je vous ai dit, pendant un tiers
de siècle! trouvera sa confirmation dans les préceptes et les
exemples que donne aujourd'hui cet auxiliaire académique infiniment précieux. *L'union fait la force*, est un apophtegme, un
proverbe monnayé que vous tenez dans votre tête ou dans votre
poche ; le solo devenu trio, septuor, va bientot se changer en
chœur, et nous pourrons chanter comme à l'Opéra :

> Avançons, combattons, détruisons, triomphons.

I

DE LA PROSE RIMÉE.

LE MAITRE DE PHILOSOPHIE.

Sont-ce des vers que vous lui voulez écrire?

M. JOURDAIN.

Non, non, point de vers.

LE MAITRE DE PHILOSOPHIE.

Vous ne voulez que de la prose.

M. JOURDAIN.

Non, je ne veux ni prose ni vers.

LE MAITRE DE PHILOSOPHIE.

Il faut bien que ce soit l'un ou l'autre.

M. JOURDAIN.

Pourquoi?

LE MAITRE DE PHILOSOPHIE.

Par la raison, monsieur, qu'il n'y a pour s'exprimer que la prose ou les vers.

M. JOURDAIN.

Il n'y a que la prose ou les vers?

LE MAITRE DE PHILOSOPHIE.

Non, monsieur. Tout ce qui n'est point prose est vers; et tout ce qui n'est point vers est prose.

Ce que nous dit le maître de philosophie par excellence,

Molière, est parfaitement juste à l'égard des peuples jouissant
des bienfaits d'une civilisation littéraire complète, à l'égard des
Kabyles mêmes, s'il ne s'agit que de poésie; mais, comme les
Français ne savent point encore ce que c'est que les vers ou l'ont
oublié, pour eux tout ce qui n'est point prose simple est prose
rimée. Quand ils sauront faire des vers, leur prose rimée, auxiliaire précieux, viendra se placer entre la prose et les vers, ils
posséderont alors trois manières bien distinctes de s'exprimer,
et leur pauvreté honteuse, déplorée, va se changer en opulence.

Revenons à notre Molière, écoutons ce brave Jourdain plus
malin qu'on ne pense.

M. JOURDAIN.

Et comme l'on parle, qu'est-ce que c'est donc que cela?

LE MAITRE DE PHILOSOPHIE.

De la prose.

M. JOURDAIN.

Quoi! quand je dis, Nicole, apportez-moi mes pantoufles, et me
donnez mon bonnet de nuit, c'est de la prose?

LE MAITRE DE PHILOSOPHIE.

Oui, monsieur.

M. JOURDAIN.

Par ma foi, il y a plus de quarante ans que je dis de la prose sans
que j'en susse rien, et je vous suis le plus obligé du monde de m'avoir
appris cela.

Depuis deux siècles on rit de la naïveté du bourgeois-gentil-
homme, elle est devenue proverbiale. Nos poètes, ils le sont du
moins par leurs idées (1), nos poètes l'ont mille fois rappelée et
se plaisent encore à la citer, sans se douter que M. Jourdain les
a tous enrolés dans son régiment. Comme lui, ces rimeurs écrivent
de la prose, sans cesse de la prose, rien que de la prose, et s'ima-
ginent faire des vers parce que leurs lignes sont inégales, mar-
quent un repos sur l'accent au troisième ou bien au deuxième
pied, et sont terminées par des mots consonnants. Heureuse in-

---

(1) —Sans avoir fait de vers on n'est pas moins poète, » nous a dit Aristote.

génuité, procédé commode et chéri des écoliers paresseux, erreur immense dont l'univers entier repousse avec dédain les misérables résultats. Où trouverez-vous la cadence intérieure des vers si vous l'abandonnez ainsi pendant les cinq premiers temps d'un hémistiche?

Je chante le héros qui régna sur la France.

Par quel bout prendrez-vous cette ligne de prose pour lui donner l'apparence d'un vers? Un chemin est couvert d'un océan de boue, mais de six pas en six pas de distance on a mis un pavé, solide appui sur lequel il vous sera permis de poser le pied. Ces appuis seront-ils assez rapprochés pour assurer votre marche et vous garantir de la fange qui vous menace? Ne serez-vous pas embourbé suffisamment avant d'avoir atteint la conclusion du second hémistiche? Multipliez les repos, au lieu d'un mettez-en deux, et dites :

Jĕ chăn | *tai* lĕ hĕ | rōs qŭi rŏ | gnā sŭr lă | France.

Mettez-en trois,

Voŭ | drāit ă | nĕăn | tŭr lĕ | Dieu qu'Îl | ā quĭt | te.

Par ce moyen vous sentez le vers, solidement établi, marcher d'un pas ferme et sûr. Vous sentez que le palefroi soumis à votre direction est muni de ses quatre jambes. Sans cette précaution, il ne vous reste pas même l'âne de Sancho Pança ; mais les quatre piquets immobiles sur lesquels Ginès de Passamont avait juché le naïf écuyer.

Avant de citer d'autres exemples, je dois en faire connaître le mécanisme, afin de les rendre parfaitement intelligibles.

La brochure intitulée *Sur l'Opéra français, Vérités dures mais utiles*, m'a valu des critiques maladroites; elles prouvaient que leurs auteurs, ne comprenant pas la question, touchaient à coté du but, ne savaient pas même ce que c'est que l'accent tonique, grammatical, prosodique ou musical. En effet, l'un d'eux allait jusqu'à me reprocher huit accents faux dans un couplet de Robin-des-Bois : il y en avait un seul qu'il notait de la même manière que les sept accents justes. Cette uniformité de notation n'est-elle pas une preuve suffisante de l'ignorance du critique? Le traité que je vous soumets ici n'est pas l'œuvre d'un jour. En 1814, je faisais mieux, beaucoup mieux que les autres paroliers, ce qui ne veut pas dire que je fisse bien. Je vous montrerai des fautes dans ma traduction du Barbier de Séville, 1820, dans Robin-des-Bois, 1824, mais depuis lors je me suis ravisé. Le prix énorme que je touchai pour mon *Chasseur diligent* ne m'éblouit pas, et l'Italienne à Alger, Anne de Boulen, Obéron, Léonore, Bernabo, sont des livrets où mon système se déploie, et qui peuvent servir de guide à nos paroliers.

II

DE L'ACCENT ET DES NOTES D'ATTAQUE.

L'accent est l'augmentation d'énergie et de solennité que l'on fait sentir sur la syllabe la plus forte, la mieux sonnante d'un mot ; syllabe qui révèle à l'instant la physionomie et le sens de ce mot ; syllabe sur laquelle se repose la voix du lecteur et du chanteur. L'accent est sur la première, la deuxième ou la troisième syllabe suivant la structure du mot commencé, partagé, terminé par une syllabe vibrante, *flammĕ, bâtŏn, bĕrgĕrĕ, grĕnădĭer*, présentent les trois positions différentes de l'accent.

Ce repos de la voix sur l'accent, repos quelquefois solennel, énergique, cesse d'exister dans la musique rapide, note et parole, dont toutes les articulations présentent entre elles une parfaite égalité. Mais un certain coup d'archet du chanteur fait sentir la chute et le passage de l'accent arrivant sur les temps forts et demi-forts de la mesure ; et ces points d'appui, quelque fugitifs qu'ils puissent être, ne sauraient porter que sur une syllabe dure. L'hirondelle fend l'air avec rapidité, souvent elle semble immobile, si vous la suivez d'un œil attentif, vous la verrez piquer d'un coup d'aile tous les accents de son vol agile. Vous remarquerez aussi des accents dans le galop d'un coursier, dans la pompe d'une locomotive.

Plus un air vocal est rapide, impétueux, et plus ces imperceptibles repos, ces chutes qui semblent avoir cessé d'exister, sont nécessaires pour en régler la marche. Les Français ne me-

surant pas leurs vers, n'ont jamais pu donner, dans leurs opéras
prétendus bouffes, aucun de ces airs, de ces duos d'une gaieté
folle, d'une volubilité merveilleuse, qui pullulent dans l'*opera
buffa* des Italiens. La prose rimée a toujours coupé les jarrets à
nos acteurs lyriques.

L'accent est sur la première syllabe dans *flămmĕ, vĭĕ, pērĕ;*
mots ou pieds composés d'une longue et d'une brève, que les
anciens ont nommés *trokées*, et qui deviennent à volonté des
spondées, pieds composés de deux longues, *flămmē, vĭĕ, pērĕ*.

J'emprunte aux Grecs, aux Latins, leur notation par longues
et brèves, et les noms qu'ils ont donnés aux pieds de leurs vers;
ces noms, cette notation étant depuis longtemps adoptés. Voilà
tout ce que je leur prendrai; je n'aurai même pas besoin de
toutes leurs combinaisons de pieds : un petit nombre me suffira.
Ces pieds je les disposerai d'une façon nouvelle, en les priant de
vouloir bien s'accommoder aux mœurs de notre poésie et surtout de notre musique.

L'accent est sur la deuxième syllabe dans *ămŏur, bătŏn, bŏn-
hēur, ăgé, pălīr, hērōs, chătēau;* ces mots ou pieds formés d'une
brève et d'une longue sont des *iambes*.

L'accent est encore sur la deuxième syllabe dans *cĕrīsĕ, bĕrgĕrĕ, coŭrŏnnĕ*, ces mots ou pieds sont formés d'une longue entre
deux brèves, les anciens les ont nommés *amphibraques* : pieds
dont la dénomination nous est inutile.

L'accent est sur la troisième syllabe dans *grĕnădĭer, soŭvĕnīr,
vŏyăgĕur;* ces mots ou pieds composés de deux brèves et d'une
longue sont des *anapestes*.

Dans *chătĕlăin, pălĭssănt, vĭŏlŏn, sūrĕtĕ, ădmīrĕr, blămĕră,
mĕrveĭllĕux*, l'accent est sur la première et la dernière syllabe;
ces pieds composés d'une longue suivie de deux brèves sont des
dactyles. *Ungula, carcere, sentiat*, sont-ils mesurés autrement que
chătĕlăin, pălĭssănt, mĕrvĕĭllĕux, etc. ?

Beaucoup de mots tels que *prŏtĕctĭŏn, inĭmĭtĭé, mŏdĕrĕmĕnt*,
ont deux accents, dont un intérieur, qui partage ces vocables et
eur fait présenter deux iambes réunis.

Égaux en valeur numérale à ces derniers, mais autrement

scandés, *rĕ-lĭgĭŏn, sŏ-lĕnnĭtĕ, că-prĭcĭĕux*, nous donneront, *ad libitum* un dactyle précédé par une note d'attaque.

Tous ces pieds, les seuls que nous devons employer, seront formés ensuite par la réunion de plusieurs mots, pourvu que les accents arrivent, tombent juste à leur place.

Jĕ nĕ pŭis vŏus părlēr, formeront deux anapestes.

Lĕ rŏi m'ă dīt, deux iambes.

O mălhĕur! īl mĕ fŭit! deux dactyles.

Il sĕ făchĕ, deux trokées.

Vous voyez que je supprime certains accents circonflexes posés sur des voyelles dans le seul but d'indiquer la suppression d'une consonne, dont on a reconnu l'inutilité; consonne que l'on aurait dû proscrire comme nuisible. Nulle raison ne peut autoriser, nul prétexte ne saurait justifier la gravité de l'accent mis sur *bâton, âgé, château, pâlir, blâmer*. Ces mots sont et ne peuvent être que des iambes. On doit absolument les débarrasser de l'accent mal à propos imposé, les attaquer vivement, et dire : *bătŏn, ăgĕ, chătĕău, pălīr, blămēr*. Nous laisserons l'accent circonflexe à *bătŏnnēr, chătĕlāin, pālĭssănt, blāmĕră*, dactyles précieux déjà notés avec soin par nos anciens; nous le laisserons à *blāmĕ, ăgĕ, pālĕ*, trokées bien caractérisés. Les musiciens n'ont jamais noté *băston, āagĕ, chăstĕau*, prononciation fantasque et vicieuse, ennemie de tout rhythme rationnel, élégant et régulier. Ils ont au contraire expédié lestement cette première syllabe sur une double croche. Voyez dans Adolphe et Clara, dans Maison à vendre, dans le Chateau de Montenero.

Dăns lĕ chă | tĕau dŏnt jĕ | sŭis cŏmmăn | dănt.

| Lă rĕtĭ | rĕ dăns | mŏn chă | tĕau.

| Dăns cĕ chă | tĕau quĕ | Dĭĕu cŏn | fŏndĕ.

Passons aux notes d'attaque. J'appelle ainsi les syllabes ou notes sur lesquelles nous devons glisser plus ou moins rapidement, jusqu'au moment où l'accent arrive, se présente pour former un point d'arrêt ou du moins une vibration qui marque le pivot sur lequel va tourner le rhythme.

Il y a quatre espèces de notes d'attaque : la première, celle qui, frappant elle-même sur le temps fort, est comprise dans la mesure, doit être désignée par zéro, puisqu'elle porte l'accent et remplit la double fonction de tonique et d'introductrice. La voici :

> | Chămps pătĕr | nēls.
> | O dĕs ă | mănts.
> | Doŭcĕ mă | gīe.

Je signalerai donc ces quatre espèces de notes d'attaque savoir : première par zéro, puisqu'elle est absorbée; deuxième, procédant par une note; troisième, procédant par deux notes; quatrième, procédant par trois notes.

Je place toujours la syllabe portant l'accent immédiatement après le tiret qui sépare les différents pieds du vers. Veuillez bien le remarquer, il importe que l'accent soit désigné d'une manière claire et précise.

> | Chămps pătĕr | nēls,
> | O dĕs ă | mănts,
> | Doŭcĕ mă | gĭĕ,

Ne nous présentant pas de syllabe avant le tiret, en dehors de la mesure, nous disons :

Zéro pour les notes d'attaque, et nous partons sur l'accent même, sur le frappé du temps fort de la mesure.

> Vĕ | nēz rĕ | gnĕr | ēn soŭvĕ | rāinĕ.
> L'A | mōur ĕst | ūn ĕn | fănt trŏm | pēur.
> Vŏi | cī lă chăr | măntĕ rĕ | trāitĕ.

Ici nous avons une syllabe d'attaque; dans les vers suivants, nous en compterons deux.

> O Rĭ | chărd, ŏ mŏn | rŏi!
> Qu'ă mĕs | ōrdrĕs ĭ | cī toŭt lă | mŏndĕ sĕ | rĕndĕ.
> Quănd lĕ | cōmtĕ sĕ | mĕt ă | tāblĕ.
> Lă Vĭc | tōire ĕn chăn | tănt nŏus | oŭvrĕ | lă băr | rĭèrĕ.

La quatrième espèce, procédant par trois notes d'attaque, va nous offrir une difficulté, que je dois indiquer au poète afin qu'il la surmonte.

Sĭ l'ūnĭ | vērs ĕn | tĭer m'oŭ | blīe,
S'ĭl fănt ĭ | cĭ păs | sēr mă | vĭe,
Quĕ sērt mă | glôĭre ĕt | mā vă | lēur?
Noŭs brāvĕ | rōns pŏur | lŭi lĕs | plūs săn | glānts, hă | sărds.
Allōns, ĕn | fănts dĕ | lā pă | trĭĕ.   ıc·ɔ

Les trois notes d'attaque présentent nécessairement un temps demi-fort, qui veut être rendu par l'accent posé sur la deuxième syllabe, *Sĭ l'ūnĭvērs;* condition remplie exactement dans les cinq vers cités, et dont l'omission éborgne les lignes suivantes :

Lŏrsque mŏn | māĭtre ĕst | ēn vŏy | āge.
Sŭr le rĭ | văge ăs | sēmblĕz- | vōus.
On ne vŏus | vōĭt jă | māĭs rĕ | vēuse.
Sŭr le chĕ | mĭn dĕ | lā fŏr | tūne.
Filles, găr | çōns, vĕ | nez dăn | sēr.

Privé de syllabes d'attaque, le vers suivant sera précédé par le tiret, il va frapper l'accent sur le premier temps de la mesure, et servir ainsi de début à la strophe lyrique.

| Chāmps pătĕr | nēls, Hĕ | brōn, | doŭcĕ văl | lēe!

Dans le second hémistiche, l'accent est précédé par une note d'attaque *Hĕ.* C'est un défaut capital, le vers étant parti d'aplomb sur le temps fort, le fragment qui sert de réponse au début devait aussi partir sur le temps fort. La note d'attaque, prise sur le pied suivant, le désorganise et le change en césure. Ce pied devient boiteux. Si l'auteur avait reconnu la nécessité d'une césure, il devait la placer sur *nels.*

Deux notes d'attaque vont amener huit fois l'accent dans les membres de phrase suivants; et ces notes, d'abord isolées en apparence, trouveront leur complément à la fin des vers, et par l'enchaînement des pieds.

Lŏĭn dĕ | vōus ă lăn | gŭi mă jĕu | nēsse ĕxĭ | lēe,
Cŏmme ău | vēnt dŭ dĕ | sērt sĕ flĕ | trĭt ŭnĕ | fleūr.

Ces deux vers anapestiques parfaits, il est vrai, sont en divorce flagrant avec ce qui les précède et ce qui les suit.

> O mŏn | pērĕ, ŏ Jă̆ || cŏb! dăns | ūnĕ̆ || douce i | vrēsse,
> Tŭ m'ăppĕ | lāis l'ĕs | pŏir, l'ăp || pŭi dĕ | tă vĭeil-|| lēsse.

Dans ces deux lignes, nous trouvons l'accent amené forcément par trois notes d'attaque; ce qui forme, pour la musique, deux pieds vicieux ayant quatre syllabes chacun. Afin de couronner dignement son œuvre, le parolier la termine par un vers anapestique excellent; ce qui vient augmenter le désordre de cette prose rimée et le dénoncer plus énergiquement à l'oreille.

> Et săns | mŏi tŭ gĕ | mĭs ĕn plŏu | rănt mŏn măl | heūr.

Je ne parlerai du second mouvement, de l'*allegro* de cet air, que pour signaler un accent amené par quatre notes d'attaque, monstruosité, licence effroyable d'un parolier maladroit, accroc dont la brutalité ne saurait échapper à l'auditoire le moins sensible.

> Vŏus ăvĕz pŭ | vŏir | săns frĕ | mĭr !

En effet on ne peut le voir et l'entendre sans frémir. Je ne connais, du moins dans les œuvres que l'on peut citer décemment, je ne connais que deux autres exemples de ce bredouillement obligé, parce qu'il est noté. Sacchini, musclé par les versicules de Pellegrin, comme notre Méhul l'était par la rimaille de Duval, a dû noter dans son Renaud :

> Et jĕ poŭrrăis | ĕtre ĭnsĕn | sĭble
> Aŭ mĕ | prĭs qu'ŏn | făit dĕ mĕs | fĕux?

Dans le **Prince Troubadour**, de Duval et Méhul, nous remarquerons aussi la même faute grossière.

> S'Ĭls păssĕnt Ĭ | cĭ là sĕ | māĭnĕ̆, |
> Prĕs dŭ | grānd fŏy | ĕr rĕ̆ŭ | nĭs.

Encore des vers antipathiques! toujours des vers antipathiques! pauvres musiciens français, quelle chaîne, quels boulets on vous force à traîner!

Je choisis mes exemples dans les chefs-d'œuvre de nos il-

lustres compositeurs ; en vous montrant à nu le gachis infame
qu'il leur a fallu débrouiller, dégauchir, déchirer, démolir, re-
construire avant de pouvoir l'unir à de belles inspirations mélodiques, j'arriverai facilement à vous faire comprendre que les
musiciens français ont bien plus d'obstacles à surmonter que
leurs heureux voisins, travaillant en des lieux où l'art des vers
est connu, pratiqué. Si nos compositeurs triomphent plus ou
moins de ces difficultés, s'ils nous donnent des airs superbes
malgré la gêne, le supplice imposés par le fabricant de livrets,
leur mérite est bien plus éminent, et nous leur devons de plus
grands éloges. Ce sont d'habiles cuisiniers à qui l'on demande
un ragout délicieux dont la base donnée est la coloquinte. Que
de parfums exquis, de condiments victorieux ne faudra-t-il
pas d'abord pour déguiser, effacer l'amertume rebutante du
thème imposé? Nous ajouterons, s'il vous plaît, que ce thème
si bien accommodé ne pourra cependant charmer, séduire que
des oreilles françaises encore insensibles à l'harmonie des vers,
aux figures élégantes et variées du rhythme.

On ne peut desirer ce qu'on ne connaît pas.

Le plan littéraire, la pensée de ce bel air de Joseph, chanté
depuis cinquante ans, sont fort bien ; mais quelle exécution,
quelle ignorance de toute mesure lyrique! En six lignes toutes
les combinaisons de rhythmes sont brouillées, entassées ; et trois
vers anapestiques réguliers viennent se jeter à travers ce gachis,
pour en faire encore mieux remarquer le désordre. L'auteur
passe de zéro jusqu'à trois notes d'attaque, tandis qu'il aurait
dû s'en tenir à zéro, type choisi sur lequel les six vers devaient
être réglés, type de la chanson du page de le Nozze di Figaro,
conservé rigoureusement par Da Ponte dans les ving-huit vers
qui la composent.

> | Voi che sa | pete
> Che cos'é amor,
> Donne, vedete
> Se l'ho nel cor.

Le charme délicieux de l'air de Joseph nous plaît, nous séduit malgré l'horrible discordance de ses versicules. Quel effet ne produirait-il pas si des vers élégants et corrects, en harmonie constante avec la cantilène, venaient satisfaire complètement l'oreille? J'aime passionnément ce chef-d'œuvre de Méhul; Elleviou, Ponchard, Duprez, Roger, me l'ont chanté d'une manière ravissante, et pourtant je n'ai jamais pu me défendre, en l'écoutant, de penser, de dire même : — Il me semble voir une tablette de cèdre peinte par Murillo, qu'un rustre emploie en guise de civière pour charrier son fumier. »

Vous me direz que le public français vicié, perverti, corrompu dès l'enfance par la doctrine de l'Université, par la routine de l'Académie, ne remarque point cette discordance de la prose rimée voulant s'accrocher à la musique, et je n'en suis pas étonné. J'ai chanté ce même air de *Joseph* dans une immense bergerie, devant trois mille moutons, et pas un ces dilettantes, pas un! n'a réclamé contre les défauts que je viens de signaler.

Notre public est donc parfaitement insensible, et son oreille de corne lui dérobe toutes ces infamies. Non pas, non pas, je l'ai vu se révolter une fois en sa vie. Jugez si l'erreur était grande, énorme, formidable, si les délinquants étaient nombreux, puisqu'il a témoigné son mécontentement! Permettez-moi de vous rappeler un fait que la France entière connaît; un fait qui va démontrer l'importance colossale des syllabes ou notes d'attaque, de leur disposition mathématiquement régulière, sans laquelle il n'y a pas de musique vocale possible.

N'est-il pas honteux, ignominieux pour la France que soixante, quatre-vingt, deux cents chanteurs bien équipés, richement vêtus, arrivent sur un théâtre académique, sur un théâtre que l'on se plaît à nommer *le premier de l'Europe, de l'univers*; que ces virtuoses s'y présentent pour bredouiller un chœur syllabique d'une extrême simplicité, facile jusqu'à la niaiserie; que ces professeurs s'arrêtent, pataugent au point de rendre le public, un public parisien! confident malicieux de leur déconvenue? N'est-ce pas une merveille de stupidité que cet accroc brutal, ce scandale, cette déroute d'une armée chan-

tante, se soient renouvelés pendant vingt-cinq ans, et se reproduisent peut-être encore? J'ai souvent glissé dans l'oreille d'un
premier rôle des corrections qui devaient aplanir des ressauts
intolérables, et donner à la phrase une élégante sonorité, par
exemple :

Dans la romance délicieuse d'Alice (Robert-le-Diable), au lieu
de ces mots : *Pourraient-ils flé-échir la colère*, dire *pourraient-ils apaiser la colère*. *Fléchir*, de deux syllabes, ne saurait répondre à *pourraient-ils*, à *colère*, scandés sur trois notes.
On y parvient sans doute en donnant une troisième syllabe à
fléchir, mais *flé-échir* n'offense-t-il pas cruellement une oreille
délicate, surtout dans une romance que le musicien a voulu
rendre suave au dernier point ?

Dans Richard-Cœur-de-Lion, au lieu de *Non sous les lau.....
riers de la gloire*, dire *Non sous les palmes de la gloire*. *Lauriers*, iambe portant l'accent sur sa dernière syllabe, ne saurait être coupé sans déchirer l'oreille: *Non sous les lau.....;*
qu'est-ce que *lélau?* Je vous le demande. *Palmes*, trokée ayant
l'accent sur la première syllabe, marche d'accord avec la mélodie, et sonne victorieusement, etc., etc.

Inutiles soins, peine perdue! Quand je me suis aperçu que
les pécheurs voulaient rester dans l'impénitence finale, et qu'ils
se plaisaient à chanter faux d'une manière nouvelle et dont la
France possède, *seule au monde!* le brevet d'invention, je les ai
laissés en paix, libres de barboter à dire d'experts. Les paroliers, d'ailleurs, étaient là prompts à maintenir, assurer l'exécution textuelle de leurs sottises. Je pouvais faire une confidence
de ce genre à la première cantatrice, au premier ténor; mais
courir après un chœur dévoyé qui bat la campagne, trébuche
et tombe sans cesse au même endroit, n'était pas chose facile.
Je me disais : — Tant d'habiles gens gouvernent ce temple de
l'harmonie et du gout, il faudra bien qu'un jour on découvre la
cause du mal, le gîte du lièvre! On se lassera de voir ces choristes aguerris tomber dans le piège stupidement ouvert sous
leurs pas. » Point du tout. Ce piège apparent et grossier, que
j'avais saisi dès la première audition, le 3 aout 1829, est resté

pendant vingt-cinq ans inaperçu; j'ai cessé de le surveiller
depuis lors, et de m'amuser de ses résultats.

Cette culbute grotesque et réjouissante que le public n'attendait jamais en vain, ne manquait pas d'amener un jugement
téméraire, inique, à l'instant prononcé par ce même public.
Et voilà ce qui m'affligeait, me révoltait. — Les maladroits! ils
viennent de se tromper encore! disait-on, est-il possible que la
fleur de nos musiciens, des choristes de l'Opéra, du premier
théâtre du monde, balbutient comme comme des écoliers, et
n'arrivent pas à dire, en mesure et d'aplomb, ce passage
d'un chœur si bien attaqué, si bien terminé? — Ces choristes
n'ont pas tort; ils se trompent parce qu'ils sont habiles; ils trébuchent parce qu'ils sont excellents musiciens, et que le sentiment du rhythme poétique les guide, les anime, les maîtrise. Voilà
que d'ignorants paroliers, des butors académiciens, ouvrent un
abîme sous les pieds de ces vaillants choristes, tous n'y tom-
beront pas; mais la chute des uns, l'hésitation des autres, qui,
sur-le-champ, doivent s'ingénier pour éviter l'écueil, suffisent
pour jeter le trouble et le désordre sur le point défectueux. Que
les tambours attaquent un *fla* pour un *ra*, tout un premier
bataillon sera forcé de tricoter. Que l'orchestre du Cirque rompe
le rhythme, le cheval musicien renversera son cavalier.

Vous chercheriez en vain, je ne dis pas en Italie, mais en
Allemagne, en Russie, en Angleterre, des choristes meilleurs
que ceux de notre Opéra. Si les Allemands, les Russes et même
les Italiens ont une supériorité que le vulgaire leur attribue,
ils la doivent à la mesure des paroles, à l'union parfaite des
mots avec les notes, ils chantent des vers bien rhythmés, bien
cadencés. Voulez-vous mettre en désordre complet, aux abois,
une troupe si parfaitement disciplinée? Faites-lui chanter la
prose, le gachis, que l'on bredouille sur nos théâtres lyriques.
Vous aurez alors la preuve et la contre-épreuve.

Il faut pourtant que je vous fasse connaître la cause de ces
déroutes, multipliées au point que la France entière a pu les
remarquer; et c'est peut-être le retour prévu de ce scandale
trop évident, qui nous a privés de Guillaume Tell pendant les

mois d'exposition de 1855. Les étrangers auraient trouvé
l'exhibition un peu trop naïve et burlesque. Vous croyez que je
vais faire surgir une montagne ou creuser un abîme sans fond
aux pieds de nos choristes, point du tout. Prenez une loupe
s'il vous plaît d'apercevoir le grain de sable, ou plutot la place
que tiendrait un grain de sable. Il s'agit bien d'un trou, mais
du trou d'une aiguille; une fourmi n'y passerait pas, et tout
un chœur s'y précipite, y fait la culbute. Lisez d'abord ces
lignes rimées :

> Gŭil | lāumĕ, | tŭ lĕ | vŏis,
> Trois peuples à ta voix
> Sauront, fiers *de* leurs droits,
> Braver un joug infame.
> Et tes *fiers* accents,
> Jaillissant *de* ton ame,
> Soudain en traits de flamme
> Embraseront nos sens.

Si l'accent est le point d'appui du levier poétique, l'affut du
canon, la note d'attaque est l'étincelle qui doit faire éclater ce
tonnerre. Si la capsule est absente, croyez que le canon restera
muet. Vous voyez que le cinquième versicule de ce chœur est
privé d'une syllabe, de sa note d'attaque, et ce chœur est rapide, syllabique, il ne permet point aux exécutants de se pré-
munir contre la culbute. Ils suivent l'impulsion du rhythme
donné par les quatre premiers vers, ils vont au pas de course,
lorsque la terre manque sous leurs pieds; s'ils ne tombent pas,
ils trébuchent, et c'est ce que vous avez toujours vu. Donnez
une capsule au versicule désarmé, comblez l'abîme où doivent
forcément tomber vos choristes, et nul ne bronchera, ne fera
long feu, tous arriveront au but avec la régularité que vous ad-
miriez dans leur début. Pour obtenir ce résultat immense, un
grain de sable va suffire; faites dire à la troupe chantante :

> Tĕs | plĕurs, tĕs | fĭers âc | cĕnts,
> Jăıl- | lissănt | *de* tŏn | āmĕ.

Je ne ferai pas d'autre critique de ce chœur, où j'ai souligné deux *e* muets frappant à faux sur le temps fort, siège de l'accent ; et *sauront, fiers de leurs droits*, mots que l'on ne saurait réunir sans bâillonner le chanteur, vers qu'un grasseyeur ne pourra jamais prononcer.

Le grain de sable est devenu montagne, il a suffi pour combler le ravin, l'abîme où se précipitaient nos choristes. Vous ne serez plus étonné de l'importance énorme d'une syllabe absente, quand je vous aurai dit que l'omission d'une apostrophe, d'une virgule a valu 500,000 fr. à ses auteur et complices. Un millionnaire dicte son testament ; après avoir institué légataire universelle de ses chateaux, fermes, usines, etc., la demoiselle de ses pensées, il lègue cent mille francs à chacun de ses neveux. Le notaire écrit, le testateur et les témoins, après lecture, signent l'acte. Quand il s'agit d'exécuter les volontés de l'oncle trépassé, le notaire dit en confidence à chacun des cinq neveux : — Si je double votre legs que me donnerez-vous ? » Entre honnêtes gens on s'accorde sans peine, et le notaire se garde bien d'ajouter apostrophe et virgule que sa prévoyance avait omises. — Je lègue à mes cinq neveux, à chacun d'eux, cent mille francs, » devint, — Je lègue à mes cinq neveux, à chacun, deux cents mille francs. »

Comme les anciens, nous avons des syllabes longues, brèves et des syllabes douteuses ; celles-ci changent de nature suivant la position qu'elles ont dans le vers. Les monosyllabes prennent ou cèdent l'accent au gré du poète : c'est le *si sequatur* des Latins. *Dieu, ciel, grand, seul, bien, fort,* sont des longues bien caractérisées, portant l'accent qu'elles feront vibrer si vous les placez à la fin d'un pied.

Diĕu | sēul ĕst | fōrt, Diĕu | sēul ĕst | grānd.

S'il vous plaît que ces mots changent de notation, *grand* deviendra bref et *Dieu* sera long. Vous direz alors et très-correctement :

Grānd | Diĕu, | tēs jŭgĕ | mēnts sŏnt rēm | plĭs d'ĕqŭi | tō.

Voici d'autres exemples de ces changements de notation.

Unĕ | fūgue ĕn niŭ | sĭque ĕst | ūn mŏr | cēau biĕn | fōrt.

·Jĕ | suis dŏ | vŏtre ă | ˈvis, lĕ jĕu | ne hŏmmĕ ĕst fŏrt | bĭen.
Il ĕst | sĕul, sĕul, vŏus | dĭs-je, ĕt păr | mī sĕs rĭ | vāux....

En notant leurs vers, les anciens avaient soin d'en présenter les pieds séparément.

| Tytĭre, | tu patu | lœ recu | bans sub | tegmine | fagĭ. |

Je ne puis adopter ce procédé. Mon système ayant pour base les accents et non les pieds, je dois montrer à mes lecteurs le siège de ces accents, siège qu'ils ne reconnaitraient point avec assez de facilité, si je n'avais le soin de lui donner une place fixe, invariable. J'y parviens au moyen des notes d'attaque, notes précieuses dont je vous explique le mécanisme, je l'ai tout exprès inventé pour arriver à la clarté parfaite de mes démonstrations.

· Unĕ | fūgue ĕn mŭ | sīque ĕst | ūa mŏr | cēau bĭĕn | fŏrt.

Une, formant les deux notes d'attaque de ce vers, amène l'accent sur *fu.* Tous les accents figurent après les tirets. Comme il faut que l'oreille trouve son compte, je lui réserve le dernier mot, complément obligé du pied commencé par les notes d'attaque. Si le vers débutait sur le temps fort de la mesure, la note d'attaque, portant l'accent, serait absorbée; et nous pourrions adopter franchement la notation par pieds encadrés, *more antiquo.*

| Ils nĕ sĕ | vĕrrŏnt | plŭs.— | Ils s'aïmĕ | rŏnt toŭ | joŭrs. |

Les pieds métriques des anciens feraient voyager mes accents de telle sorte qu'on ne saurait où les trouver. Le trokée *rŏsĕ,* l'iambe *făvĕur,* le dactyle *chătĕlăin,* l'anapeste *grĕnădĭer,* placeraient mon accent sur la première, la deuxième ou la troisième syllabe d'un mot; les poètes le signaleraient à l'instant, il est vrai, mais il faut que je travaille aussi pour les écoliers.
- ·Deux syllabes longues à la suite l'une de l'autre ne se rencontrant jamais dans les vocables de notre langue, dans ceux du moins que la poésie lyrique doit admettre, nous n'avons pas de spondée. En profitant de la licence accordée aux poètes latins, nous pouvons changer nos trokées en spondées,

et noter à volonté *pĕrĕ*, ou *pĕrĕ*, *blămĕ* ou *blămĕ*. Je vous permettrais de rendre leur accent circonflexe à *château*, *bâton*, *blâmer, pâlir*, etc., ce qui nous donnerait des spondées réels et bien sonnants, si vous étiez assez aimables pour me dire ce que vous feriez de ces monstruosités prosodiques. Où les colloqueriez-vous ? Comment sauver leur dissonance effroyable ? Essayez de poser une ronde, une blanche sur *châ....tèau, blâ.... mer;* essayez de faire la moindre appuyure sur des syllabes infiniment brèves, qu'un usage stupide a burlesquement encapuchonnées, écrasées sous un éteignoir, et vous verrez le populaire, les académiciens eux-mêmes se révolter. — C'est l'usage, » direz-vous, mais il faudrait examiner d'abord si l'usage n'est point un imbécile, en France particulièrement. Rien n'est affligeant comme une jolie femme qui chante faux, et Mˡˡᵉ Mars, la Célimène par excellence, me blessait au cœur d'une manière désagréable, acerbe, quand elle disait avec un accent mélodieux, une grace charmante :

> Dois-je prendre un bâ...ton pour les mettre dehors?

Deux muettes de suite ne peuvent être admises dans la poésie lyrique, *faites-le, dites-le,* mais si la syllabe *le* reçoit un appui sonore du verbe qui le précède, nous lui permettrons de figurer dans le vers musical. Ainsi les *pŭnĭssĕz-lĕ, saĭsĭssĕz-lĕ*, atroces dans Guillaume Tell, puisque l'accent se brise sur la dernière syllabe, deviendraient corrects et sonores si l'accent était sur la pénultième, *pŭnĭssĕz-lĕ, saĭsĭssĕz-lĕ*.

> Vite, vite renvoyez-le,
> S'il s'explique devant elle
> Basile gâtera tout.

Nos musiciens sont obligés de corriger, de refaire le thème rustique et difforme de leurs paroliers, en composant des vers, en supprimant ou changeant des mots, afin que la prose rimée soit à peu près ferme sur ses pieds et boite moins durement. Ce que l'acteur chante sur la scène est rarement conforme au texte du livret. Celui de Une Heure de Mariage porte ces mots paresseux, languissants :

Fīĕz- | vōus | aūx dīs | cōurs dĕs | hōmmĕs;
Écŏu | tēz | leūrs prŏ | pōs d'ă | mōur.

Et Dalayrac chante, sur un rhythme leste et bien accentué :

Fīĕz- | vōus, *fiez* | *vous* aūx | *vains* dīs | cōurs dĕs | hōmmĕs;
Écoŭ | tēz, *écou* | *tez* lĕurs | *doux* prŏ | pōs d'ă | mōur.

Des quatrains entiers n'ont point été reproduits sur la partition. Voyez le premier duo de Ma Tante Aurore, où les versicules
suivants ne figurent point.

Dĕ | sōn hă | leĭne | fraîche ĕt | pūrĕ
Cet air me semble parfumé,
Et *le* réveil de la nature
Ne m'a jamais autant charmé.
Douce magie! etc.

Gluck ajoute quatre vers à la fin du troisième acte d'Armide.
les voici :

O ciel! quelle horrible menace!
Je frémis, tout mon sang se glace.
A | mōur, pŭis | sănt A | mōur, dīs | sīpĕ | mŏn ĕf | frŏi,
Et | prĕnds pī | tīé d'ŭn | cōeur qŭi | s'ābăn | dŏnne ă | tŏi.

Les deux derniers sont iambiques parfaits.

Vous ai-je fait connaître suffisamment les *doux* effets de la
prose garottée aux chants poétiques du musicien?

Cette prose rimée des Français, objet d'une incessante dérision, cette prose bafouée, vilipendée, à bon droit, par les autres
nations et même par la nôtre l témoin les épigraphes satiriques
de ce livre, avis à l'unisson de quatre siècles différents, cette
prose méprisée n'est pourtant pas sans utilité. Chassée de
partout quand elle veut se faire accepter pour des vers, je me
plais à lui ménager une retraite honorable, un hospice où l'on
voudra bien la recevoir; où ses infirmités reconnues obtien-
dront une entière indulgence. N'est-il pas des bossus, des boiteux, des malades assez valides pour être occupés à de légers
travaux?

III

DU RÉCITATIF.

Privé de mesure, de cadence, le récitatif est de la musique
en prose. On peut donc écrire en prose rimée les paroles destinées aux récitatifs d'une cantate, d'un oratoire, d'un opéra.
Si le chant figuré repousse avec raison l'enjambement des vers,
le récitatif l'accepte et sait l'employer à des mouvements dramatiques d'un grand effet. La parenthèse, l'interrogation, qui
pourraient altérer les formes élégantes de la mélodie, sont aussi
d'un heureux résultat en récitatif. Je ne saurais trop engager
nos musiciens à se régler sur les modèles suivants :

> Le vainqueur de Renaud, (si quelqu'un le peut être!)
> Sera digne de moi.
> GLUCK, Armide, récitatif.

> Votre nièce vous est rendue,
> (Direz-vous,) et voilà mon sauveur.
> BOIELDIEU, Ma Tante Aurore, chant figuré.

> Conduites avec vous sur ce funeste bord,
> N'avons-nous pas toujours partagé votre sort?
> GLUCK, Iphigénie en Tauride, récitatif.

> Quoi! quoi! c'est vous qu'elle préfère?
> GRETRY, la Fausse Magie, chant figuré.

Ce duo de la Fausse Magie, cité justement comme un chef-
d'œuvre de diction dramatique, ne renferme pas moins de quarante-cinq fautes de prosodie.

Toutes ces finesses du récitatif, les effets sublimes que les
maîtres obtenaient de cette diction soutenue par l'orchestre,

qui l'animait par ses traits dramatiques, donnant une voix au
silence de l'acteur; toutes ces belles choses ont disparu de
notre scène. Des bouffées, des rafales de symphonie éclatant
au milieu des récitatifs à propos de tel ou tel mot dont le musicien veut faire un rébus les ont remplacées. Ces effets sans
cause suffisante semblent n'avoir d'autre but que d'élever le récitatif au rang du chant figuré, pour abaisser celui-ci au niveau de la simple diction; moyen fort ingénieux, adroite esco-
barderie inventés par les musiciens qui ne savent pas faire
des airs, des duos, etc. On leur pardonnerait cet escamotage si
leurs récitatifs approchaient un peu des merveilleux chefs-
d'œuvre de ce genre tels que

Le songe d'Iphigénie, *Cette nuit j'ai revu le palais de mon
père.* Gluck, **Iphigénie en Tauride.**

Le récitatif de Donna Anna, *l'heure était avancée et la nuit
morne et sombre.* Mozart, **Don Juan.**

Celui de Pamira, *L'heure fatale approche.* Rossini, **le Siége de
Corinthe.**

J'aime beaucoup le tour gracieux des récitatifs de Piccinni, la
vérité de sa diction, *D'un héros sur les cœurs que l'exemple a
d'empire,* de **Didon,** mérite d'être examiné.

Voici de la prose rimée, dite en récitatif, que l'on applaudit
beaucoup à l'Académie royale de Musique.

DON JUAN.

Non, vous ne serez point femme d'un paysan;
Non, non, je ne veux pas que le soleil vous brule.
Eh! que dirait le roi, s'il savait que don Juan
Vous a vue, et permet qu'un manant vous épouse!
Qu'en d'ignobles travaux vous noircissiez vos mains,
Des mains blanches à rendre une infante jalouse!
Et que vous déchiriez aux cailloux des chemins,
Vos pieds, vos petits pieds de comtesse andalouse!
Non, à ces mains des gants, à ce cou des colliers;
Pour ces pieds des tapis ou la molle pelouse
De mes grands bois de citronniers;

Et sur ce front charmant, des gazes diaphanes,
  Qui, vous entourant de leurs plis,
  Défendront la rose et les lis
Des insectes du soir et des regards profanes.
Qu'en dis-tu, mon amour? Laisses-tu volontiers
Pour nos palais brillants l'ennui de leurs cabanes
Et tes lourds paysans pour nos beaux cavaliers?

        Don Juan, 1834.

Les enjambements de vers, les parenthèses abondent en ce couplet, et le récitatif les amène toujours avec grâce.

Les Italiens ne riment pas les vers destinés au récitatif; il suffit que les deux derniers, précédant la cavatine, le duo, le quatuor etc., le chœur, portent des rimes féminines. Cette condition suffit pour des vers libres, *sciolti,* dont la mesure ne présente aucune difficulté.

  Bene, tutto farò, ma senza riserve
   Tutto a me palesate.
  Avrai gran gusto di dar in moglie
   La mia serva antica,
  A chi mi fece un dì rapir l'amica.

      ARIA.

  La vendetta! oh! la vendetta! etc.

— *Dawer.—Parla sù, dunque oro a discrezione.*
— *Oro a biseffe, ammo, via!*
— *Son pronto, ah! non sapete*
Simpatici affetti prodigiosi
Che ad appagare, il mio signor Lindoro,
Produce in me la dolce idea dell' oro.

     DUETTO.

  All' idea di quel metallo! etc.

Les paroles sont versées avec un tel désordre sous notre musique vocale, que nos graveurs, typographes et lithographes se croient, en conscience, obligés de les munir de la ponctuation grammaticale. Le chanteur, désappointé par les mutilations faites à la prose rimée, pourrait-il arriver à la comprendre au premier coup d'œil? Précaution burlesque, accusatrice, et qui serait parfaitement inutile si les paroles était mesurées en vers.

La ponctuation sert à distinguer les périodes les unes des autres par des points; et les divers membres de période par des virgules. Elle marque aussi l'interrogation, l'admiration, la parenthèse, l'interruption.

La musique fait-elle autre chose?.

Si la mélodie a marqué ces repos, ces accents, pourquoi vous donner le soin, la peine de charger vos pages de signes inutiles et souvent nuisibles? Vos points égarés n'iront-ils pas se caser près des notes et changer ainsi la valeur ou l'accent des sons attaqués?

Si le compositeur a négligé de peindre ces repos, ces accents, croyez-vous que vos points et virgules arrêteront la marche de la cantilène? Vous mettriez vingt points d'exclamation après cet *ah*! si drôlement expédié par Boieldieu, *Ah*!!!!!! *quel plaisir d'être soldat*! que vous ne l'empêcheriez pas de galoper sur sa double croche. Si le musicien n'a point exprimé l'interrogation, la parenthèse, l'interruption, omissions à peu près générales aujourd'hui, vos signes feront apercevoir les fautes du compositeur sans les réparer en aucune manière. L'interrogation, l'interruption partent de l'orchestre et sont plantées sur l'harmonie.

Une traînée de points ajoutée à ce versicule barbare :

Lorsque au courroux des dieux sacrifiant tes jours...

n'empêcheront point Oreste de tomber sur la tonique, au lieu de rester, le pied en l'air, sur la dominante, afin de livrer la conclusion de la phrase à Pylade qui l'interrompt, lui coupe la parole, disant :

Ils veillent sur les tiens, ils protégent leur cours,
Je remplis leurs décrets suprêmes.

Pylade a seul le droit, la mission de terminer la période grammaticale ou chantée. La chute ferme, la cadence parfaite sur l'*ut* que son ami vient de faire entendre, est une faute réelle.

En réunissant par un tiret ces deux mots *souvenez-vous*, on révélera la faute du musicien. *Vous* est uni si bien à *souvenez* qu'il ne forme plus qu'un seul mot avec lui. *Vous* s'empare de l'accent, et *souvenez* se change en trois notes d'attaque, dont la deuxième ne peut admettre l'accent qu'elle devrait porter : *sŏŭvĕnĕz-voūs*. *Soŭvĕ* frappe à faux.

Au lieu de trois syllabes d'attaque, en voici quatre : *Nĕ tĕ rĕpĕns pŏint*. M. Meyerbeer, trouvant le prélude trop long, s'est reposé sur le premier accent qu'il a rencontré : *Nĕ tĕ rĕpĕns.....* *point noble fille ;* et, séparant ainsi deux mots inséparables, il ajoute un contre-sens énorme à la faute de prosodie. *Je ne dois.....plus t'entendre :* accent faux et cacophonie *tantan*. *Souvenez-vous, repens point, dois plus,* sont des mots qui doivent marcher accouplés. Séparez-les d'abord, j'y consens ; mais hatez-vous de les réunir, disant : *Je ne dois, ne dois plus vous entendre ;* s'il vous plait d'être compris par vos auditeurs, en évitant la cacophonie.

Ces points, ces virgules semés sans raison comme sans discernement parmi les mots de notre musique vocale, apprêtent à rire à ses dépens et révèlent son irrégularité monstrueuse. Rien d'inutile, rien ! ne peut être, sans péril, introduit sur le tableau que le musicien présente à l'œil. Aussi disais-je à l'un de nos plus habiles inciseurs d'étain : — Il faut absolument nous cotiser pour commander et payer une bride superbe, ornée de points et de virgules en or, en diamants, et nous irons en coiffer la fougueuse locomotive du courrier de l'Inde. Ce frein que l'on cherche depuis si longtemps, le voilà trouvé. »

Nos graveurs en musique ont des mains d'ange gouvernées par une tête de singe. Il est juste d'ajouter que la tête de sapajou repose le plus souvent sur les épaules des éditeurs et même des musiciens, ignorants et routiniers en calligraphie, laissant courir huit ou dix fautes d'orthographe littéraire ou musicale sur chacune de leurs pages charmantes. On devrait condamner à l'amende ces écrivains, ces inciseurs adroits mais ineptes : des prix leur sont décernés solennellement. Rien n'est plus naturel, nos jurys se composent d'académiciens.

IV

DU RHYTHME ET DE SES FIGURES.

L'accent est la base sur laquelle reposent les différents pieds du vers. La disposition régulière des accents établit les repos, les césures, et la combinaison des césures amène les dessins, les figures du rhythme.

Nous pouvons reproduire en français toutes les formes, les coupes de la poésie grecque ou latine, avec l'énergie et la douceur que l'observation de la quantité vient leur imprimer. Nous le pouvons; mais il serait inutile et même nuisible de nous imposer cette contrainte. Le mélange de vers d'espèces différentes, agréable dans les odes d'Anacréon et d'Horace, serait en opposition flagrante avec l'uniformité de cadences que réclame notre poésie lyrique. Une strophe de trois sapphiques suivis d'un adonien, de deux asclépiades suivis d'un phérécratien et d'un glyconique, ou bien de trois asclépiades et d'un glyconique, etc., etc., cette strophe ainsi mélangée, bariolée, serait une monstruosité pour notre chant vocal. Le musicien se tirerait peut-être de ce mauvais pas; mais il vaut mieux encore que son adresse ne soit point mise à l'épreuve.

Nul au monde ne pouvant musiquer régulièrement les strophes d'Horace ou de Santeul dans lesquelles plusieurs rhythmes sont introduits, combinés, pourquoi faire un travail inutile en cherchant à reproduire les dessins, pour nous vicieux, de ces odes? Si notre mélodie avait formé le désir, éprouvé le besoin de s'emparer de ces rhythmes bizarres, fracassés par les en-

3

- jambements simples ou d'une strophe sur l'autre, croyez qu'elle aurait fait sonner ses hautbois, ses violons pour les réclamer d'une voix claire, précise et parfaitement intelligible. Je montrerai plus tard, au chapitre VI, que nous lui avons donné tout ce qu'elle demandait.

On croit généralement que les stances destinées à la musique doivent être composées de petits vers ; c'est une erreur immense. Les vers de toute longueur, de douze à trois syllabes sont également bons, pourvu qu'ils soient munis de la cadence intérieure, qui seule peut constituer le vers lyrique. Les vers les plus longs seront les meilleurs parce que la rime *obligée*, cette lèpre des vers français, va s'y montrer plus rarement. Avec toute la broutille des versicules de nos chansonniers, vous n'atteindrez jamais la vitesse de ces longs hexamètres :

Lĕ că | nŏn ă cĕs | sé dĕ lăn | cĕr lă mĭ | trăille ;
Sous la tente assemblés, grenadiers et chasseurs,
Voyageons en esprit sur nos champs de bataille,
Glorieux souvenirs et si chers à nos cœurs.

Nos vers de dix, ayant la césure au deuxième pied, le repos au cinquième, sont inégalement coupés. Cette irrégularité de 2 figurant contre 3, peut être admise pour un *andante* dans le genre de la romance d'Arīodant,

| Fĕmmĕ sĕn | sible, ĕntĕnds- | tŭ lĕ rằ | mằge ;

mais s'il s'agit d'un mouvement leste, énergique, on doit couper le vers de dix en deux parts égales, en *tărătăntără*, comme disaient nos anciens : quatre brèves suivies d'une césure.

| Bĕlle ăux nŏirs chĕ | vĕux, | ĕntĕnds lĕs fău | vĕttĕs.

Un chœur ainsi mesuré frappe fort et juste ; il produit un effet merveilleux sur des auditeurs que la véhémence du rhythme doit nécessairement entraîner.

Nos grands vers épiques sont munis d'une césure, et nos petits vers, destinés à la poésie prétendue lyrique en sont dépourvus, ils n'ont d'autre repos assigné que celui de la rime. Le hasard seul amenait les césures, maintenant elles seront ré-

glées par la distribution symétrique des accents. Les exemples
que je vais donner feront connaître le mécanisme des césures
et les diverses places qu'elles peuvent occuper dans les vers de
huit, de sept, de six et de cinq syllabes. Nos législateurs au-
raient-ils pu s'imaginer que le vers de huit devait parfois admettre une triple césure, plus le repos de la rime?

Le meilleur de tous nos vers lyriques est celui de neuf syllabes,
mais il faut absolument qu'il soit coupé de trois en trois. Sa
mesure est alors si bien accentuée, que le poète est forcé de marcher au pas, en suivant une route flanquée de garde-fous. Racine emploie ce vers dans l'*Idylle sur la paix*, et le fait broncher,
trébucher comme toutes ses autres lignes rimées. Il faut déses-
pérer d'un rimeur lyrique s'il est insensible aux cadences énergiquement décisives de ce mètre anapestique forcé, contraint.
C'est un soldat qui tricote lorsque vingt tambours battent la
charge à son oreille. *Beati lourdes, quoniam ipsi trebuchave-
runt*, aurait dit Rabelais, en son latin burlesque, à Racine, à
Voltaire, s'il avait pu connaître leurs vers.

> Dĕ cĕs | liĕux l'éclat | et lĕs ăt | traits
> Sŏnt dĕs | dŏns dĕ sĕs | mains bienfăi | sāntes.

Le premier vers frappe à faux, le second est bien rhythmé:
Des dons de me semble pourtant duriuscule, la même observation
va s'appliquer au *Des des* suivant.

Voltaire se montrera plus maladroit que Racine : en deux
vers, il va broncher deux fois.

> Dĕs dĕs | tĭns lă chăi | nĕ rĕdŏu | tăble
> Nŏus ĕn | traîne à d'ĕ | ternĕls rĕ | grĕts.

Comment se fait-il que nos paroliers n'aient jamais employé
ce vers lyrique par excellence? La raison en est toute simple;
c'est que, ne le comprenant pas, ils lui donnaient une coupe vicieuse, et ne pouvaient s'abandonner aux charmantes ondulations
de ses trois repos. Un poète souvent lyrique, Hoffman, leur en
avait cependant fourni l'excellent modèle.

> Jĕ tĕ | pĕrds, fŭgĭ | tĭve ĕspĕ | rănce,
> L'infidèle a rompu tous nos nœuds.

— Le meilleur de tous nos vers lyriques est celui de neuf syllabes, » ai-je dit. En m'exprimant de cette manière, je pensais à
Racine, à Voltaire, à nos paroliers qu'il fallait brider, garotter,
pour les enclore et les maintenir dans les rails de la mesure ; et
certes nul vers ne pouvait mieux guider ces aveugles sourds.
Mais tous nos vers sont *les meilleurs*, tous nos vers sont
également bons entre les mains d'un poète sensible à l'harmonieuse cadence des mots. Tous nos vers, même ceux de onze
syllabes, seront excellents, admirables, pourvu que vous les fas-
siez concerter avec leurs sosies, coupés sur un même patron.

Ajoutons une troisième césure, un anapeste de plus, aux vers
de neuf syllabes, et nous ferons galoper à son tour cet alexan-
drin, que des prosodistes ignorants voudraient bannir de nos
stances lyriques.

       C'ĕn ĕst | făit, jĕ tĕ | pĕrds fŭgī | tīve ĕspĕ | rāncĕ.

Vous desirez écrire en vers et vous vous arrêtez dès la seconde
ligne. Vous arrivez rarement à la troisième sans avoir oublié,
rompu le mètre choisi. Votre dessin poétique cesse d'exister s'il
n'est plus suivi régulièrement. Le tourtereau meurt quand il a
perdu sa tourterelle; votre vers isolé, n'ayant aucun rapport de
mesure avec celui qui le suit ou celui qui l'a précédé, ne peut
pas même donner signe de vie. Vous faites des solitaires, des sentinelles perdues, des moines réfractaires, insociables, et qu'il est
impossible de réunir en communauté. Vous admirez le somptueux équipage d'un souverain, huit chevaux ayant même taille
même poil, même allure, couverts de harnais, de housses, de
panaches exactements semblables, y figurent : c'est un couplet,
une strophe de huit coursiers. Quatre-vingts attelages aussi bien
ajustés défileront sous vos yeux dans un jour de grande céré-
monie. On les a trouvés ces quadrupèdes qui charment vos yeux
par leur exquise symétrie; pourquoi seriez-vous moins heureux
en cherchant huit vers prêts à séduire l'oreille par une aussi
complète régularité?

Les vers ne seront des vers que s'ils marchent de compagnie;
ils doivent être de même structure afin de marquer le même pas.

Un âne, un bœuf, un caniche, placé parmi les sept nobles coursiers va déshonorer l'attelage, troubler sa marche, et prêter à rire au populaire le plus indulgent. Témoin le chœur de Guillaume Tell dont je vous ai parlé. Vous y signalerez sans peine le caniche, le molosse boiteux et trapu.

Ouvrez les cent mille volumes écrits par nos prosateurs rimants, et vous rencontrerez partout les mêmes irrégularités. Vous compterez des solitaires, rien que des solitaires, ne pouvant trouver deux ou trois compagnons prêts à faire route avec eux. Un poème français ressemble parfaitement aux voies de bois que l'on cordait, mesurait dans nos chantiers. On y remarquait des bûches de toute forme, droites, courbes, tortues, triangulaires, roulées en spirale, qu'il était impossible d'empiler sous la toise, sans que des vides énormes ne vinssent irriter l'acheteur lésé. Toutes ces irrégularités disparaissaient à l'instant sous la main de l'ouvrier sciant et divisant chaque bûche en six ou huit fractions. C'est l'opération que l'acteur ou le lecteur doit faire subir à votre prose rimée, il est obligé de la pulvériser afin de masquer ses défauts, afin de la présenter d'une manière moins désagréable à l'oreille. Un édifice où mille bévues étaient signalées tombe sous le marteau démolisseur, la critique est sur-le-champ désarmée; pourrait-elle en effet s'exercer, trouver à mordre sur un tas de décombres et de plâtras? tel est le misérable résultat de votre prose rimée, dont la diction, la lecture seraient insupportables si l'acteur, le lecteur intelligents ne se hâtaient de renverser de fond en comble l'œuvre du prosateur rimant.

Ne sortons pas encore du chantier; je veux vous y montrer à côté du tas de bois tortu, des piles de bûches droites et rondes, colonnettes de choix que l'on peut corder, mesurer, sans que le moindre vide se laisse apercevoir dans les rangs. Tout est d'aplomb, la ligne directe s'y multiplie par elle-même. Telle est la poésie complète et réelle; une suite, une agglomération de vers mesurés sur un type donné, concertant à merveille ensemble, ayant un air de famille, dont la diction est d'avance réglée et la musique à moitié faite par le poète. Il parle et le mouvement de ses vers imprime à son discours le sentiment, le charme continu de la mélodie.

> Même quand l'oiseau marche, on sent qu'il a des ailes.
>
> LEMIERRE.

S'il vous plaisait de faire l'application de ce vers charmant à votre prose rimée, un parodiste académicien serait prompt à vous répliquer avec autant de raison que de justesse :

> Même quand l'oison vole, on sent qu'il a des pattes.
>
> ANCELOT.

En France, un lecteur excellent est plus difficile à trouver qu'un chanteur de première force : il faut que ce lecteur détruise et recompose à l'instant; la prose rimée l'exige. Dans les pays où l'art des vers est connu, pratiqué, tout le monde lit naturellement, avec une parfaite élégance et sans étude préliminaire. La route est tracée, aplanie, on n'a qu'à suivre le rail. Distribué sur toute l'étendue du discours, le sentiment de la mesure prête son charme à la diction, en soutient l'harmonie, tandis que les repos de nos alexandrins, tombant de trois en trois pieds, laissant des vides affreux, des trous comblés par des éléments privés de forme et de figure, sont d'un résultat si désagréable que nos poètes s'ingénient pour déplacer, annuler même cet unique repos, afin de ne plus fatiguer, offenser l'oreille par son retour importun.

> Ils font et défont. L'un délie et l'autre coupe.
> L'un est la vérité, l'autre est la force. Ils ont
> Leur raison en eux mê....me et sont parce qu'ils sont.
>
> VICTOR HUGO, Hernani.

Ce n'est pas ainsi qu'il faudrait procéder; le repos au troisième pied n'aurait plus rien de vicieux et de choquant, si les vides étaient remplis, si les trous étaient comblés par des fragments d'une mesure exacte et sympathique, offrant les points d'appui que le discours réclame; piliers sur lesquels reposerait votre plancher qui s'ébranle ou retentit d'une manière fatigante et désagréable lorsque vous le frappez à de trop longs intervalles, de six en six pas.

Quelques-exemples rendront plus sensibles l'effroyable discordance, l'antipathie constante, que les vers français montrent
les uns pour les autres.

C'ĕst ĕn | vāin qu'āu Păr | nāsse ŭn | tĕ-mĕ | rāire ău | tĕur
| Pĕnsĕ dĕ | l'ārt dĕs | vĕrs āi | tĕındrĕ | lā hāu | tĕur.

En | fīn voŭs | l'ĕmpŏr | tēz, ĕt | lā fā | vĕur dŭ | rŏi
Voŭs ĕ | lēve ĕn ŭn | rāng | qŭi n'ĕlāit | dŭ qu'ā | mŏi;
Il vŏus | fait goŭvĕr | nĕur dŭ | prīnĕ | de Cās | fīlle.

Cĕ | lŭi qŭi | mĕt ŭn | frēin ā | lā fŭ | rēur dĕs | flŏts
Sāıt ăus | sı dĕs mĕ- | chānts ărıĕ | tĕr lĕs cŏm | plots.

Si le premier de ces deux vers trotte, le second s'élance au
galop ; mais nous allons reprendre le trot en boitant légèrement
pede claudo, pour galoper ensuite à fond de train.

Soŭ | mīs ā | vĕc rĕs | pĕct ā | sā vŏlŏn | tĕ | sāıntĕ,
Jĕ craīns | Dĭĕu, chĕr Ab | nĕr, ĕt n'āi | pŏınt d'āutrĕ | crāıntĕ.

Jĕ nĕ | m'ăttĕndaıs | pās, jĕune ĕt | bĕllĕ Zā | ı-re,
Aŭx nŏu | vĕaux sĕntı | mĕnts quĕ cĕ | lĭeu vŏus īns | pıre.
Qŭel ĕs | pŏir sı flāt | tĕur, oŭ | quĕls heŭ | rĕux dĕs | līns
Dĕ vŏs | jcŭrs tĕnĕ | brĕux ŏnt | fāit dĕs | jŏurs sĕ | reīnş?

Vous voyez que les éléments dont cette prose rimée se compose n'ont entre eux aucune sympathie; le dessin harmonieux
donné par la première ligne est effacé, détruit par la seconde. Ces
prétendus vers sont des solitaires qui ne sauraient être groupés
et présentés en compagnie sans molester, déchirer l'oreille qu'ils
devraient charmer. Le hasard me fait rencontrer deux vers parfaits dans le début de zaïre, mais l'auteur a bientôt changé de
gamme ; il divague dès la troisième ligne en nous donnant deux
autres vers qui, s'accordant ensemble, sont en opposition avec
le premier distique.

Si je vous ai montré la structure bizarre, informe, grotesque
de nos alexandrins, ce n'est pas avec l'intention d'en faire la
critique. Dieu m'en préserve! Je redoute un peu trop la colère
de nos académiciens. Les Français veulent bien se contenter de
cette prose consonnante et vagabonde, je ne les troublerai point
dans l'illusion que la routine de l'Université leur a faite. L'é-

popée, la tragédie, la comédie, l'épître, la satire, l'apologue, le
poème didactique, sont étrangers au sujet que je veux traiter.
Les Français les ont écrits jusqu'à ce jour en prose rimée, l'habitude a pris chez eux force de loi, *possideo quia possideo*,
laissons-les barboter en paix. D'ailleurs, n'ont-ils pas un argument victorieux à m'opposer? — Si nos vers sont d'une irrégularité monstrueuse, disent-ils, nous avons des lecteurs adroits,
d'ingénieux acteurs qui savent admirablement les pulvériser,
les réduire en vile prose, et tous les défauts de notre versification s'évanouissent à l'instant. — Oui sans doute, excepté les
sottises que la rime vous a forcé d'écrire. Votre édifice poétique
ressemble trop à ces chateaux de sucre batis pour les desserts
princiers, élégantes constructions, dont l'utilité ne sera reconnue qu'au moment où quelque jolie main les démolira pour
en offrir les décombres à de nombreux convives. Toutes les
œuvres que je viens de citer, *et que nos voisins écrivent en
vers mesurés*, ne sont faites chez nous que pour être lues ou récitées, c'est-à-dire pour être réduites en prose; les vers, cessant
d'exister, doivent échapper à la critique. Nous distinguerons
avec raison la prose rimée, faite pour être lue ou parlée, de la
poésie lyrique destinée au chant vocal, tel est ici l'unique objet
de notre sollicitude.

Cette poésie doit être invariablement écrite en vers mesurés,
rhythmés, d'une cadence parfaite; en vers réels, persistants,
coulés en bronze; leur structure ne devant subir aucune altéra-
ration. Ce sont des types offerts au musicien, types sur lesquels
il va régler ses chants, que la mesure doit soutenir, que le
rhythme doit animer. C'est la statue modelée par le poète et
que le musicien va couvrir d'une harmonieuse draperie. Le nu
se montrera, se fera du moins pressentir à l'œil sous le voile
mélodique, sous les dessins de l'orchestre. Si la statue est boiteuse, bancale, bossue ou manchote, croyez que la musique
présentera les mêmes défauts. Au lieu de les corriger, elle va
les exagérer.

On ne peut pas obtenir une belle mélodie dans la musique
vocale, si le poète ne l'a préparée d'avance par une belle mé-

lodie de mots. C'est un axiome que je pose; le combattra qui
pourra.

Après avoir donné pleine licence aux rimeurs français d'é-
crire en prose tous les prétendus poèmes qu'ils destinent à la
simple diction oratoire, voyons comment ils se sont gouvernés
jusqu'à ce jour en fabriquant ce qu'ils ont cru, ce qu'ils croient
encore être de la poésie lyrique. Examinons ces fagots de versicules boiteux et tortus que, naïvement, ils désignent sous les
noms de *cantate, ode, opéra, chanson, romance, cantique, ballade, chœur, vaudeville*. Toutes ces compositions appellent,
attendent la musique; voyons si elles peuvent la recevoir sans
l'obliger, la contraindre violemment à rompre sa mesure, à détruire son rhythme, ses cadences, à lacérer enfin l'ingénieux
tissu de ses dessins, de ses images.

> Grănd | Dīeu, vŏtrĕ | māin rĕ | clămĕ
> Lĕs | dōns quĕ j'ĕn | aī rĕ | çŭs :
> | Ellĕ | vĭent cŏu | pēr là | trămĕ
> Dĕs | joŭrs qu'ĕllĕ | m'ā tĭs | sŭs.
> | Mŏn dĕr | nĭer sŏ | lēıl sĕ | lĕvĕ,
> | Et vŏtrĕ | soŭfflĕ m'ĕn | lĕvĕ
> | Dĕ là | tērrĕ | dēs vĭ | vănts;
> | Cŏmmĕ là | feŭillĕ sĕ | chĕĕ,
> | Qūi dĕ sà | tĭge ărrĕ | chĕĕ,
> Dĕ | vĭent lĕ joŭ | ēt dĕs | vĕnts.

Trois rhythmes bien caractérisés sont jetés au hasard dans
cette belle strophe, une des moins boiteuses de J. B. Rousseau.
Voilà pourtant comme nos poètes lyriques manœuvraient! voilà
de singuliers modèles à proposer à nos jeunes rimeurs! Au lieu
de laisser ainsi la corruption se propager, au lieu de l'encou-
rager par une impunité déshonorante, le gouvernement ne de-
vrait-il pas mettre un impot sur la prose rimée comme il en a
mis sur les animaux dangereux?

Dans la simple récitation de leurs vers les Italiens font sentir
une cantilène que les accents, toujours bien placés, impriment
à leur poésie. Aussi tous les Italiens un peu lettrés disent-ils
parfaitement leurs vers. La raison en est simple : ces vers

sont réellement des vers mesurés, cadencés. Prompts à se mo‑
quer des nations qu'ils ne peuvent imiter, les Français criti‑
quent cette diction musicale, ondulée, agréable à l'oreille; ils
lui reprochent son emphase. Priez les trois ou quatre lecteurs
excellents que nous comptons sur trente-huit millions de Fran‑
çais, dites-leur de mettre un peu de cette emphase éminem‑
ment poétique en récitant la prose rimée que je viens de citer,
celle que je vais reproduire; et vous jugerez de l'atroce discor‑
dance de la chanson, répudiant l'air dont on voudrait l'affu‑
bler. Vous croirez être à l'Institut lorsqu'on y croasse de pré‑
tendus vers français.

> Lĕs | ciĕŭx-ĭns | truĭsĕnt lä | tĕrre
> | A rĕvĕ | rĕr | leŭr ău | tĕur :
> | Toŭt cĕ | *que* leŭr | glŏbĕ *en* | *serre*
> Cé | lĕbre ŭn | Diĕu crĕă | tĕur.
> | *Quel plus su* | blĭmĕ căn | tĭque
> | *Que* cĕ cŏn | cĕrt | măgnĭ | fĭque
> Dĕ | toŭs lĕs cĕ | lĕstĕs | cŏrps!
> | Quĕllĕ grăn | deŭr ĭnfĭ | nĭe!
> | Quĕllĕ dĭ | vĭne hărmŏ | nĭe
> Rĕ | sŭltĕ dĕ | leŭrs ăc | cŏrds!

Voyez MOLIÈRE MUSICIEN, tome II, page 221.

> Sĕi | gnĕur, dăns tă | glŏire ă-dŏ | răblĕ
> Qŭel mŏr | tĕl ĕst | dĭgnĕ d'ĕn | trĕr?

> Lĕ | Nĭl ă | vŭ sŭr | sĕs rĭ | văgĕs
> Lĕs | nŏirs hăbĭ | tănts dĕs dĕ | sĕrts.

Si le musicien prend la coupe du premier verset pour typé
de sa cantilène, et c'est ce qu'il doit faire naturellement, il
sera forcé d'abandonner son rhythme dès l'arrivée du second
versicule. S'il persistait dans son entreprise en suivant l'impul‑
sion donnée par les dactyles ou les iambes, il serait contraint
de chanter :

> Sĕi | gnĕur, dăns tă | glŏire ă-dŏ | răblĕ
> Qŭĕl | mŏr....

> Lĕ | Nĭl ă | vŭ sŭr | sĕs rĭ | văgĕs
> Lĕs | nŏirs hă | bĭ:..

Voyez-vous ce *mor*, *ces noirs habi* de deuil qui se présentent pour égayer l'auditoire? On dira que le musicien peut allonger ou raccourcir sa cantilène afin de ne pas estropier les mots. D'accord, mais alors, c'est la mélodie qu'il estropie, et la musique est blessée à mort. Ces prétendues rectifications obtenues au moyen des entorses que le chant a subies, mettront au supplice l'oreille la moins exercée.

Să | voīx rēdŏu | tāblĕ
Trŏublĕ | lĕs ĕn | fĕrs,
Un | brŭit fŏrmī | dāblĕ
Grŏndĕ | dāns lĕs | āirs,
Un | voīle ĕffrŏy | āblĕ
Coŭvrĕ | l'ūnī | vĕrs.
Lā | tĕrrĕ trĕm | blāntĕ
Frĕ | mĭt dĕ tĕr | rĕur:
L'ŏndĕ | tŭrbŭ | lĕntĕ
Mŭ | gĭt dĕ fŭ | rĕur :
Lā | lūnĕ sān | glāntĕ
Rĕ | cūlĕ d'hŏr | rĕur.

Trois vers excellents terminent cette strophe qui débute par neuf lignes de prose incompatible avec toute mélodie régulière. Et pourtant elle est citée comme un chef-d'œuvre de poésie lyrique, malgré ses rimes où foisonnent les épithètes !

| Rois, chăs | sĕz lă | cālŏm | nīe :
| Sĕs crĭmī | nĕls ăttĕn | tāts
| Dĕs plŭs păī | sĭblĕs Ĕ | tāts
| Trŏublĕnt | l'hĕurĕu | se hărmŏ | nīe.

— Ces strophes (il y en a quatre) sont remarquables par l'élégance et la grace, par une heureuse facilité de style. » Sur ce point je suis de l'avis du commentateur Geoffroy; quoique *poursuit partout*, *fraude adroite*, me paraissent bien raides pour fléchir sous la mélodie. Après avoir examiné les 309 lignes rimées, qui dans Esther doivent être chantées, et les 231 qui, dans Athalie, ont la même destination; lorsque l'œil du musicien a jugé que ces amas de lignes courtes, longues, moyennes, que l'auteur a mélées, brouillées, au hasard sur le papier, ne sauraient en aucune manière devenir le texte d'un air ou d'un chœur; cet œil se souvient qu'il a vu, dans Esther, quatre stances qui se dessinaient agréablement en tête d'une page. Il revient à cette oasis verdoyante au milieu du désert, s'applaudit, se réjouit de sa conquête. Mais hélas! quand il veut s'emparer de ce butin précieux et rare, il s'aperçoit que le mirage l'a trompé; il reconnaît que, sous une apparence de régularité, ces strophes, privées de mesure, de rhythme, de cadence, comme tout le reste, ne valent pas mieux pour la mélodie, et qu'elles ont en outre le défaut capital de finir par une rime féminine, par une rime sur laquelle on ne saurait terminer le discours musical sans langueur et sans gaucherie. Les stances commençant et finissant par une féminine sont d'un effet plus que désagréable à la simple lecture, faut-il s'étonner que les musiciens les réprouvent? Ce qui n'empêche pas *la Clé du Caveau* de proposer à nos coupletiers le timbre de *Femmes voulez-vous éprouver*, finissant par *Ah! rendez grâce à la nature*.

Les chœurs de Racine étant écrits en prose élégante, sonore, sublime, ne peuvent point s'unir à notre musique disposée en vers rhythmés. Du temps de Louis XIV, lorsque tout se chantait sur l'air des vêpres, on emballait, on emmagasinait facilement la prose, rimée ou non, sous une psalmodie complaisante au dernier point; plain-chant dont le Malade Imaginaire nous a conservé des restes curieux. Rameau n'offrait-il pas de mettre en musique la Gazette de Hollande; et Lemière de Corvey n'a-t-il pas musiqué, publié la sommation de rendre Mayence faite à Beaurepaire, et l'admirable réponse de ce général?

O | lâc, 1 ŏ | chêrs mŭ | êts, | grŏttĕs, fŏ | rêt ŏbs | cûre!

| Voûs quĕ lĕ | têmps ĕ | pârgne où qu'ïl | pĕut răjeŭ | nïr,

Găr | dēz dĕ | cēt-tĕ | nûit găr | dēz, | bêllĕ ıă | tûre,

Aŭ | môins lĕ | sŏuvĕ | nïr.

Quĕ lĕ | vênt quï gĕ | mît, lĕ rŏ | sēau quï soŭ | pïre,

Quĕ | lēs păr | fûms lĕ | gêrs dĕ tŏn | aïr êmbaŭ | mĕ,

Quĕ | toût cĕ | qu'ŏn ĕn | tênd, l'ŏn | vôit où | l'ŏn rĕs | pïre,

Toût | dîse : Ils | ŏnt aï | mĕ.

En voyant la marche incertaine et boiteuse de cette prose charmante, on n'est pas étonné que Niedermeyer ait été forcé de composer six musiques différentes, pour adapter son élégante mélodie à chacune des six strophes de Lamartine.

Le contrefacteur de billets de banque est forcé de copier sa condamnation. En écrivant une musique différente pour chacun des trois, quatre ou cinq couplets d'une chanson d'une romance, le compositeur met au grand jour l'insigne maladresse de son parolier. Il y a preuve par écrit, le tribunal peut condamner en sûreté de conscience.

Un fort joli poème de Voltaire est composé d'un seul distique, dont les deux vers n'ont entre eux aucune sympathie de rhythme.

> Qui que tŭ | sois, voi | ci tōn | maître,
> Il | l'est, lĕ | fūt | où lĕ dōit | être.

Et c'est après avoir vu, lu, récité de la prose ainsi batie, que Boileau triomphant s'est écrié :

> Enfin Malherbe vint, et le premier en France
> Fit sentir dans ses vers une juste cadence.

— Voilà, certes, une *justesse* bien injuste, » nous dirait M. de Pourceaugnac.

> | Nymphĕ | qui jă | mais nĕ sŏm | meilles |
> Et | dōnt lĕs mĕs | săgĕs dī | vērs
> En | ūn mŏ | mēnt | sōnt aūx ŏ | reīlles
> Des | peūplĕs dĕ | toūt l'ūnī | vērs.

Cherchez, et trouvez, je vous prie, la juste cadence de ces lignes de Malherbe, et de toutes les odes, cantates, chansons, de ses trop nombreux imitateurs.

C'est Desportes que Boileau devait nommer au lieu du coriace Malherbe ; Desportes visant beaucoup mieux à la cadence, que pourtant il n'attrape jamais. Ses charmantes et nombreuses chansons ne présentent pas un couplet dont le rhythme soit régulier.

Quelle somme de préjugés moisis, de pédantesque manie, de

routine décrépite, d'orgueilleuse opiniâtreté, d'outrecuidance aveugle et brutale! ne faut-il pas avoir encrouté, mastiqué dans sa tête pour oser présenter comme des vers ces additions de syllabes, ces brochettes de mots antipathiques et discordants? prose rimée excellente! admirable, sublime quelquefois par la beauté, le charme, l'énergie des pensées, à la bonne heure! mais des vers, *Dio santo*, des vers lyriques!

Et vous avez le front de scander cette prose!

Dans votre croassement de corbeau, retrouverons-nous le langage des dieux?

L'Europe, l'Asie et l'Afrique nous sifflent en chœur depuis trop longtemps; en attendant que les Américains se joignent à ce concert peu flatteur, afin d'en compléter l'harmonie, comme Pradon, nous nous sifflons nous-mêmes. Lisez les rhythmes que vous chante l'Université, la fille aînée des souverains français!

> Aux trouveurs occitaniques
> Le Ciel fit un court destin,
> Et leur muse, aux tons lyriques,
> N'eut de voix que le matin.
> Reine et gaie en sa Provence,
> Mais muette et serve en France,
> Elle meurt dès le berceau :
> Sœur, aînée aux autres muses,
> Chantant, quand leurs voix confuses
> Bégayaient, dans l'art nouveau.
>
> A la Lyre l'Italie,
> Héritant des troubadours,
> Ajouta sa mélodie,
> Dans la langue des amours.
> L'Allemagne qui sommeille,
> La dernière, enfin, s'éveille ;
> Et plus riche en tons divers,
> Ses sons âpres, mais rhythmiques,
> Des sirènes italiques
> Rivalisent les concerts.

Apollon fut plus avare
Pour nous, fils déshérités :
De l'art notre vers barbare
N'a que les difficultés,
A la Lyre il se refuse;
Notre oreille, qu'il accuse,
En ignore les accents;
Et, restés seuls en arrière,
La routine est notre ornière,
Qu'en aveugle suit le Temps.

Quand Thalie et Melpomène
Font parler les passions,
Sans rivale, notre scène
Fait envie aux nations.
Mais sa lyre méprisée,
De l'Europe la risée,
N'a qu'un ton d'aigre fausset;
Bien que douce elle résonne,
Sous le rhythme qui détonne,
Elle jure sous l'archet.

Sachons rompre les entraves
Du caprice et du hasard;
Ne restons libres esclaves
Que du beau, du vrai, de l'art.
De leur voix enchanteresse,
Lorsque charment le Permesse
Les beaux cygnes d'Hélicon,
La corneille en vain croasse,
La grenouille en vain coasse,
Dans les mares du vallon.

Que Midas, juge excentrique,
Seul préfère l'aigre son
Des pipeaux du dieu rustique
A la lyre d'Apollon;
Mais le dieu de l'harmonie,
Infligeant l'ignominie
A l'oreille de ce roi,
De son nom fit une injure

Pour qui, sourd à la mesure,
Méconnaît sa juste loi.

Sous ses cordes tout usées,
Notre vieille lyre dort;
Et, ses sources épuisées,
L'art languit, frappé de mort.
Que le vers, nu, syllabique,
Chante enfin, riche, harmonique,
Nous tirant d'un long sommeil;
Du silence, que, confuse,
Le réveil pour notre muse
Du lion soit le réveil.

J. A. DUCONDUT, *Essai de Rhythmique
française*, page 288.

Arrivons à notre chansonnier par excellence, dont les couplets
scintillants de pensées, d'images lancées, conduites avec une verve
entrainante, peuvent être lus, récités et non pas chantés. La
prose rimée de Désaugiers ne vaut pas mieux que celle de Quinault, de Racine, de J. B. Rousseau. L'opulence des idées et de
la rime ne sauraient compenser le défaut de rhythme et de
mesure.

| L'ŏmbrĕ | s'ĕvă | pŏre,
| Et dĕ | jā l'ău | rŏre
Dĕ | sĕs răyŏns | dŏre
Lĕs | toĭts d'ălĕn | tŏur.

Ces couplets étant réglés sur un air connu dont le rhythme
est régulièrement énergique, il suffit d'examiner les deux paires
de vers de structure différente pour juger que si le premier distique s'unit à la mélodie, le second doit se refuser à la même
association. Pris séparément, ces distiques paraissent également bons, le second semble vouloir s'adapter à la cantilène
choisie. Le premier, suivi de deux vers mesurés par deux
iambes amenant une césure, marcherait fort bien sous une
autre musique. Ceux qui chantent ce couplet tel que Désaugiers
l'a composé sont forcés de faire tomber l'accent sur un *e* muet
l'ŏm | *brĕ*, et sur la première syllabe de *déjà* : *Et* | *dĕjă*, ce qui

change les brèves en longues, coupe les mots de manière à les rendre inintelligibles.

Pris à contre-temps, le mot *rắyŏns*, iambe, frappe à faux ; il ne peut donc figurer à la place du trokée sollicité par l'oreille.

Dans ce quatrain, un seul vers est bon, le dernier. Voici le plan figuré des mots, des syllabes, que la mélodie réclamait impérieusement :

> Lă | nŭit s'ĕvă | pŏre
> = Et | la belle au | rore
> De | ses flammes | dore
> Les | toits d'alen | tour.

Notez, s'il vous plaît, que Désaugiers, fils de musicien compositeur, était lui-même excellent musicien, chef d'orchestre par occasion, et pourtant il n'a jamais fait marcher ses couplets d'accord avec les airs qu'il choisissait. Nos musiciens-paroliers, écrivant les mots et les notes des chansons, cantiques ou romances qu'ils fabriquent, négligent la mesure et le rhythme au point que leur prose rimée est en divorce complet avec leurs cantilènes. Ils ne peuvent chanter leurs couplets sans lacérer la mélodie ou les paroles, bien qu'ils aient la précaution de faire une musique différente pour chacune de ces strophes.

—Et l'on s'étonne, après cela, que les paroles françaises, interprètes des idées dans l'expression du sentiment, mais irrégulières, étouffées ou estropiées par l'accent musical, soient bien moins entendues, comprises, dans le chant, que les paroles rhythmiques des Italiens! Et l'on s'en prend à nos désinences féminines, qui n'y sont pour rien, ou pour peu de chose, au lieu d'accuser le défaut de rhythme, ou le déplacement de l'accent logique, qui seul constitue le sens avec l'unité du signe. Est-ce donc la faute de la langue, si de ses finales féminines et enclitiques, qu'elle nous donne pour faibles et levées, nous faisons des notes fortes et frappées, et si nous plaçons des tenues sur des syllabes nulles et fictives? Je ne parle pas des fades quolibets si fréquents dans nos chansons et que produit inévitablement la mutilation des mots, après des syllabes malencontreuses dont les *Femmes savantes* de Molière voulaient purger la langue. Mais il n'est pas nécessaire de les retrancher, il suffit simplement de ne pas les mettre en relief en les

4

détachant, c'est-à-dire de ne pas faire tomber absurdement le frappé de la mesure au milieu des mots. » J.-A. Ducondut, ancien inspecteur d'académie, *Essai de Rhythmique française;* in-18; Paris, 1856; p. 36.

MOTS COUPÉS DONT LES FRAGMENTS TOMBENT A FAUX SUR L'ACCENT.

A | mĭs, lĕ | so......lĕĭl | vă pă | raĭtrĕ |
Aŭ | *mar*......ché | qŭi vĭĕnt | *deu* s'oŭ | vrĭr.
Nŏn sŏŭs lĕs | *lau*......rĭĕrs | *deu* là | glŏirĕ.

A | pĕĭnĕ | là sŏŭf | frăncĕ
Vient | *tour*......men | ter mŏn | cœur,
Qu'aus | *si*......tôt | *l'es*......pé | rance
Me | *pro*...... met | *leu* bon | heur.

A. Duval, Béniowsky.

Que dirait-on d'un musicien connaissant assez peu la portée des instruments pour écrire des *ré*, des *fa*, des *la*, des *si* médiaires sur des parties de cors, en indiquant *forte*, *fortissimo* pour l'exécution de ces notes bouchées? L'instrument les refuse, on ne peut les obtenir qu'en introduisant la main dans le pavillon. Semblable à la gamme du poète, la gamme du cor se compose d'accents énergiques et de sons faibles que l'artiste sait employer dans les chants suaves. Une attaque vigoureuse, en écrasant ces notes, les réduirait au silence. *Ré fa la si* médiaires sont les *e* muets du cor; ils parlent cependant, ils parlent, mais avec douceur et modestie.

E MUETS ÉCRASÉS PAR L'ACCENT.

Un | *reu*....gărd | *deu* mă | bĕllĕ.
Rĕn | *dreu*.... là | vĭe ĕt | *leu* bŏn | hĕur.
Quŏi, | quŏi! c'ĕst | vŏŭs qu'ĕl | *leu* prĕ | fĕrĕ?

Et c'est avec de pareils éléments, avec cette agglomération, ces tas de mots discordants, privés de mesure et de rhythme, que les Français croient faire de la poésie lyrique! Bien mieux! c'est avec un semblable gachis qu'ils osent et croient traduire Anacréon, Horace, Catulle, etc.! sans se douter que leur prose rimée, lourde masse informe, condamnée à ramper comme le chat éreinté de Jocrisse ou bien à marcher en avant, en arrière, à droite, à gauche, comme les crustacés, ne peut pas même indiquer les coupes élégantes, les rhythmes lestes, les tours éner-

giques, les cadences harmonieuses, les dessins d'une régularité
charmante et pourtant mathématique d'Horace et d'Anacréon.
A quoi servent ces traductions?

— C'est une idée malheureuse que de traduire les anciens; c'est
une idée plus malheureuse encore que de traduire les poètes; mais il
n'y a point d'idée plus malheureuse que de les traduire en vers. »

NODIER, *Mélanges tirés d'une petite bibliothèque*, page 285.

> Ils devraient, ces auteurs, demeurer dans leur grec,
>   Et se contenter du respect
>   De la gent qui porte férule.
> D'un savant traducteur on a beau faire choix :
>   C'est les traduire en ridicule
>   Que de les traduire en françois.

PERRAULT.

Et nos poètes qui s'évertuaient, mordaient leurs doigts, se
brisaient le crâne pour composer des sonnets sans défaut qui ne
valaient pas un long poème, des quatrains, des épîtres à rimes uni-
formes ou senées, des tercets au sens suspendu, proscrivant tout
mot répété, des rondeaux qui vont ajouter à la contrainte de la rime
identique l'obligation de ramener deux fois, à point nommé, les
mots de leur début, en donnant à ces mots un nouveau sens! pour
combiner l'acrostiche, plaçant toutes les lettres d'un mot diatoni-
quement, à la tête des lignes rimées, ou les syllabes du nom de
leur héros à la fin de leurs vers; la ballade et son envoi, les triolets, la villanelle et ses refrains, le lai, le virelai, les rimes en
échos, équivoquées, le redoutable chant-royal avec ses ripostes
forcées; les bouts-rimés donnant la torture au bon sens par la
tyrannie de leurs rimes étranges, baroques, saugrenues; la glose
simple ou redoublée; et nos poètes qui gaiement se dévouaient
à ce rude labeur, à ces *difficiles nugæ*, n'ont jamais, jamais! eu
l'idée heureuse et toute simple de mesurer un couplet de chanson!
Un seul, entendez-vous? un seul !!!

Les 473 rondeaux que Benserade a rimés sur les Métamorphoses
d'Ovide, parmi lesquels beaucoup sont très-bien tournés, ces 1,319
refrains amenés plus ou moins spirituellement, ne présenteraient-

ils pas à nos poètes contemporains une somme d'effrayantes difficultés bien plus fortes que la cadence, la mesure, le rhythme que
je les invite à donner à leurs vers lyriques?

Si l'on veut que ces vers soient réellement des vers, il faut
avoir soin de les grouper, de les faire marcher en plus ou
moins nombreuse compagnie. Ils reproduiront ainsi les figures du rhythme adopté, rhythme que l'on doit suivre avec
une fidélité complète, scrupuleuse. Une seule faute arrivant au
milieu d'un air, d'un duo, d'un couplet, dont le rhythme s'é-
tait d'abord franchement dessiné, va porter le désordre dans le
discours vocal et le frapper de paralysie. Cette faute introduit
un élément hétérogène parmi les figures régulières, anneaux
symétriques de la chaîne du rhythme; tout est perdu, ruiné.
C'est le loup tombant au milieu de la bergerie; c'est le glaive
coupant le jarret d'un cheval au galop.

Méhul était Français, littérateur, il observait la prosodie autant qu'il le pouvait; rencontrant une ligne de prose mêlée à
trois vers mesurés, l'auteur d'Euphrosine refuse de chanter *Ingrat, j'ai por*, abandonne son rhythme énergique, véhément,
pour se plonger dans une psalmodie inerte, insignifiante, qui
lui permet de réciter en grosses notes le verset discordant et
boiteux. Méhul a respecté la prosodie, il est vrai; mais quel
désordre affreux cette déférence n'a-t-elle pas jeté dans son admirable duo?

CORADIN.

| Faiblĕ rĭ] văl, | pĕrfĭdĕ | fĕmme!
| Jĕ săurăi | bĭen | vŏus sĕpă | rĕr.

LA COMTESSE D'ARLES.

In | grat, j'ai por | té dăns tŏn | âme
| Un fĕu qŭi | vă | tĕ dĕvŏ | rĕr.

Ce dernier vers est parfait, mais il devient forcément de la
prose; le rhythme, une seule petite fois rompu, ne saurait être
rajusté. C'est le coup de sifflet du chasseur frappant à faux;
la caille est partie, croyez qu'elle ne reviendra plus. Le vagon
est dérayé, patatras!

Le rhythme est comme une île escarpée et sans bords,
On n'y peut plus rentrer dès qu'on en est dehors.

Je suis étonné que Hoffman, poète souvent régulier, n'ait pas
corrigé cette faute grossière, immense, *Ingrat, j'ai por !* qu'il
pouvait faire disparaître en disant :

    | Oŭi, mă fŭ | reŭr | lĭvrĕ tŏn | āme
    | Aŭ fĕŭ qŭi | vă | tĕ dĕvŏ | rĕr.

Attaquer et tenir la note avec autant de grace que de justesse,
triller et lancer des roulades pleines de vigueur et de légèreté,
n'est pas l'œuvre d'un jour. Le travail le plus opiniâtre a seul
pu conduire le chanteur au point culminant où vous le voyez
arrivé. Sa belle voix, son intelligence musicale, ses exercices le
rendent audacieux, infaillible. Exercez donc votre oreille, faites-
la *vocaliser*, afin qu'elle devienne sensible à l'harmonie du
langage poétique, soyez certain que cette précieuse harmonie
vous aidera, vous soutiendra, vous inspirera même! et qu'elle
ne vous laissera pas écrire, pas même penser un vers faux!
Bien mieux! l'exercice de cette harmonie que l'habitude va
rendre facile autant qu'agréable, vous portera sans étude,
sans dessein arrêté, sans intention même, à purger rigoureusement d'hiatus, d'accrocs et de cacophonies la prose la plus
simple, à lui donner une allure agile, coulante et musicale.
Témoin les huit volumes in-8 que j'ai publiés depuis 1852.

Votre oreille civilisée se révolterait s'il vous prenait la fantaisie de dire : *J'ai été à Avignon, la politique que*, avec tout
le monde; *chacun un*, avec Boileau; *car le cardinal*, avec Racine; *la musique qu'on compose*, avec J.-J. Rousseau; *et mortelle était ton épée*, avec Chateaubriand: *par le parlement*, avec
M. de Lamartine, etc., etc., etc. Tous nos prosateurs, et les plus
illustres en tête, sont des musiciens exécutant des compositions
admirables sur un clavecin qui n'est pas d'accord; musiciens
sans oreille, innocents, mais atroces cacophonistes. Voyez Mo-
LIÈRE MUSICIEN, tome II, pages 223 à 239.

— Aujourd'hui les arts sont le coté faible des Anglais. Leur langue met en fuite la mélodie; ils nous rendent le service d'avoir une oreille plus barbare que la nôtre. J.-J. Ampère, de l'Académie française, *Espagne et Angleterre*, Revue des Deux-Mondes, 15 février 1850.

Paroliers infiniment précieux, que l'espoir d'un lucre facile, que l'ardeur, la fougue de la chasse aux piécettes, aux écus d'or, cèdent aux nobles sentiments de l'amour-propre national; que vos livrets d'opéras, parfois bien conduits au regard de l'action dramatique, mais toujours raboteux, discordants, affreux, abominables, s'il s'agit de leur poésie, cessent d'être un objet de constante risée, de vitupère sanglant de la part de nos voisins dès longtemps civilisés; faites que vos livrets de six liards deviennent enfin, enfin! des poèmes dignes du prix de trente, de cinquante mille francs qui leur sont bénévolement adjugés. N'est-ce pas honteux que le galimatias rimé de Guillaume Tell et la sublime partition de Rossini, mis dans la balance financière, la tiennent dans un parfait équilibre? Si vous mesurez vos stances, vos couplets, croyez qu'ils seront poétiques dans toute la force du mot, Gœthe vous l'a dit, et dès lors vous aurez fait la moitié de l'œuvre du musicien. A l'exemple des Italiens, des Provençaux, des Allemands, des Espagnols, des Anglais, des Slaves, des Kabyles, nations poétiquement civilisées, vous pouvez même vous affranchir quelquefois du joug de la rime, qui fait dire tant de bêtises aux versificateurs français les plus célèbres.

Soyons justes, il le faut, et disons que les mille et mille iniquités prosodiques dont nos opéras sont diaprés n'appartiennent pas toutes aux paroliers. Les musiciens doivent en réclamer une part, beaucoup moindre, il est vrai, mais leurs fautes peu nombreuses n'en sont que plus dures à supporter. Prosodier les paroles est chose si simple et tellement facile que le musicien ne saurait être loué de son exactitude. Il mérite d'être plus sévèrement critiqué s'il se trompe et s'égare dans une fausse route, lorsque son parolier l'avait d'abord mis dans le droit chemin.

> | Dŏucĕ mă | glĕ
> Des lieux chéris,

> Qui par Julie
> Sont embellis.
>
> Viens, mon amie,
> Viens, à mon cœur,
> Rendre la vie
> Et le bonheur.

Ces vers sont excellents. Boieldieu les chante d'une manière correcte dans son *adagio*, mais il frappe à faux dès que le mouvement s'anime; et, dans l'*allegro*, prenant le rhythme des vers à contre-temps, il écrase les *e* muets avec une insigne brutalité.

> Doucĕ mă | giĕ

devient

> Doŭ | cĕ mă | giĕ;

et

> | Rĕndrĕ lă | vĭĕ
> | Et lĕ bŏn | hĕur

se change en

> Rĕn | drĕ lă | vĭĕ
> Et | lĕ bŏn | hĕur.

Par un remords de conscience louable, Boieldieu va restituer sa véritable prosodie à ce distique en le ramenant sur la cadence finale. Cette satisfaction tardive accordée à l'oreille ne la consolera point des affronts qu'elle a reçus de

> Doŭ | *ceu* mă | giĕ...
> Rĕn | *dreu* lă | vĭĕ
> Et | *leu* bŏn | hĕur.

Revenons sur nos pas.

> Nŏn | rĭen n'ă | dŭ chăn | gĕr sŏn | ămĕ.
> —Non | rien n'a | dû chan | ger sa | foi.

Voilà des iambes parfaits. Il leur faudrait une réponse exacte, symétrique, et le parolier va s'embourber deux fois, après avoir si bien débuté.

> —El | *leu* păr | tăge ĕn | cŏr mă | flămmĕ.
> —Elle | ĕst ĕn | cŏr fŏl | *leu* dĕ | mŏi.

Ici le musicien s'est vu contraint d'écorcher deux fois l'oreille, afin de ne pas briser son rhythme d'une allure franche et décisive.

Vous le voyez, quand il y a discordance entre les paroles et les notes, il faut nécessairement que les unes ou les autres soient cruellement défigurées.

Vous direz que je m'attache à des minuties ; d'accord, si ces bagatelles réunies en faisceau de préceptes, ne devaient pas vous faire conquérir un jour cette poésie lyrique autour de laquelle vous pataugez académiquement depuis des siècles, sans pouvoir la saisir et l'étreindre ; si la réforme que je propose ne devait pas élever l'opéra français au rang suprême où sa fortune lui permet d'aspirer, au lieu d'être la risée de l'Europe et des Français eux-mêmes. Spectacle le plus ridiculement somptueux qu'on puisse imaginer où le drame en prose inerte et brisée par la musique ne saurait être compris, spectacle enchanteur pour les bambins et les brutes, où les rogatons délaissés par les théâtres subalternes sont remis sur table au grand désappointement du public. Admirer les édifices du Louvre, de Rivoli, des boulevards, en sortant de l'Opéra qui vient d'étriller si cruellement vos oreilles, n'est-ce pas jouir à l'instant du précieux contraste de la sauvagerie la plus barbare opposée au progrès avancé de la civilisation ? Faut-il aller chercher ce contraste au delà des mers ? Une représentation des Huguenots ou d'un autre opéra lacéré, massacré dans le même goût doit suffire.

ARRIVÉE D'UN AUXILIAIRE PRÉCIEUX.

M. Ducondut vient de publier un livre bien raisonné, plein d'érudition, ayant pour titre *Essai sur la Rhythmique française*. Cet écrivain a fait preuve de talent, mais aussi d'une grande ambition. Il veut réformer notre poésie lyrique, c'est à merveille ; nous travaillons à cette œuvre depuis trente-huit ans. Il veut encore étendre sa réforme sur les ouvrages en vers destinés au débit oratoire. J'applaudis à sa noble et courageuse entreprise et lui souhaite un plein succès. Faire entendre à des Français que leurs vers épiques, satiriques ou tragiques, ne sont que de la prose inerte et privée de toute cadence, que s'ils veulent avoir une épopée, des odes, etc., il faut qu'ils les écrivent en vers mesurés, m'a toujours semblé téméraire au dernier point. Plusieurs, comprenant fort bien les raisons données par le hardi novateur, feindront de ne pas les comprendre ; d'autres lui diront :

— Nous avons fait jusqu'à ce jour de la prose rimée, notre public infiniment exigu, quoique rustre, veut bien s'en contenter ; l'Institut nous applaudit et nous récompense, la nation a depuis longtemps délaissé toute prose rimée ;

Le vase est imbibé, l'étoffe a pris son pli, à quoi bon recommencer des études qui, pour nous, seraient sans aucun résultat ?

Musicien, j'ai dû négliger absolument ce qui, dans notre poésie, n'était point destiné pour le chant. Je m'incline, me pros-

terne devant les œuvres sublimes de nos illustres prosateurs rimants, je les couvre de lauriers; mais, cela n'étant pas de mon
diocèse, je n'ai jamais voulu m'occuper d'un catéchisme qui vînt
prescrire la moindre réforme dans leur constitution.

En me bornant à la poésie lyrique, je pouvais sur-le-champ
attirer, fixer l'attention de la France entière sur mon système,
éveiller, éclairer son intelligence et conquérir son approbation.
La musique bien connue de Grétry, de Méhul, de Boieldieu,
d'Hérold, d'Auber, etc., était prompte à signaler à l'instant les
bévues de leurs paroliers. Au moyen de ce contrôle précieux, je
faisais de la morale en action; c'était un problème offert et
résolu d'une manière patente, inattaquable; c'était montrer la
Vénus hottentote en face de la Vénus de Milo. Mon système a
soulevé beaucoup de contradictions, comme en éprouvent en
France toutes les choses nouvelles, même les plus avantageuses,
et celle-ci compte de nombreux adversaires dans nos académies.
Non que parmi les gens instruits elle ne puisse rencontrer quelques détracteurs de bonne foi, mais parce que la passion et la
cabale portent leur influence sur tout, et que l'amour-propre
combat encore avec opiniâtreté pour une mauvaise cause, même
lorsque l'esprit est convaincu.

Malgré ces oppositions, ou peut-être grâce aux attaques violentes que l'on a dirigées contre la réforme dont il s'agit, je dois
m'applaudir des succès obtenus; ils sont assez grands pour assurer une complète réussite. De nombreux disciples formés à mon
école, et qui veulent bien me témoigner leur reconnaissance,
marchent d'un pas ferme et sûr dans la bonne route; ils achè-
veront de sauver la patrie si cet honneur ne m'était pas réservé.
Je dois adresser mes compliments affectueux à M. Ducondut,
qui vient aujourd'hui se ranger sous notre bannière, et travailler
ardemment au grand œuvre des vers lyriques demandés en
chœur par nos musiciens.

Cet écrivain affirme, un peu trop légèrement, que les Français
n'ont encore pour le chant que des vers purement *syllabiques*,
et point de vers *lyriques* proprement dits. C'est une erreur. Depuis les sirventes de Guis, dit *Guy*, seigneur de Cavaillon, et

les romances de Thibaut IV, comte de Champagne et roi de Navarre (xi° siècle); depuis le Mystère de la Passion, de Michel (1482), jusqu'au Richard en Palestine, de M. Paul Foucher (1844), je pourrais citer une trentaine d'opéras sérieux ou comiques dont la cadence est parfaite. Vadé, Favart, Collé, Baurans ont fait preuve d'une rare intelligence du rhythme comme parodistes; leurs couplets sont des modèles de grace et de sévérité prosodique. MM. Th. Sauvage, Émile Deschamps, Paul Foucher, Henri Trianon, Crevel-Charlemagne, suivant ma doctrine dès longtemps professée, ont obtenu des succès mérités.

Loyse de Montfort, cantate en vers lyriques parfaitement rhythmés, de M. Émile Deschamps, musique de M. Bazin, est exécutée à l'Opéra le 7 octobre 1840, après avoir été couronnée par l'Institut.

Richard en Palestine, opéra en trois actes, en vers lyriques réels, parut sur le même théâtre le 7 octobre 1844.

Parmi vingt-cinq livrets d'opéras de ma façon, je n'en citerai qu'un seul dont voici le titre imprimé : BERNABO, *opéra bouffe en un acte, d'après Molière, paroles ajustées sur la musique de Cimarosa, Paisiello, Guglielmi, Salieri, Farinelli, Grétry, par* CASTIL-BLAZE. *Ouvrage écrit en vers lyriques pour l'Académie française, argument victorieux qu'elle peut diriger contre ceux qui doutent de la sonorité puissante et mélodieuse, de l'agilité, de l'accent, de la quantité même de notre langue française.*

J'ai fait hommage d'une infinité de livrets et de la partition gravée de Bernabo (juillet 1856) aux bibliothèques de l'Institut et du Conservatoire de Musique.

Je ne puis mieux prouver que les Français connaissaient et pratiquaient l'art des vers lyriques depuis sept cents ans au moins, qu'en choisissant une grande part de mes exemples dans les œuvres de nos poètes anciens et modernes.

VI

FORMES ASSIGNÉES PAR LA MUSIQUE AUX VERS QU'ELLE DOIT CHANTER.

Ce qui constitue le vers lyrique, c'est l'accent. Tout premier vers est bon ; mais si l'on veut que ceux qui le suivent le soient pareillement, si l'on veut que l'oreille ne soit pas mise au supplice par les ressauts de la prose consonnante, il faut absolument que l'accent se trouve casé dans les places indiquées, marquées par ce premier vers, par ce type que vous choisissez avec soin ou que le hasard de l'inspiration vous amène. Une fois adopté, ce patron doit servir de règle invariable pour les couplets d'une chanson, pour les huit vers que vous destinez à l'*andante* d'un air à deux mouvements. Vous changerez de rhythme pour les douze ou seize vers de l'*allegro*. Les accents ainsi distribués sont des serre-file qui forcent les syllabes intermédiaires à marcher au pas, en déterminent la quantité, bien sentie parce qu'elle est bien frappée, et les iambes, les trokées, les anapestes et les dactyles arrivent sous votre plume comme par enchantement. Régularité, symétrie parfaite, voilà ce qu'il nous faut. J'emprunte aux anciens quelques-uns de leurs pieds métriques, sans avoir égard à la manière dont ils les combinaient. En laissant aux Français leurs rhythmes accoutumés, dictés, prescrits par la Musique, je les invite à les suivre avec une fidélité parfaite. La moindre licence, le moindre écart les jetterait dans le langage vulgaire, dans le bégaiement de la prose ; toute énergie poétique s'évanouirait, ils continueraient de ramper, de boiter, de patauger comme leurs prétendus lyriques Malherbe, Racine, Quinault, J.-B. Rousseau, La Motte, Pompignan et leurs successeurs.

Ma doctrine est bien simple, vous le voyez. En ayant soin de caser symétriquement les accents, c'est-à-dire les temps forts et demi-forts de la mesure, vous obtenez sans difficulté des résultats infiniment préférables à ceux que Mousset, Jodelle, Passerat, Nicolas Denisoit, Jean-Antoine de Baïf, Pasquier, Desportes, Nicolas Rapin, Raoul Callier, Jean Godard, Marc-Claude Butet, Ronsard, Claude de Taillemont, Scévole de Sainte-Marthe, Th. Agrippa d'Aubigné, Turgot, Fabre d'Olivet, S. M. Louis-Napoléon, roi de Hollande, ont cherché vainement dans les vers métriques ajustés à la manière des Grecs et des Latins. Tous ces novateurs en poésie croyaient observer les lois de la quantité, mais cette quantité bien réelle dans le français, leur échappait malicieusement parce qu'ils ne l'établissaient point sur la solide base des accents.

Modelés sur les vers lyriques d'Euripide et de Sophocle, d'Horace et de Sénèque, les vers de Mousset, de Jodelle et de leurs disciples, valaient un peu mieux pour nos musiciens que la prose rimée, il faut en convenir ; mais ils ne remplissaient encore que d'une manière bien imparfaite les conditions exigées par notre musique. Elle veut une symétrie complète dans les temps et dans la distribution des temps, c'est ce que je lui donne. Point d'équivalents, toujours des sosies ; toujours trois sous, et jamais deux fois six liards. La mélodie n'admet pas les appoints ; elle veut une suite de petites sommes rondes, carrées, ovales ou triangulaires, pourvu qu'elles figurent symétriquement sur la page. La musique d'une strophe ainsi combinée se dessine à l'œil du compositeur. Aussi Boèce, qui vivait sous le règne de Théodoric, roi des Austrogoths, et quand les théâtres étaient encore ouverts à Rome, disait-il, en parlant d'un musicien qui compose un chant sur des vers : — Que ces vers ont déjà leur musique en vertu de leur figure. *Ut si quando melos aliquod musicus voluisset ascribere suprà versum rhythmicâ compositione distentum.* » De Musica, *liber* IV, *capitulus* 3.

Les anciens, qui, dans l'épopée et les vers élégiaques, se permettaient de remplacer le dactyle par un spondée, et le spondée par un dactyle, se gardaient bien d'autoriser de pareilles substitutions dans leur poésie lyrique. Symétrie complète dans les temps et dans la distribution des temps.

Que de compositions italiennes dont la mélodie n'a rien de précisément remarquable, dont l'harmonie est d'une grande simplicité, n'ont dû leur succès immense et prolongé qu'à l'admirable structure des vers, au charme délicieux qu'ils impriment à la cantilène, aux ondulations qui bercent mollement l'auditoire, à cette régularité de temps que l'oreille chérit et goûte avec une parfaite béatitude! Le petit chœur final de Tancredi, *Più dolci e placide*, est un chef-d'œuvre de ce genre.

Trois vers féminins suivis d'un vers à rime dure, et trois autres vers féminins suivis d'un vers à rime dure, forment un couplet de huit vers de mesure égale que l'on peut employer comme début d'un air, d'un duo, d'un chœur. Multipliez ce couplet, il deviendra chanson, romance, cantique. Cette association de vers, que l'on peut faire longs ou courts, dont la mesure et le rhythme seront choisis, réglés par le poète, cette coupe est la plus favorable pour la musique et la plus généralement adoptée.

> | A cĕ | nōm l'ăi | māblĕ ĭ | vrēssĕ
> Qui m'agite, qui me presse,
> Me rappelle l'allégresse
> Des beaux jours de mon bonheur.
> Qu'elle vienne et sa présence
> Va me rendre l'espérance!
> Souvenirs de ma souffrance
> Vont quitter ce triste cœur.
>
> **Anne de Boulen.**

> | Diĕu qŭe j'ă | dōrĕ,
> Cœur qui t'implore
> Est digne encore
> De ta faveur.
>
> Que ta lumière
> Brille et m'éclaire,

En toi j'espère,
Divin Sauveur.

Dans ta justice
Sois-nous propice!
Que tout s'unisse
Pour t'exalter.

La lyre est prête;
En cette fête,
Le roi prophète
Va te chanter.

Belzébuth ou les Jeux du roi René.

| Séchēz vōs | lārmēs, (1)
Loin des alarmes
Goutez les charmes
D'un sort plus doux..
Comptez sans cesse
Sur la promesse,
Sur la tendresse
De votre époux..

Comme il vous aime
D'amour extrême,
Bonheur suprême
Vous unira.
Et trop sévère
Dans sa colère,
Un tendre père
Pardonnera.

Castil-Blaze, Otello.

RÉCITATIF (prose rimée).

Je me sens beaucoup mieux; Miane est prévoyante;
Un gaillard tel que moi ne peut vivre de l'air.
Oh! la collation a passé mon attente.
Des vins exquis! j'avais une soif dévorante.
Trois services! j'avais un appétit d'enfer.

---

(1) Les trois longues que je marque ici, comme autre part, désignent les trois noires formant la mesure à trois temps.

ANDANTE.

Sǐ j'ăi | faǐm, sǐ j'ăi | sōǐf, mŏn cŏu | răgĕ dĕ | cămpe;
Le desir est muet, l'amour n'a plus de feux.
Oubliez de remettre un peu d'huile à la lampe,
Le rayon qui brillait va s'éteindre à vos yeux.
Un bonheur vient souvent après une disgrâce;
Au delà de mes vœux le hasard m'a servi.
Largement j'ai porté des secours dans la place;
De pied ferme à présent j'attendrai l'ennemi.

ALLEGRO.

| S'ĭl pă | răĭt, vrăi | dǐable ă | quătre,
Me voilà prêt à combattre,
D'un seul coup je vais l'abattre:
Ce jour lui sera fatal.
Cher amour, sur moi tu veilles;
Ce bon vin a fait merveilles,
Que de feu dans ces bouteilles!
Ah! qu'il tremble mon rival!

Belzébuth ou les Jeux du roi René.

| Vă, qu'ŭnĕ | fête,
Vite s'apprête,
Puisque leur tête
Faiblit déjà.
Si, sur la place,
Fillette passe,
Fais bonne chasse,
Amène-la.
Liberté grande,
Et qu'on demande,
Valse allemande;
La sarabande,
Farandoula.
Endors les mères,
Grise les pères,
Grise les frères,
Remplis les verres
Tant qu'on voudra.

Ou blonde ou brune,
Ce soir plus d'une
Au clair de lune
M'écoutera.
Vite, sans peine,
D'une douzaine,
Ta liste pleine
S'augmentera.

Don Juan, 1834.

Une contre-épreuve :

| Chārmānt bō | cāgē,
Ton vert feuillage
Va refleurir.   (bis)
Jeune bergère,
Nymphe légère,
Vient t'embellir.   (bis)
Retraite sombre,
Double ton ombre,   (bis)
Fais fuir le jour.
Abri tranquille,
Deviens l'asile   (bis)
Du tendre amour.

Mais qui m'agite?
Mon cœur palpite,   (bis)
Voici l'instant.
Sensible amante,
Nymphe charmante,   (bis)
L'amour t'attend.

HOFFMAN, Blou, 1801.

Les *bis* que je signale ont été marqués, mis en œuvre par Méhul. Ce maître en avait besoin pour changer les tercets en quatrains, et rattraper, au moins deux fois, sa triple rime féminine.

De merveilleux exemples recommandent les stances à rimes alternatives. Le duo célèbre de l'*Olympiade*, celui de *Don Giovanni*, *là, ci darem la mano*, celui d'*Otello*, etc., etc.

MEGACLE.

Ne' | giorni | tuoi fe | lici
Ricorda-ti di me.

ARISTEA.

Perché cosi mi dici,
Anima mia, perché?

METASTASIO et PAISIELLO, 1784.

| Là, dĕvănt | Dĭeu, mă | bĕllĕ,
Viens me donner ta foi;
Viens, ne sois plus rebelle,
Je jure d'être à toi.

Don Juan, 1834.

DESDÉMONE.

Jĕ | vēux dĕ | mŏn ă | mĭĕ
Savoir la vérité.

ÉMILIE.

Comptez, je vous en prie,
Sur ma sincérité.

CASTIL-BLAZE, Otello.

VISION.

Ză | ĭ-rĕ t'ăp | pĕllĕ,
Guerrier plein d'honneur;
Vaillant et fidèle,
Finis son malheur.
Accours et me donne
L'appui de ton bras,
Et vers Babylone
Dirige tes pas.

CASTIL-BLAZE, Obéron.

— Quel poète a dès longtemps imposé ces règles?
— On ne l'a jamais vu.

— Dans quel Art poëtique les a-t-on registrées?
— Partout et nulle part. Ces règles voltigent, planent dans
l'air comme les sons d'une harpe éolienne.

C'est la Musique, oui la Musique en personne, qui par les voix d ses flûtes, de ses violons à fait connaître sa volonté, ses lois, en s'exprimant en vers mesurés, admirablement rhythmés, bien sonnants, mais dénués de paroles. — Voulez-vous que je devienne énergiquement et gracieusement vocale? a-t-elle dit aux nations, donnez-moi des vers qui soient modelés sur les miens. »

En effet, examinez, analysez tous les morceaux de musique moderne bien faite, vous y rencontrerez le mètre des couplets dont je reproduis ici les patrons. Il suffit de porter l'œil sur l'*andante* en *ut mineur*, de Roxelane, symphonie de Haydn, 1780, sur l'*andante* de la symphonie en *la* de Beethoven; sur la valse de Robin-des-Bois, pour y reconnaître le type des stances à trois rimes féminines amenant une cadence dure; type d'une exactitude parfaite, photographique.

ROXELANE.

ut mi mi ré	ut sol,
ut sol sol sol	sol ré;
ut mi mi mi	mi si;
si si si si	mi.

BEETHOVEN, *andante* de la symphonie en *la* :

Mi mi mi	mi mi
Mi mi mi	mi mi
Mi mi fa	sol sol
Sol sol sol	sol
Sol sol la	si si
Fa fa sol	la la
Mi mi mi	mi mi
Mi fa sol	la.

Valse de Robin-des-Bois.

La ré fa	si la fa,
La ré fa	si la fa,
La ré fa	la sol mi,
La ut mi	sol fa ré;
La ré fa	si la fa,
La ré fa	si la fa,
La ré fa	la sol mi,
La ut mi	ré.

Ici la cadence finale reste suspendue sur le quatrième vers,
et ne frappe que sur le huitième. Même observation pour le
menuet suivant.

MOZART, Menuet de Don Juan.

    | Ut ŭt ŭt ŭt ŭt | ŭt fă ŭt |
    | Sī sĭ sĭ sĭ sĭ | sī lă |
    | Sī sĭ sĭ sĭ sĭ | ŭt rĕ mĭ |
    | Fă rĕ ŭt sī | sī ŭt |
    | Mĭ mĭ mĭ mĭ mĭ | fă ŭt ŭt |
    | Sī sĭ sĭ sĭ sĭ | sī lă |
    | Rē mĭ fă fă fă | fă sŏl lă |
    | Si sŏl fă mĭ | fă.

La *Romanza, en mi bémol* de la Reine de France, symphonie
de Haydn, nous donne le type de la rime alternative, type que
l'on retrouvera dans l'entrée en *ré* du menuet ravissant de la
symphonie en *la* de Beethoven. Ces exemples sont beaucoup
plus rares que les précédents.

    Sŏl sŏl | sŏl fă mi fă sol | mĭ fă
    Sŏl lă | sī ŭt ré mĭ ut | sī
    Sŏl sŏl | sŏl fă mi fă sol | mĭ fă
    Sŏl lă | sī ŭt mi ŭt lă | sī.
              HAYDN, 1780.

Voici des vers calqués sur ce menuet de Beethoven; entrée
en *ré*.

Aŭ tră	vāil,	aŭ măl	hēur,	āguĕr	rĭ dĕs l'ĕn	fāncĕ,
Jĕ sŭis	fŏrt,	ĕt mŏn	cœŭr	nĕ s'ă	lărmĕ dĕ	riĕn.
Oŭi, jĕ	gārde ĕn	cŏr l'ĕspĕ	rāncĕ
Dĕ m'ŭ	nĭr ă	mŏn sŭ	prĕmĕ bĭĕn.

S'il vous plaisait de chanter le début du premier *allegro* de
cette même symphonie, les vers suivants s'adapteraient à merveille aux vers musicaux de Beethoven.

    J'ăr | rīve ĕn | fīn cŏu | rānt ă | pĕrdre hă | lēinĕ,
    J'ĕ | taīs lăn | cĕ, dē | vāis jĕ | m'ārrĕ | tĕr? |
        Cŏu | rānt ă | pĕrdre hălēinĕ, |
        J'ăr | rīvĕ, l nŏn săns | pĕinĕ,

Et | j'ai vŏu | lŭ toŭt | fāirĕ, |
Tŏut | fāire ĕt | tŏut pŏr | tĕr,
Et | tŏut pŏr | tĕr | - | oŭi.

Dans **la Gazza ladra**, Rossini, trouvant quatre vers à rimes dures alternatives, a tourné la difficulté qu'il ne pouvait surmonter.

Dĭ plă | cĕr mĭ | bālza ĭl | cŏr;
Ah! bră | 'măr dĭ | piŭ nŏn | sŏ.

La mélodie appelait une chute féminine au lieu de la syllabe *so;* le compositeur, l'ayant vainement demandée aux paroles, en a fait une en musique, et l'a mise dans l'orchestre. Les cors sont chargés de compléter cette cadence molle en disant : l'un *fa sol fa,* l'autre *si mi si.* Ne pouvant pas chanter *dĭ* | *piŭ nŏn* | *sŏ ŏ ŏ* |, Ninetta est obligée de couper *sec* sa dernière note *fa,* qui viendrait mordre sur le complément des cors et former une dissonance intolérable.

En traduisant cet opéra, j'ai pu rendre à Ninette cette cadence molle, en lui donnant une rime féminine prête à recevoir les trois notes que Rossini lui destinait, et qu'il avait été forcé de reléguer dans l'orchestre.

Ah! j'é | prŏuve ĕn | cĕt ĭns | tănt
Du bon | heur l'ai | mable i | vrĕssĕ;
Ce jour | rend à | ma ten | dresse
Et mon | père et | mon a | mant.

Quand on est dans le vrai, le pied bien posé sur ce roc, on est ferme sur sa base et prêt à manœuvrer librement, avec énergie, de tous les cotés. L'œil aperçoit alors, embrasse l'ensemble harmonieux et vaste que forment toutes les parties d'un art. La démonstration claire, ferme et précise d'un problème de mathématiques donnera la solution d'une infinité de corollaires. Celle du carré de l'hypoténuse a jeté de lumineuses clartés, la science en a déduit une gamme entière de conséquences. Tout se tient et s'enchaîne, le temps, les distances, rien ne saurait troubler cette divine harmonie. Neuf siècles ont passé, roulé sur les proses de l'Église, admirable invention à qui nous devons l'art moderne, et ces proses, ces hymnes sont, après neuf cents ans !

identiques de forme, de rhythme, de cadence avec les plus beaux
airs italiens de Gluck, de Mozart, de Cimarosa, de Rossini, de
Donizetti, de Bellini, etc., etc.

Vous chanterez le chœur d'Iphigénie en Aulide, chœur d'origine
italienne,

> | Qūe d'ät | trāits, quĕ dĕ | mājĕs | té, |
> | Qūe dĕ | grācĕs, | quē dĕ bĕau | té!

et je dirai :

> | *Lauda,* | *Sion,* | *salva* | *torem,* |
> | *Lauda* | *ducem* | *et pas* | *torem.* |

La différence de notation provient des bévues du traducteur,
qui n'a point suivi le rhythme donné par la cantilène de Gluck.

Le premier chœur de Norma, le duo *Quando saremo in guerra*
de I Puritani, et cent autres morceaux de chant italiens peuvent
céder leur musique au texte des hymnes *Verbum supernum
prodiens, Te lucis ante terminum,* sans exiger la moindre alté-
ration dans les paroles. Tout va se caser, s'encadrer admirablement.

Porgi, amor, qualche ristoro! air de le Nozze di Figaro, devient
sans effort un *Pie Jesu* ravissant.

Regni il silenzio, chœur de Gli Orazi e Curiazi, de Cimarosa,
s'applique au verset *Te decet hymnus,* de la messe des Morts; et
le chœur : *Sa dernière heure, hélas! avance,* d'Anne de Boulen,
à l'hymne *Inviolata, casta es, Maria.*

Le quatuor en *mi bémol,* du finale de Semiramide, *Giuro d i
numi,* s'ajuste à merveille à la strophe *Per tuas semitas* de
l'hymne *Sacris solemniis,* etc., etc.

Si je désigne le verset, la strophe, au lieu de signaler ici la
prose ou l'hymne dont ils font partie, c'est que tous les versets,
toutes les strophes de ces pièces, bien que d'une mesure identique, n'offriraient pas des images, des sentiments adaptés avec
autant de perfection au caractère de la musique. Accord indispensable dont je ne saurais trop recommander l'observation aux
parodistes. Ainsi *Verbum caro, panem verum,* qui s'unit et se
distribue d'une manière charmante sur le chœur et duo du

Il *Flauto magico*, *O dolce concento*, ne produirait pas un effet aussi complet sur une musique plus éclatante; le début *Pange lingua* serait en contradiction avec une mélodie affectueuse et tendre. *Pange lingua* demande une attaque pompeuse, brillante, victorieuse.

Les vers musicaux dits par l'orchestre seul appellent très-souvent les paroles de nos hymnes sacrées. Les marches religieuses, sublimes, d'*Alceste*, Gluck, de *Il Flauto magico*, me chantaient si bien, l'une, *Tantum ergo*, l'autre, *Ave verum*, que je leur ai donné ces paroles. Je ne crains pas d'affirmer que ce nouvel *Ave* de Mozart égale au moins le premier, s'il ne vaut pas mieux.

Le délicieux menuet de *Don Juan* récite à merveille des versets choisis dans les *Litanies de la Sainte-Vierge.*

Mais, je le répète, il faut être dans le vrai ; il faut posséder, avoir sous la main toute une artillerie d'un calibre assez juste pour emboîter les boulets que nous ont légués nos anciens. Il faut être dans le vrai, mes gentils compatriotes, et vous êtes plongés, immergés dans le faux depuis la plante des pieds jusqu'à la cime de vos cheveux, fussiez-vous aussi bien dotés en crinière que le fils de David, Absalon, l'*arcitenens*, *intonsus Apollo*. Pas un seul de vos airs ne pourra s'adapter aux types nombreux et réguliers des Latins ayant rimé, cadencé pour l'Église. Comme eux vous rimez, j'en conviens, mais vous ne cadencez pas. On ne saurait charger des canons, des mortiers avec de grossiers moellons et tirer juste.

Pourquoi la romance de *Richard-Cœur-de-Lion* est-elle parfaite en mesure, en rhythme, en cadence, comme elle l'est en mélodie ? C'est parce que Grétry l'a composée, écrite pour le violon de Blondel et non pour la voix de ce troubadour. Un académicien est ensuite venu déposer son ordure sur ce texte charmant, ce n'est pas la faute du musicien. J'ai modelé des strophes de cantique sur l'air de Grétry, dont j'ai suivi les contours avec soin, et sans avoir changé la moindre chose à ce dessin parfait. Les voici :

> Jĕ | sūs, mŏn | biĕn sŭ | prēmĕ,
> Mon roi, mon doux sauveur !

 Divin consolateur,
  Pitié d'un cœur qui t'aime!
 | Soûtiĕns l'ĕs | pôir | dĕlĭcĭ | eŭx
 Qui vers le ciel portè mes vœux.
  Pŭis- | sĕ-je ĕn | l'aŭtrĕ | vĭ-ĕ,
  Comblé de ta faveur,
  Dans la cité chérie,
  Gouter le vrai bonheur!

  Éternité de gloire!
  Mon Dieu, pourrais-je enfin
  Prétendre à tel destin?
  Chrétien, je dois le croire.
 D'un mal affreux mon cœur gémit,
 Pour le guérir un mot suffit.
  Puissé-je en l'autre vie,
  Comblé de ta faveur,
  Dans la cité chérie,
  Gouter le vrai bonheur.

 Je n'ai pu faire le même travail sur les romances de Guinaré, d'Héléna, sur le quatuor d'Uthal, l'ariette d'Anacréou, sans corriger d'abord les fautes de rhythme que Dalayrac, Méhul, Grétry, n'avaient pu se dispenser d'écrire afin de ne pas trop lacérer la rimaille de Marsolier, de Bouilly, de Saint-Victor, de Guy.
 La musique des violons attire la musique des vers comme l'aimant attire le fer. C'est une électricité dont il faut savoir diriger le fluide pour en obtenir des miracles. Croyez-vous que si l'on coupait nos fils de laiton pour les rajuster avec des ficelles de chanvre, de laine ou de coton, il vous serait loisible de continuer les conversations si bien entreprises, suivies avec la Russie, l'Écosse, l'Italie, etc.? Dialogue prodigieux, phénoménal, rapide comme l'éclair, que nous allons pousser, lancer jusqu'aux pôles, en établissant nos rails sous les mers.
 Je n'ai pas besoin de vous dire que les fils métalliques de notre opéra sont coupés en mille tronçons, et curieusement rajustés, rattachés avec des étoupes. Aussi voyez-vous les effets désastreux de cette électricité négative.

Je pourrais fort bien vous citer une infinité d'airs, de duos, de chœurs d'opéras français qui reproduisent les rhythmes de nos chants sacrés; mais je me verrais forcé de les emprunter à mon répertoire, absent de toutes les mémoires, puisque nul encore ne le connaît. Si l'on veut comparer, il faut que deux objets soient mis en présence l'un de l'autre. — Et pourquoi ne connaît-on pas au moins un de ces opéras où les paroles concertent parfaitement avec la musique? nouveauté d'autant plus curieuse et piquante qu'elle est sans exemple actuel, Richard en Palestine, de M. Paul Foucher, n'ayant pu résister à l'influence mortelle de la musique d'Adam. Un opéra! ce serait trop exiger d'un théâtre suprême où l'on voit pourtant les croque-notes les plus étranges faire exhibition de leurs misères. Un acte, une scène suffirait pour montrer cet accord des paroles avec la musique après lequel vous courez en vain depuis des siècles. L'honneur national le sollicite, mais l'intérêt d'une ligue puissante le repousse, et vous pensez bien qu'en pareil accident l'honneur national doit être sacrifié. Un malheur suffit pour terrasser un homme, et j'ai deux malheurs qui m'écrasent sous leur poids : Je fais les paroles et la musique, je les fais bien, et voilà le mal!

— Si nous permettons à ce *gaillard* de reparaître sur la scène, il va nous *attaquer* sur les deux joues. L'autorité ne voudrait pas le bannir de nos théâtres lyriques, nous arriverons au même but en forçant les maîtres de ces logis à lui fermer leurs portes. Si l'un d'eux s'avise d'accepter un opéra de Castil-Blaze, anathème! que son théâtre soit mis en interdit; retirons à l'instant notre répertoire afin de laisser le directeur imprudent tête à tête avec son auteur à double mécanique. »

On a dit, on a fait ce que je viens d'écrire. On m'a refusé même une audition! Voilà, voilà comment nous marchons vers le progrès, à la face des nations qui nous accablent de leurs critiques acerbes et justes! Un auteur présente une pièce, elle est refusée, mais on lui rend son manuscrit. Cette règle d'équité, de courtoisie, a cessé d'être observée à mon égard; mes deux derniers livrets présentés, déposés ont été confisqués, *capietur et stranguletur*, afin de me signifier brutalement un ostracisme définitif. Ce n'était point à l'Académie de Musique, je dois le dire, un pareil escamotage était trop au-dessous de sa dignité. — Vous souvient-il d'Hector, tragédie de Luce de Lancival, que l'on applaudit beaucoup il y a cinquante ans? Luce avait mis Achille à la porte afin de faire mieux briller son héros, et cet Achille absent accaparait tout l'intérêt. — Comment, vous oseriez hyperboliser, pindariser la facétie jusqu'à vous comparer au fils de Pélée! » Point du tout, Dieu m'en garde! c'est vous qui prenez officieusement ce tendre soin. Pourquoi me vanterais-je lorsque vous m'exaltez? lorsque vous me traitez comme un Samson, comme un roi, comme un lion, puisque vous m'enchaînez? Si j'étais un âne, un mouton, vous me permettriez de tondre paisiblement l'herbe du pré communal, tant d'autres y broutent!

Je suis un musicien de pacotille, dites-vous, je suis un parolier capable tout au plus de fabriquer les devises des confiseurs. M. Viennet, de l'Académie française, a buriné cet arrêt fatal dans sa prose rimée en l'honneur des Mules de don Miguel. Eh bien! le 17 mai 1857, on applaudit vivement la musique de ce croquenote au Conservatoire de Paris! huit jours après, les vers lyriques du parolier sont proclamés hautement *chef-d'œuvre du genre* par les notabilités musiciennes de l'Institut, du Conservatoire et des théâtres, siégeant comme juges du camp à la grande solennité de l'Orphéon de Paris. 1264 chanteurs y font entendre la barcarole et le chœur des sylphes, d'Obéron, avec une légèreté gracieuse, un aplomb, une sonorité, que le rhythme parfait de la poésie pouvait *seul* faire obtenir. — Barcarole et chœur dont les difficultés immenses avaient noyé bien des traducteurs, et forcé les chanteurs à bredouiller, croasser une prose fracassante ou des *la la la* stupides et pitoyables.

Pourquoi donc la barcarole et le chœur d'un Obéron qui fait courir tout Paris au Boulevard n'ont-ils pas été soumis aux applaudissements de MM. Halévy, Niedermeyer, Gounod, Édouard Monnais, Ermel, etc., etc.? C'est tout bonnement parce que cette barcarole, ce chœur sont inchantables et ne sauraient sans danger de mort subite être séparés de l'orchestre qui les exé cuté, et couvré de son voilé harmonieux des paroles acerbes et discordantes. Armés de leur diapason, nos orphéonistes s'élancent victorieusement à travers toutes les difficultés vocales. Comme les héros de l'antiquité, nous les voyons combattre dans le plus simple des appareils; enlevez à la rimaille des paroliers, des traducteurs, l'officieuse crinoline de l'orchestre, et leurs infamies vous frapperont à l'instant d'horreur et de dégoût. — Cette robe n'est-elle pas trop décolletée? — Oh ! madame, songez qu'elle est faite pour le bal; d'ailleurs, rien n'habille mieux que le nu. » Ce dialogue entre une très-jolie femme et sa couturière, vient à l'appui de ma sentence. Rien n'habille mieux que le nu, j'en conviens, mais il faut être infiniment jeune et belle pour aller au devant de cette épreuve.

L'Orphéon de Paris n'en redoute pas les dangers; son répertoire est muni de paroles rhythmées et fraternisant avec la mélodie. Dans l'état de corruption, de merveilleuse barbarie où nos théâtres lyriques sont plongés, et qu'une ligue timide, occulte mais puissante s'efforce de maintenir, les Orphéons doivent être une ancre de salut pour la France. Ils nous mènent à grands pas vers la civilisation poético-musicale, vers ce but désiré, vers ce point depuis trop longtemps indiqué par l'honneur national.

On me permet de triompher aux concerts, on me défend l'entrée des théâtres; parce que des droits d'auteur y sont perçus, et qu'il ne faut pas admettre un proscrit au partage du gateau, surtout lorsqu'il doit y prélever double ration. Voilà pourtant les obstacles invincibles qui, chez nous, en France, à Paris ! s'opposent au progrès de l'art : de misérables piécettes ! obstacles ignobles que nos ministres même n'ont pu surmonter ni détruire ! pouvoir occulte, insaisissable, puisqu'il manœuvre sous terre comme les taupes.

Vous croyez peut-être que je viens d'abandonner mon sujet; point du tout. Ne dois-je pas rappeler à mes élèves que nous sommes en France, pays où le talent exposé à mille dangers? Ne faut-il pas que je les exhorte à s'armer d'un courage opiniâtre, surhumain, s'ils veulent échapper au malheur de faire trop bien ? Malheur, ou, pour mieux dire, crime qu'on ne pardonne jamais.

La Musique nous a suffisamment prouvé qu'elle demandait une paire ou bien une suite de quatrains présentant trois rimes féminines suivies d'une chute dure. J'en ai donné le modèle. Après avoir dicté cette loi fondamentale et sévère au monde entier, la Musique m'a favorisé d'une confidence précieuse, que je veux, que je dois vous révéler. Elle m'a dit :

— Le type que j'ai donné, prescrit aux poètes lyriques, est excellent pour les cantilènes religieuses, nobles, pompeuses, tendres, martiales, passionnées, gracieuses et pastorales ; mais si tu veux aller à fond de train, galoper comme le coursier du désert avec un Lablache, un Tamburini, sans arrêt, sans accroc, il faut suivre une route diamétralement opposée, renverser, mettre sens dessus dessous la colonne, et lui donner pour base son chapiteau.

« Trois vers masculins suivis d'un féminin composeront les strophes que tu veux rendre agiles, rapides, véloces. En observant toutefois que si tu n'as qu'un seul virtuose pour les chanter, l'élision à propos ménagée sera prête à dévorer cette finale féminine et parasite, afin d'établir une chaîne sans terme, le serpent qui se mord la queue.

» Si plusieurs voix concourent à l'exécution de cet ouragan mélodieux et se renvoient la balle, tu peux laisser filer, articuler ces féminines, elles ne sauraient plus troubler l'allure impétueuse de la mélodie.

» Si tes divers interlocuteurs coupent des vers en deux parts, il faut absolument que ces fragments soient identiques en mesure, en rhythme, afin que la riposte prenne les formes de l'attaque, et rende le dialogue pressant, brûlant comme le discours animé qui le précède et va le suivre. *Hæretque pede pes, viro vir.* »

Il s'agit ici d'un des points les plus essentiels de cet ouvrage, un long exemple est nécessaire. Bien que dans son début toutes les notes soient égales et rapides, j'emploierai le signe - pour indiquer les accents frappant sur les temps forts et les temps

demi-forts de la mesure à deux-quatre. Nous aurons par conséquent trois césures, plus le repos final dans chaque vers de
huit syllabes : une cadence dure à chaque pied.

DUO.

SÉROUN.

Aŭprēs dĕ | voŭs j'ăĭ dū vŏ | lēr,
J'ai tout quitté pour vous parler,
Et sans tarder vous révéler
Unē aussi belle découverte.

(Mouvement dédoublé, ralenti; les doubles croches deviennent des croches simples.)

MIANE.

Ah! c'est de: | la téméri | té,
Trop en a | vant il s'est por | té;
Souvent c'est | la sécuri | té
Qui nous en | traine à notre | perte.

(On revient au premier mouvement.)

Ah! dis-lui bien....

SÉROUN.

Rassurez-vous.

MIANE.

Qu'il faut avoir...

SÉROUN.

De la prudence.

MIANE.

A-t-il appris...?

SÉROUN.

Bonne espérance!

MIANE.

Pourrai-je enfin..?

SÉROUN.

Comptez sur nous.

MIANE.

Ce cher ami...

SÉROUN.

Dans cette affaire.

MIANE.

Il s'est conduit...

SÉROUN.

Avec mystère.

MIANE.

Je tremble, hélas!

SÉROUN.

Laissez-nous faire.

MIANE.

Il va du sort...

SÉROUN.

Braver les coups.

(*Ensemble, épisode, changement de rhythme.*)

Voūs dĕ | vēz m'ĕn | crŏire,
Sûrs de la victoire,
Partageons sa gloire
Comme son bonheur.

MIANE.

Oui, j'aime à le croire,
Sûrs de la victoire,
Partageons sa gloire
Comme son bonheur.

(*Retour au premier motif.*)

SÉROUN.

Des innocents voyez la fleur;
Chacun m'accueille avec faveur;
La reine Sabe, quel honneur!
Me veut parmi ses damoiselles.

MIANE.

Mais il faut vite détaler;
Va donc te faire fusiller,
Avec les diables t'enrôler,
De l'ange revêtir les ailes.

SÉROUN.

Vraiment, et l'on ne sait pourquoi,
Mais tout le monde veut de moi.
Plus d'un va croire, sur ma foi,
Qu'ici l'on rit et l'on s'amuse.

Hérode, tigre qui m'attend,
Se doute bien qu'en cet instant
Je dérobe un pauvre innocent
Au plomb fatal de l'arquebuse.

MIANE.

Comme il bavarde, cependant,
Et tout ce monde qui l'attend.

(*Les mots suivants, privés de rhythme, sont jetés sur un trait d'orchestre.*)

SÉROUN.

— Hé! hoé! Séroun! par ici!
Danse, amuse-nous! — Me voici!
— Du vin, des gateaux! — Gramaci, (grand merci).
Non, non, jamais je ne refuse.
— Tiens, des barquettes!
— Gramaci.
— Des gimbelettes!
— Gramaci.
— Des côtelettes!
— Gramaci, gramaci, gramaci.
Jamais, jamais je ne refuse.

MIANE.

| Il mĕ răs | sûre Il | m'ĕnhăr | dît
Et sa gaité me réjouit.

SÉROUN.

| Vous dĕ | vĕz m'ĕn | croĭrĕ,
Sûrs de la victoire,
Partageons sa gloire
Comme son bonheur.

MIANE.

Oui, j'aime à le croire,
Sûrs de la victoire;
Partageons sa gloire
Comme son bonheur.

Belzébuth ou les Jeux du roi René.

Tous nos paroliers ont profité de mes leçons, il est vrai, mais d'une manière incomplète au point de montrer que, ne sentant pas, ne comprenant pas l'accent, ils sont insensibles à la cadence intérieure du vers. Depuis vingt-cinq ans au moins, ils

terminent leurs airs par une rime forte et concluante; ils assemblent curieusement les trois rimes féminines suivies d'une
chute dure, ainsi que je l'ai prescrit : voilà tout. Vus à distance, leurs quatrains se présentent d'une manière fort agréable
à l'œil, ils ont une apparence de régularité. S'il vous plaît de
les lire, de les scander, cette illusion va disparaître à l'instant :
vous y rencontrerez toutes les infirmités, les saletés de la prose
rimée, absence totale de rhythme, un désordre effroyable. Ces
quatrains fallacieux ressemblent à des cartouches pleines de
sable et couvertes d'un papier doré : ni poudre ni plomb.

Nos paroliers diront que l'observation rigoureuse de la mesure dans les vers s'oppose quelquefois à l'émission libre, au
développement de la pensée. Cela peut être vrai pour eux, fabricants routiniers de prose consonnante; mais comme la pensée
brille seulement par son absence dans leurs versicules, on ne
saurait gêner l'émission d'une chose qui n'existe point. Mettez
sous la presse hydraulique tout ce qui se chante dans nos opéras, serrez fort, il n'en sortira que des mots dénués d'esprit,
mais non pas de sens, des banalités mille fois ressassées, des

>Que devenir? ô ciel! que faire?
>
>O trouble! ô peine extrême!
>
>Je sens mon cœur qui palpite.
>
>Quel est donc ce mystère?
>
>Je vais revoir celui que j'aime.
>
>O douleur! ô mortel effroi !
>
>Livre ton cœur à l'espérance.
>
>Des oiseaux le doux ramage. Etc., etc., etc.

Eh bien! ce sont précisément ces banalités que le musicien
chérit et demande. Il ne veut que des mots indiquant un sentiment, une passion, c'est lui qui fournira les idées, les dessins,
les images. Mais! mais! il faut absolument que ces mots
soient rhythmés, cadencés, bien sonnants, d'une allure aisée,
limpide, harmonieuse. Demandez à nos maîtres Rossini, Auber,
Halévy, croyez qu'ils ne me démentiront pas.
— Il suffit qu'une idée soit musicalement exprimée, pour

qu'elle devienne poétique, » apophtegme de Goethe! souvenez-
vous de ce mot solennel, précieux, magistral.

— Que Orphée redise sans cesse : *J'ai perdu mon Eurydice*,
la sensation grammaticale d'une phrase tant répétée sera bientot nulle, et la sensation musicale ira toujours son train. »
RIVAROL, *de l'Universalité de la langue française.*

Les pensées remarquables, les mots heureux, incisifs, trouveront leur place dans le dialogue et les récitatifs que l'on ne
chante pas. Un trait d'esprit dans une cavatine deviendrait trop
souvent une sottise. Notre public musicophobe abandonnerait
le virtuose exécutant pour se lancer et courir après le dicton
piquant. Il rirait, il applaudirait même, au grand scandale des
dilettantes, comme s'il s'agissait d'un couplet de vaudeville.

Vos personnages sont en scène, ils expriment les sentiments de
joie, de douleur, de haine, d'amour, de brillante folie, de dépit
furieux qui les animent. *Je t'aime, je t'adore ; Le remords déchire mon cœur ; O démon de la jalousie! Rions, buvons,
chantons, dansons ; Contre un rival que je déteste ; Allons au
bois cueillir des fleurs ;* ces mots lancés au début d'un air, d'un
duo, d'un trio, d'un chœur, ces mots ne seront pas estropiés au
point que vous ne puissiez en saisir deux ou trois, et cela suffit
pour vous donner l'itinéraire, le programme de tout le morceau
de musique. Vous savez que ces amants se disent des douceurs,
que les rivaux se chantent pouilles, que les buveurs se dirigent
vers le cabaret, que les jeunes filles se rendent à l'appel des
violons du bal. Vous serez, comme à l'ordinaire, mis au supplice par la rimaille des paroliers s'efforçant d'accrocher quelques lambeaux de musique ; s'il vous est impossible de comprendre ce qu'on vous dit, vous saurez du moins que l'on pré-
tend vous dire telle ou telle chose, le thème est connu. Mais s'il
s'agit d'un fait, d'une ou de plusieurs aventures ayant eu lieu
hors de la scène, et dont vous désirez connaître les détails, il
faut absolument que le personnage s'exprime avec une clarté
parfaite, comme Théramène, Ulysse, Isménie. Il s'agit d'un
récit dont le public veut savoir les moindres circonstances.

On se bat aux entours du pont Saint-Michel, le canon, la fu-

sillade tonnent, se font entendre jusqu'au faubourg Mont-
martre, tout ce quartier est en émoi, tous brulent de savoir ce
qui se passe de l'autre coté de la rivière. Un homme arrive ;
blessé légèrement, il a quitté le champ de bataille, on l'entoure,
on l'interroge, ô malheur ! désappointement à nul autre second !
cet homme est bègue, il veut parler et coupe ses mots d'une
manière si bizarre qu'on ne saurait comprendre ce qu'il dit. Il
est bègue comme l'Angèle du Domino noir : les ressauts, les faux
accents, la brisure des paroles rendent sa longue narration inintelligible, et pourtant elle est d'un grand intérêt à cause des
nombreux détails qu'elle renferme.

Faire défiler toutes ces images spirituellement trouvées et
d'un contraste piquant sur une même cantilène est une absur-
dité que le ton populacier de notre Opéra-Comique ne saurait
excuser. L'auteur a traité le récit d'Angèle comme ces amphi-
gouris que l'on écorchait jadis sur l'air du *Pas de Zéphire*, où le
sérieux, le tendre, le comique étaient emballés, empaquetés
dans le même sac ridicule. Au déchirement acerbe des paroles se
joint l'opposition fréquente de leur sens avec le caractère de la
mélodie ; Angèle se plaint, se désole, s'applaudit, se réjouit,
sans changer l'allure de son discours. La musique est d'un
rhythme charmant, bien suivi, sur lequel les mots arrivent
pour se briser en touchant à faux ; pour faire éprouver à la
jeune abbesse la plus cruelle de ses angoisses, en récitant des
versicules inchantables. C'est surtout dans les couplets syllabiques, note et parole, que la mesure exacte, mathématique des
vers est d'une absolue nécessité. Au lieu de ces couplets, dont
les répétitions ne seraient pas supportables si le désir d'apprendre les aventures de la nonnette vagabonde n'engageait l'auditoire à prendre patience ; au lieu de ces couplets, une cavatine
dont la mélodie aurait suivi pas à pas les tribulations d'Angèle,
en réglant ses tableaux, ses effets sur les circonstances du récit,
donnait à la cantatrice des moyens d'expression qu'elle ne peut
obtenir qu'aux dépens de la musique, puisqu'elle reste la même
lorsque les paroles amènent une grande variété d'images.

Une omelette d'*e* muets fracassés avec un incroyable aplomb se présente si bien après cet air de *facture* vaudevillienne, que je dois vous la servir toute chaude.

> Flāmmĕ | vēngĕrĕs | *seu*,
> *Tourment qui* m'oppresse*u*,
> *Amour qui* sans espoir
> Mĕ | lāis | sĕu.
> *Tu vois ma* faiblesse*u*,
> *Hélas!* pauvre abbesse*u*,
> *Devant* toi mon pouvoir
> S'abaisse*u*.

L'air en est charmant et nous avons pu l'applaudir à l'Opéra; débarrassé du poids de ses paroles, dansé parfaitement, cet air s'est montré dans toute sa grace et sa liberté. Notre musique vocale rocailleuse, lourde, sourde, trainante, devient folichonne et délicieuse quand on la danse.

Je dois signaler ici la plus heureuse des innovations : notre Académie de Musique, s'apercevant enfin que nos opéras étaient merveilleusement inchantables, s'est avisée de les traduire en gestes, en jetés-battus, en pirouettes, elle a dansé Marco Spada, et tout le monde s'est empressé d'applaudir l'œuvre nouvelle ainsi délivrée de son charabia discordant. Puisse-t-elle nous donner le Cheval de Bronze orné de la même suppression!

Vous voyez tous les jours des fumeurs dilettantes, privés du gage indispensable réclamé par le buraliste en échange du tabac desiré, se glisser entre les jambes des promeneurs et saisir au vol des bouts de cigarre. Le Boulevard est le bon endroit pour la récolte de ces rogatons précieux qui seront brulés jusqu'à leur dernière bouffée. Le champ est assez vaste pour qu'un autre colligeur puisse y butiner sans nuire à l'industrie de ses rivaux. Un vieillard décrepit y ramasse à droite, à gauche des rogatons dramatiques destinés à former le serdeau médiocrement appétissant dont sa table indigente et somptueuse éprouve le besoin. Quelle sauce Robert, quel carrik à l'indienne, pourra faire avaler de semblables arlequins?

— Restez et dinez avec nous, disais-je au savant professeur

qui révélait à mes enfants les artifices, les beautés de la langue
allemande, restez.

— Impossible, il y a fête chez moi ce soir.

— Fête chez vous ! bal champêtre au quatrième étage.

— Non pas, soirée purement littéraire.

— Et vos invités ?

— Pas un seul.

— Votre mise en scène ?

— La voici : j'allume quatre chandelles, et campé devant un
feu pétillant, je vais me délecter à lire du Jean-Paul.

— Et voilà tout ?

— Peut-on élever plus haut ses desirs, son ambition ? Je vais
me plonger dans un bain de lait, dans un océan de jouissances
ineffables, d'innocentes voluptés. »

Ces transports d'une gaîté maligne et solitaire peuvent charmer vos loisirs de musicien à chaque instant du jour. Vous
savez lire à peu près une partition. Sans vous attacher aux combinaisons de l'harmonie, il suffit que vous portiez vos regards
sur les paroles afin d'en suivre la marche burlesque sous la
musique dans un finale, un chœur, un ensemble de nos maîtres
les plus habiles. Tout ce que je vous ai dit au sujet du galimatias effroyable de nos paroliers vous semblera d'une plénière
indulgence. Vous ne reculerez point d'horreur à ce spectacle
affreux ; la révélation de ce mystère d'iniquité vous retiendra
sur un objet dont nulle prévision ne pouvait faire imaginer,
pressentir le ridicule.

Et d'infortunés choristes doivent s'immerger dans cette mare
impure, dans ce tas d'immondices, les dévorer, en farcir leur
mémoire, la souiller en apprenant par cœur toutes ces infamies ! Supplice que Busiris, Phalaris, Bocchoris, et les tyrans de
Phères, de Samos, de Syracuse n'avaient point imaginé. Huit,
douze ou quinze cents francs sont donnés par an à ces artistes,
les plus habiles de l'univers, en leur genre, puisqu'ils surmon-
tent les difficultés prodigieuses, le dégoût que présente ce labeur
d'ilote, cet exercice de mémoire que les Ménestrier, les Garcia
n'auraient pas entrepris. Encore si ces choristes étaient igno-

rants à l'égard de la poésie comme le sont nos académiciens, comptant par leurs doigts afin de voir si le nombre des syllabes est complet ou non, leur conscience ne serait point troublée ; mais ces choristes ont une parfaite connaissance de la valeur des mots et des notes. On voit

Leurs fronts palir d'horreur et rougir de colère,

d'avoir à lacérer, estropier sans cesse leur idiome. Cette pudeur les engage trop souvent à se taire : silence digne d'éloges, mais peu favorable à l'ensemble vocal. Six mois, dix-huit mois sont nécessaires pour que nos virtuoses puissent colloquer dans leur mémoire ces tronçons de phrases, de mots inintelligibles ; quinze jours leur suffiraient si nos opéras étaient écrits en vers.

Le public ne saurait comprendre le charabia qu'on lui jette des hauteurs de la scène ; allez sur le théâtre, et mêlez-vous à quelque groupe de choristes, rien n'est divertissant comme la grêle de syllabes incohérentes qui tombera sur vos oreilles. Je me suis donné souvent ce plaisir. **Robert le Diable, les Huguenots, le Dieu et la Bayadère, la Favorite, Guillaume Tell, la Muette de Portici**, etc., vous feront pouffer de rire comme notre Allemand tête à tête avec Jean-Paul.

VII

DE LA POÉSIE CHANTÉE ET DE LA RIME.

Le chant est l'émission d'une suite de sons modulés avec art, avec expression, formant un discours agréable à l'oreille. Exécuté sur un instrument, ce discours plaît, séduit par la justesse des intonations, le charme de la mélodie, le sentiment qu'elle exprime et communique à ceux qui l'entendent. Le musicien chante avec la voix du violon, du cor, du violoncelle, du hautbois et de beaucoup d'autres instruments. S'il arrive parfois que l'oreille ne saisisse pas complétement l'intention de l'exécutant à l'égard du sentiment, de la passion que celui-ci veut lui faire partager, s'il prend la douce quiétude, les soupirs de deux amants heureux pour l'image du lever de l'aurore et du réveil des oiseaux; si la vigoureuse peinture d'un orage lui représente un incendie, la chute du Niagara, le fracas d'un assaut, le tumulte d'une émeute populaire ou bien la tempête morale des passions les plus violentes, son erreur est excusable et ne doit rien enlever à ses jouissances. Il est ému, charmé, demandait-il autre chose?

Tout ce que la mélodie instrumentale a de vague dans son expression s'évanouit dans le chant vocal au moyen des paroles que la voix ajoute aux notes de la musique. Le sens de la cantilène est révélé, toutes les images sont à l'instant éclairées d'une vive lumière, l'ensemble, les détails et leurs nuances diverses peuvent être saisis et suivis sans que l'erreur, le doute même viennent troubler son esprit.

Tympana rauca senum; puerorum fistula mulcet,
Atqué hominum reparant verba canora lyram.
FORTUNAT, évêque de Poitiers, vi° siècle.

Le chant vocal a précédé celui des instruments dont il a réglé
les progrès. Les grands chanteurs ont formé les grands instru-
mentistes; et, dans nos orchestres, on voit les solistes suivre
fidèlement les chanteurs dont ils répètent les phrases en ayant
soin d'y joindre les ornements improvisés; l'instrument imita-
teur devant être l'écho de l'acteur, dans la romance et la prière
de Desdémona comme dans tous les morceaux du même genre.

Ces paroles, complément obligé du chant vocal, devant s'u-
nir aux notes disposées en vers musicaux d'une exquise régularité, doivent être aussi combinées en vers mesurés, rhythmés
avec autant de soin, afin qu'ils puissent recevoir la musique
rhythmée et mesurée. C'est le type que le poète offre au musicien; s'il est en vers, le compositeur continuera d'écrire sa musique en vers, comme il faisait en travaillant pour les instruments; si le texte est en prose, le musicien sera contraint de
renoncer à tout dessin régulier, d'écrire sa musique en prose,
de frapper à faux sur des paroles sans mesure, de couper en
deux les mots qui lui barrent le chemin, et dont les fragments
épars deviennent inintelligibles ou prêtent à rire à cause du
nouveau sens que leur fait attribuer l'équivoque. Ce tiraillement
de mots estropiés, d'accents musicaux s'éteignant sur des syllabes muettes, ce divorce constant des paroles avec la mélodie
tourmentent l'oreille, l'esprit, et nuisent sur tous les points à la
sonorité des voix. Comment le chanteur pourra-t-il faire sortir
avec éclat une note essentielle, portant l'accent, note qu'il faudrait lancer avec toute la vigueur des poumons, si cette note,
frappant à faux, tombe et vient deux fois s'éteindre sur la dernière syllabe d'*être*?

Ah ! | quel plăi | sīr d'ê | trē sŏl | dāt!
Ah ! | quel plăi | sīr d'ê | trē sŏl | dāt! .

Le premier des premiers ténors, exécutant ce passage, sera,
pieds et poings liés, obligé, forcé, contraint de chanter faux, de

la manière la plus atroce qu'on puisse imaginer. Cette façon de déchirer l'oreille appartient uniquement aux Français, ils en conservent le brevet d'invention, ils ont un droit incontestable à la médaille d'or n° 1 , si jamais on ouvre une exposition de l'industrie dans le royaume des grenouilles.

Si l'union de la poésie à la musique est le langage le plus séduisant que l'homme se soit fait, il est indispensable que cette poésie soit digne de figurer à coté de sa sœur; il faut qu'elle marche constamment d'accord avec elle, et ne s'écarte pas surtout des règles qui lui sont imposées lorsqu'elle doit procéder seule et dégagée de toute intonation musicale. Trois versicules de cet air de la Dame Blanche vont me fournir des observations critiques.

Sans changer de son, la lettre *a* possède trois significations diverses et bien tranchées, qu'un lecteur, un comédien, fussent-ils d'un talent médiocre, ne manqueront jamais de faire sentir.

Ah ! exclamation suivie d'un repos bref, il est vrai, mais qui doit être marqué, senti.

A, du verbe *avoir,* sur lequel il faut appuyer afin de marquer la possession.

A, préposition que l'on doit expédier lestement afin d'arriver au mot significatif qu'elle amène et qu'elle a promis.

| Ah! quĕ jĕ | fŭs | bĭĕn ĭnspĭ | rēĕ!
Ah! | sĭ pŏur | lă pă | trĭe!
| Ah! dăns cĕs | fètes!

Ces exclamations ont été parfaitement notées par N. Piccinni et Grétry.

Ah! quĕl plăi | sĭr d'è | trē sŏl | dāt!

Boieldieu s'est trompé cruellement en donnant à son exclamation *ah !* toute la vélocité de la préposition *à.* Ce musicien nous trompe, chacun doit croire qu'il va nous dire : *A quel plaisir je vais me livrer* ou bien toute autre chose.

Spontini fait chanter au grand-prêtre de la Vestale :

Lĕ | ciel à | sŏn tŏn | nĕrrĕ.

C'est encore une bévue énorme. Son *a*, portant une note brève, se change pour l'oreille en préposition, et l'on attend le complément d'une phrase privée de sa conclusion. Par exemple : *Le ciel, à son tonnerre, fait succéder le calme, le silence, la paix,* si l'on veut. Le sens grammatical demandait que la voix s'arrêtât solennellement sur le verbe *a* pour indiquer son importance, et prévenir ainsi toute fausse interprétation. Le musicien devait donc noter ce passage de la manière suivante :

Lĕ | cĭel | ā sŏn tŏn | nĕrrĕ.

Cette faute peut être corrigée par le chanteur, le dessin de l'orchestre ne s'oppose point à ce changement indispensable.

A | lā plŭs | bĕlle, ă | sŏn ă | mănt.

La préposition est ici rapidement articulée, et doit toujours l'être ainsi.

Il sert par sa vaillan-
c'et son prin-c'et son prin-c'et l'Etat.

Comment le chanteur arrivera-t-il à mastiquer cette suite de syllabes sifflantes ? Le travail, le temps, la contrainte qu'exige la prononciation s'opposeront à l'émission de la voix dont la sonorité faiblira sur ce point.

— L'articulation des sons de la parole exige une dépense variable. Les voyelles exigent le moins d'air; les sons sifflants, que produit le passage de l'air dans un orifice rétréci, formé soit par les lèvres, soit par la langue placée près du palais, sont ceux qui en demandent le plus. On peut, à ce point de vue, classer non seulement les sons, mais les mots et les idiomes eux-mêmes qui présentent de grandes différences relativement à la quantité d'air qu'il faut pour les parler pendant le même temps. Si les chanteurs préfèrent la langue italienne à toutes les autres, c'est en partie parce qu'elle ne les force pas d'employer pour la prononciation l'air dont ils ont besoin pour le chant. » GUILLET, *Mémoire sur la mesure des quantités d'air dépensées pour la production de la voix.*

Ah! | quĕl plăi | sī..... | īr, ăh | quĕl plăi | sī..... | īr, ăh | quĕl plăi |
| sīr d'è | trē sŏl | dāt!

Ici tous les mots sont estropiés ou pris à rebrousse-poil. *Plaisir* devient *plaisi-ir; être*, dont la première syllabe ne saurait durer trop longtemps, devient brève et l'accent arrive pour s'émousser et s'éteindre sur *tre*, dont le son vague et sourd devrait s'évaporer dans la demi-teinte. Si nous voulions donner au début de cet air des paroles chantables, bien sonnantes, frappant juste et d'aplomb, telles enfin que la musique les réclame, nous dirions :

Vŏ | yēz mă | pēinĕ, Il | ēst sŏl | dāt! (bis.)
Vŏ | yēz mă | pēinĕ, vŏ | yēz mă | pēinĕ, vŏ | yēz mă | pēine, Il | ēst sŏl | dāt!

Un Italien aurait traduit mot à mot les versicules de la Dame Blanche, tout en les faisant tomber d'aplomb sur la mesure.

Chĕ | bēl pĭa | cēr è Il | milī | tār! (bis.)
Chĕ | bēl pĭa | cērĕ, chĕ | bēl pĭŭ | cērĕ, chĕ | bēl pĭŭ | cēr è Il | milī | tār!

Mais les Italiens ont une langue pour les vers qui diffère de celle de la prose. Cette langue poétique a des expressions qui lui sont propres, et possède en outre la licence d'allonger ou de raccourcir les mots toutes les fois que la mesure du vers le demande ou l'exige. *Piacere, militare* deviennent à volonté *piacer, militar*. Les pluriels mêmes sont soumis à cette règle favorable. Après avoir deux fois suspendu, retardé la cadence de sa période sur *I miei desiri*, l'Almaviva de Rossini la termine par *I miei desir*. Le mot *desiri*, privé de sa dernière syllabe muette, devient masculin de féminin qu'il était, pour donner une conclusion ferme, brève et décisive.

Insensibles au rhythme, à la mesure des vers, les Français, accoutumés à leur prose rimée, n'ont pas dû songer à se former une langue poétique ; la prose les charmait, elle pouvait leur suffire, ils l'ont gardée comme un joyau précieux. Les couplets patoisés de leurs vaudevilles nous montrent pourtant d'heureux essais d'une langue poétique.

Boieldieu néglige l'interjection *ah!* placée en tête de trois notes d'attaque, et c'est une faute. Grétry s'arrête avec raison sur la conjonction *et*, la prosodie l'exigeait; cette judicieuse observation des temps vient éborgner un des meilleurs couplets d'**Anacréon chez Polycrate**. Voilà donc un air, une ariette également navrés par la maladresse des paroliers. Le *ah !* de Boieldieu s'enfuit trop vite, le *et* de Grétry se prolonge trop.

> Laïsse ĕn | pāix lĕ | diĕu dĕs cŏm | bāts,
> Qu'à Sī | lène il | cède le | pas.

Vers d'une mesure parfaite, débutant par deux syllabes d'attaque. Mais le parolier rompt le rhythme si bien entrepris, donne à son musicien trois syllabes d'attaque au lieu de deux, et la première des trois est la conjonction *et* sur laquelle il faut s'appuyer.

> Et sī tŏut | bās l'ŏr | gŭeil ĕn | grŏndĕ.

Cet *et* malencontreux arrête le cours de la mélodie. N'ayant plus le temps nécessaire pour établir suffisamment son accord de dominante, le musicien est obligé de piquer une tête, de plonger vivement sur la tonique, afin d'y colloquer cet *et* qui doit s'approprier un quart de la mesure. De là ce ressaut désorganisateur du chant et de l'harmonie, ressaut qui force l'acteur d'abandonner le mot *pas* avant de le camper solidement sur sa base *mi*, en lui donnant une blanche, *ut dièse*, pour appuyure de son *si* noire. Supprimons cet *et*, disons :

> Sī tŏut | bās là | sāgĕsse ĕn | grŏndĕ.

Un parolier se contenterait de cette version ; mais nous ne saurions nous appuyer sur *la sa*, fer rouge qui nous brûlerait à l'instant. Changeons encore, afin de trouver le dactyle déjà noté deux fois, écrivons :

> Sī tŏut | bās lĕ | sāgĕ nŏus | grŏndĕ.

Voilà notre route aplanie ; l'ariette de Grétry va marcher librement, d'un pas ferme et gracieux, ses notes bien assises ne feront plus broncher le virtuose et l'orchestre.

Cet air d'un rhythme énergique et bien accentué figure parmi les chansons de soldats insérées à la fin de ce volume, et dans mon **Orphéon militaire**. Les romances de **Richard Cœur-de-Lion**, d'**Héléna**, de **Guinare**, etc., y sont présentées sous la forme de cantiques, dont les vers et la musique marchent dans un parfait

accord. Vouloir corriger, pour le théâtre, les chants précieux
qui mériteraient d'être avec soin rectifiés serait peine perdue.
Notre répertoire lyrique est un fumier où se cachent une infinité de perles, fumier qu'on ne remuerait pas sans danger pour
la salubrité publique. Ce répertoire ne peut être assaini, corrigé
que par les moyens employés pour les rues du Chantre, de la
Bibliothèque, Pierre Lescot; masures démolies, elles ont fait
place aux élégants et somptueux édifices de Rivoli.

Tous les acteurs de nos théâtres lyriques sont obligés de
chanter faux de la manière que je vous ai fait connaître précédemment. Ils vous diront : *Rachel, quand du,* que signifient ces
mots : *Rachel, quand du?* aurions-nous une *Rachel Candu*
comme nous avions une *Julie Candeille?* La voix devrait-elle
s'arrêter avant le complément du sens des mots, si ce n'est du
sens de la phrase : *Rachel, quand du Seigneur? Seigneur* arri-
vera sans doute, mais nous ne saurions l'attendre un quart de
seconde. Le violoniste qui touche faux et déchire l'oreille est
tout aussi bref dans les insultes qu'il nous fait, et cependant on
le siffle.

Pour tant d'amour ne soy.... pourquoi pas laine ou coton?
Et dix-huit cent mille autres bévues de la même espèce, plus
ridicules encore, dont tous nos opéras sont bardés.

> Omar, chez qui vient de s'ouvrir,

Quoi donc? un café turc, un bal, une souscription? Point du
tout; le chœur de la Muette de Portici veut nous dire :

> Au marché qui vient de s'ouvrir;

et les accents, frappant à faux, dénaturent le sens de la phrase :

> Aü | mãrchẽ | qui viẽnt | dẽ s'ŏu | vrĩr.

Et ce même public à qui nos chanteurs font avaler des milliers de ces *cuirs* de ces *pataquès* plus ou moins adroitement
emballés, déguisés, sans que l'atroce cacophonie vienne offenser
en aucune manière son oreille de corne; ce même public va se
moquer et rire comme un fou des mêmes bévues lorsque les Deux
Aveugles les reproduiront en les exagérant à plaisir. Allez au

théâtre des Bouffes-Parisiens applaudir cette fidèle image, cette copie réjouissante du baragouin de l'Opéra, de l'Opéra-Comique et du Théâtre-Lyrique.

> Dans sa pau........vre vie malheureuse,
> Pour l'aveu.........gle point de bonheur.
> Toujours sous   des ténèbr's affreuses,
> Ah! combien   qu'il a de malheur!
> Que les cha........ritables personnes
> Vienn't en ai......de aux malheureux,
> L'aveugle à   qui l'on fait l'aumône
> N'est point un faux né...ces...si..teux,
> N'est point un faux né, un faux né, un faux né, nécé,
> Nécé, néces-si-teux.

Si le public rit à gorge déployée, c'est qu'il a devant ses yeux de pauvres diables, farceurs déguenillés, ouvrant un large bec et marquant d'un coup de gueule horrifique tous les faux accents amenés à dessein par l'auteur.

> Si c'est du Mozart,
> Que l'on m'avertisse.

Le public averti suffisamment, on le serait à moins, va pouffer de rire. Ce qui ne l'empêche pas d'approuver, d'applaudir sérieusement et de bonne foi, les mêmes sottises quand elles lui sont adressées par un premier ténor, superbement vêtu d'une tunique brodée en or, drapé d'un manteau de pourpre, et disant avec noblesse :

> A peine au   sortir de l'enfance....
> Près de trois   palmiers solitaires....
> Hélas! près   de quitter la vie...

Vous voyez que c'est le mètre de la chanson des aveugles, que l'on y rencontre les mêmes infamies prosodiques. Je me borne à donner la première ligne de chacun des trois couplets de la romance de Joseph, le reste est aussi mal ajusté. Voilà! voilà ce que devraient brailler, vociférer ces mêmes aveugles s'ils voulaient donner un dur mais utile enseignement au public!

Quid rides? mutato nomine de te
Fabula narratur.

Et tu ne t'en aperçois pas, foule insensible à toute cadence des vers et de la musique !

Tu ne peux entendre sans rire aux éclats le Saint-Gaudens de **la Dame aux Camélias** lorsqu'il affecte de prononcer les mots d'une manière ridicule, en imitant la diction que des paroliers ignorants imposent à nos chanteurs.

Les Français chantent sur leurs théâtres comme ils dansent en leurs salons. Voyez ce quadrille marché d'un pas incertain par une troupe de proméneurs qui se donnent la main, sans quitter le plancher, sans régler leurs pas sur la mesure des airs que l'orchestre fait sonner avec le plus grand éclat. Revenus à leurs places, ils devraient y terminer l'exécution de la figure par quelque *balancez*; point du tout, ils s'arrêtent. On les voit au repos, immobiles, tandis que l'orchestre, faisant bande à part, termine sa période et frappe la cadence finale. Des musiciens qui s'évertuent en pure perte devant des ballérins inanimés, offrent à l'œil une discordance tout à fait semblable à celle que notre oreille subit lorsque les paroles se font tirailler par la musique, et refusent de suivre son mouvement.

Faut-il parler de ces agglomérations de mots discordants, estropiés, enfilés sur un air bien rhythmé dont ils suivaient trop rarement l'allure ferme et rapide ; frappant sur le tambour ou la caisse, déchirant sans pitié l'oreille par des élisions durement évitées, par de nombreux hiatus de vers à vers, d'autant plus acerbes que les versicules étaient de deux, trois ou quatre syllabes, chefs-d'œuvre de barbarie que les vaudevillistes appelaient *couplets de facture* ? Certains acteurs s'étaient endurci l'oreille, assoupli la langue au point de lancer vivement cette avalanche au public enchanté, reconnaissant, qui les applaudissait avec transport et se plaisait ensuite à les redire. Les journalistes, conservateurs du goût, au lieu de critiquer ces monstres prosodiques, s'empressaient de les reproduire dans leurs feuilles en les applaudissant à leur tour. Cet exercice de sauvage, de crétin, a disparu depuis quelque temps de notre scène; il est juste de constater ce progrès, serions-nous par hasard en voie de civilisation ?

L'*épître à Sarrasin*, de Scarron, en vers de trois syllabes :

> Sarrasin,
> Mon voisin,
> Cher ami,
> Qu'à demi...

Le Pas d'armes du roi Jean, de Victor Hugo, sur le même rhythme, seraient d'un effet charmant si les hiatus de vers à vers, les élisions, ne venaient à chaque instant effaroucher l'oreille. Dans les vers de ce genre, on ne peut élider sans que la rime soit éborgnée, sans que le vers perde sa cadence. La chute féminine éteinte par l'élision vient rompre le rhythme; et l'oreille, accoutumée aux ondulations de la mesure, éprouve une sensation désagréable quand on lui dérobe une syllabe en même temps qu'une rime. En vous invitant à respecter les rimes faibles dont j'ai déjà prescrit l'anéantissement, je ne suis pas en contradiction avec moi-même. Détruisez-les pour donner plus de vivacité, d'énergie au discours; mais détruisez-les toutes. Celles que vous épargnerez vont faire cahoter vos phrases en introduisant des ressauts.

> Ça, qu'on selle,
> Écuyer,
> Mon fidèle
> Destrier.

Il est prouvé que, dans un rhythme d'une grande rapidité,

> Ça, qu'on sel
> L'écuyer,

ne concerte pas du tout avec

> Mon fidèle
> Destrier.

Si vous en doutiez, vous n'auriez qu'à chanter ces vers, et la conviction n'attendrait pas la première cadence.

> Dans l'orage,
> Lis courbé,

Un beau pag'
Est tomb*é*.
Il se pâm',
Il rend l'am',
Il réclam'
Un abbé.

Dans ce couplet, nous trouvons deux hiatus et quatre rimes éborgnées par l'élision. Achevons l'œuvre de destruction en éborgnant aussi la première rime, supposons que le page répond au nom de *Luc*, et nos vers, affranchis, débarrassés des entraves de l'hiatus, bien campés sur leurs pieds, défileront au pas de course.

Dans l'orag'
Embourbé,
Le beau pag'
Est tombé.
Luc se pâm',
Il rend l'am',
Il réclam'
Un abbé.

C'est un plan figuratif et non pas une correction que je mets sous vos yeux.

Moines, vierges,
Porteront
De grands cierges
Sur son front;
Et dans l'ombre
Du lieu sombre
Deux yeux d'ombre
Pleureront.

Ici rien ne brise la cadence, la strophe reste ferme sur ses jambes. Le poète aurait dû régler toutes les autres sur ce type excellent.

En septante-deux vers à rime dure, afin d'éviter les périls de l'élision, l'*Épitre à Sarrasin* ne bronche que deux fois par l'hiatus. Scarron se sauve d'un troisième faux pas en traitant

le mot *finira*, comme si ce vocable était latin ou provençal, et
se permet de le raccourcir au moyen de l'élision :

> Finira et
> Cœtera.

Voici des hiatus d'une sonorité parfaite; Bernard s'est montré si gentil en les écrivant, que nos professeurs en versification
se complaisent à nous les donner pour modèles.

> Rien n'est si beau
> Que mon hameau, O
>   quelle image!...
> Mon ermitage
> Est un berceau
> Dont le treillage
> Couvre un caveau Au
>   voisinage...
> Je chanterai A
>   vec Sylvie,
> Je jouirai Et
>   je dirai....

Pourquoi ne serait-il pas loisible à Bernard, comme à tous nos
prosateurs rimants, d'aller chercher l'hiatus aux lieux mêmes
où l'ingénieux Horace trouvait au besoin l'élision?

> *Labitur ripâ, Jove non probante, U*
>   *xorius amnis.*

> Livre, 1, Ode 2.

— Abd-Alrahman, Abdérame II, dit *le Victorieux*, khalife à Cordoue
à la mort de son père Al-Hakem; de 822 à 852, était un prince doux,
humain, affable dans la paix, intrépide, ardent, infatigable dans la
guerre. Non seulement il était grand ami de la poésie, mais il composait lui-même des vers fort gracieux dans les divers genres de
mètres en usage alors. En outre, il aimait passionnément la musique,
faisait venir à sa cour les premiers artistes de l'Orient, et les récompensait en roi.

» On croit que les notes de la musique furent alors introduites en
Espagne par le célèbre musicien Aly-ben-Zeriab, qui vint de l'Orient
en ce pays, au-devant duquel Abdérame se rendit lui-même; ce fait
démentirait la tradition, qui en attribue l'invention à Guido d'Arezzo.

» Le khalife avait presque toujours à ses cotés le poète Abdallah-ben-Schamri, et le savant Wali de Sidonia, Aben Camri, dont il fit son premier ministre. » Victor Boreau, *Histoire générale des Temps du moyen âge*, page 204.

— M. Fauriel, après avoir encore examiné, parmi quelqués autres romans, celui d'Aucassin et Nicolette, où l'alternative de la prose et des vers lui semble directement empruntée aux Arabes, revient sur les premières parties de son sujet, pour combler les lacunes qu'elle y a laissées. Il traite de l'organisation matérielle de la poésie provençale, c'est-à-dire des attributions des troubadours et des jongleurs; il insiste plus longuement sur la versification des troubadours, dont il trouve deux origines différentes dans les chants Arabes et dans les hymnes de l'église chrétienne; il reprend cette question si débattue, déjà effleurée par lui, des rapports des Provençaux avec les Arabes. Il penche à faire naître dans la liturgie chrétienne *les formes métriques* qu'ont employées non seulement les Provençaux, mais encore les Arabes initiés à ces rhythmes par l'intermédiaire du culte mosarabe; en revanche, il incline à attribuer aux arabes, avec les influences du commerce, tout à fait sensibles au moyen âge, les premiers exemples de la chevalerie religieuse, de l'amour enthousiaste, de la passion des généreuses aventures, remarquables chez eux dès les temps qui avaient précédé Mahomet. » H. Fortoul, sur l'*Histoire de la Littérature provençale*, par M. Fauriel, Revue des Deux Mondes, 15 mai 1846.

— Tandis que la poésie est chez nous le don d'un petit nombre, le privilége de quelques esprits, une fleur exquise et rare qui n'appartient qu'à une certaine espèce de sol, chez les Arabes elle est partout; elle anime à la fois, dans le pays par excellence de l'espace, du soleil et du danger, les spectacles de la nature et les scènes de la vie humaine. C'est un trésor auquel tous viennent puiser, depuis le pasteur dont les troupeaux disputent à un sol brulant quelque touffe d'herbe flétrie jusqu'au maître de la grande tente qui galope, au milieu de goums bruyants, sur un cheval richement harnaché.

» Tel est le fait dont se sont pénétrés ceux qui ont longtemps vécu, comme moi, de la vie arabe. Les officiers qui en sont encore à leur apprentissage des mœurs africaines croient souvent à une certaine exagération dans ce qu'ils ont tant de fois entendu répéter sur la poésie orientale. Ils craignent de subir aveuglément une opinion toute faite, de se laisser imposer ce qu'on appelle, je crois, *le convenu* dans le langage

des artistes. J'avais remarqué ces dispositions chez un officier de
spahis, qui me permettra de le mettre en scène dans un intérêt de
vérité. M. de Molènes, dont le nom, tout militaire aujourd'hui réveil-
lera peut-être quelques souvenirs-littéraires chez les lecteurs de ce
recueil, contestait, dans mon cabinet, un matin, les dons poétiques
du peuple arabe, quand notre entretien fut interrompu par une visite
d'une nature insolite, inattendue. Le personnage qui s'offrait à notre
vue portait le bernous et le haïch. C'était un Chambi (membre de la
grande tribu des Chambas, dans le Sahara). Il appartenait à cette
race de trafiquants audacieux qui bravent la morsure des serpents,
les tempêtes de sable et la lance des Touareghs, ces brigands voilés
du désert, pour aller jusqu'aux états du Soudan chercher les dents
d'éléphant, la poudre d'or et les essences parfumées. J'avais déjà rencontré dans le cours de ma vie africaine cet éternel et placide voyageur
qui vous répond avec la mélancolie sereine du fatalisme quand on
l'interroge sur ses errantes destinées : — Je vais où me mène Dieu. »
Cette fois le Chambi était venu amener au Jardin des Plantes, par
l'ordre du général Pélissier, deux de ces maharis célèbres que les
guerriers montent dans le Sahara, et qui atteignent, dit-on, une
vitesse à faire honte aux plus généreux coursiers.

» Quand le prophète aurait voulu donner un irrécusable témoin à
mes paroles sur l'indélébile poésie de son peuple, il n'aurait pu m'en-
voyer hôte plus opportun que le Chambi. Celui qui allait servir de
preuve vivante à mes arguments n'était pas, en effet, un de ces tolbas
qui puisent, dans leur docte retraite des Zaouyas, des inspirations
inconnues au vulgaire aux sources mystérieuses des livres sacrés; ce
n'était pas non plus un de ces guerriers suivis de cavaliers, précédés
de drapeaux, entourés de musiciens, qui peuvent tirer d'une existence
d'éclat et de bruit un ordre exceptionnel d'émotions. Non, c'était un
homme de la plus basse condition, ce que serait ici un colporteur de
nos campagnes. Eh bien ! dis-je à mon interlocuteur, je parierais
que si j'interrogeais au hasard cet obscur habitant du désert, je tire-
rais à l'instant de sa cervelle des chants qu'envieraient les meilleurs
de nos poètes. Le défi fut accepté. L'interrogatoire commença.

» Ce fut d'abord un chant religieux. Il faut répéter chez les Arabes
ce que disaient les poètes antiques : — Commençons par les dieux. »
Là, cette source et cette fin de notre vie, c'est-à-dire la région divine,
n'est jamais oubliée. Ce Dieu dont il semble que la vie du grand air
rende le contact plus fréquent, la présence plus sensible et le pouvoir

plus immédiat, est toujours invoqué par les chantres nomades. Le
Chambi n'interrogea pas longtemps ses souvenirs. Après avoir fre-
donné, pour se mettre en haleine, un de ces airs monotones comme
l'horizon du désert, dont les Arabes charment leur voyage sur le dos
des chameaux, voici ce qu'il nous récita : »

Si je ne puis les rapporter ici, vous trouverez ces fragments
de gracieuse, charmante et grandiose poésie dans le récit de
l'historien, dont voici la cadence finale.

— Les Arabes sont infatigables dans la parole comme dans le silence. En tout ce sont les hommes des extrémités. Les voilà pour des
journées entières à cheval, dévorant les plaines, se riant des montagnes, ou bien les voilà devant leurs tentes, couchés sur des nattes,
les regards fixés sur leurs vastes horizons, pour une suite indéterminée
d'heures. Mon Chambi, si je ne l'avais pas arrêté, me réciterait encore les poésies du désert. La poudre, les chevaux, les chameaux, les
cris des jeunes filles, ce pauvre homme avait évoqué tous les bruits,
toutes les couleurs, toutes les figures de la patrie, il était là comme
un fumeur de hachich perdu dans ce monde enchanté. Mais notre
vie à nous ne nous permet pas de nous laisser envahir par la poésie.
Je mis fin à une visite qui m'avait pris déjà trop d'utiles moments.
J'en avais tiré du reste des arguments victorieux pour ma cause.
— Je me rends, me dit mon interlocuteur; je conviens avec vous
qu'aucune mémoire de paysan ne serait ornée en France, ni même,
je crois, en aucune contrée de l'Europe, comme celle du Chambi. Re-
connaissons au pays du soleil le privilége de colorer chez tous les
hommes le langage et la pensée des mêmes teintes que le ciel.
— Louons Dieu, ajoutai-je, d'avoir donné pour refuge le domaine
de l'imagination à ceux qui mènent, sur une terre stérile, la vie de la
misère et du danger. » Général DAUMAS, *le Chambi à Paris*, Revue
des Deux Mondes, 15 février 1852.

Ces détails, un peu longs, il est vrai, mais que je ne pouvais
abréger sans imprudence, nous montrent les disciples du khalife Abdérame colportant la poésie rhythmée et chantée à travers les océans de sable et les plaines liquides, jusqu'aux dernières bornes de l'univers. Les Anglais s'occupent sérieusement
de l'éducation littéraire des Hindous, s'il nous plaisait un jour
de civiliser l'Algérie en nous servant du même procédé, les

Kabyles riraient d'abord au nez de nos pédagogues rimeurs, et leur apprendraient ensuite à mesurer des vers. Cet enseignement serait bien précieux pour nos académiciens.

La poésie a fait la conquête du monde, un coin de terre semble se refuser à sa culture et mépriser ses bienfaits. Ce Sahara privé de toute végétation réellement poétique, habité par un peuple inventif, élégant, spirituel et docte, mais encore à l'état sauvage à l'égard de la poésie, ce désert, qui le croirait? c'est la France! Entouré de nations admirablement civilisées, il n'éprouve pas l'influence de cet heureux voisinage. S'il l'éprouve, il se gardera bien d'en convenir; ce serait un aveu de ses torts.

> La sotte vanité nous est particulière,
> C'est proprement le mal français.
>
> La Fontaine, Fables, *le Rat et l'Éléphant.*

Prenez les œuvres lyriques de Klopstock, vous y verrez les premières strophes de ses odes notées en brèves et longues, pour indiquer précisément le mètre qu'il a choisi, qu'il a fidèlement suivi jusqu'à la conclusion de chaque pièce. Les Italiens, les Espagnols, les Anglais, les Basques, les Danois, les Suédois, les Dalmates, les Russes, tous les peuples de la grande famille slave chantent des vers mesurés et rhythmiques.

— Le cardinal, au milieu de ses immenses travaux politiques, s'occupait de littérature; il savait que sans la gloire des lettres les nations n'arrivent jamais au premier rang. Ce fut une des raisons qui le décidèrent à fonder l'académie française (1635). Cet établissement, qui a survécu à toutes les révolutions, marque l'époque où le génie national prit un essor sublime, et fonda cette domination littéraire que la France a exercée pendant deux siècles sur les autres peuples de l'Europe, et qui n'est encore aujourd'hui contestée que par des écrivains sans talent et sans avenir. » A. Jay, de l'académie française, *Histoire de Richelieu.*

— La mémoire du règne de Louis XIV devra demeurer éternelle, puisque la France lui doit, avec l'extension de ses frontières, la fixation de sa langue et la domination intellectuelle du monde. » De Carné, *Louis XIV et ses historiens.*

Après les faits incontestables que j'ai posés, on ne s'attendait
guère à rencontrer les dominateurs littéraires de l'Europe, de
l'univers, dans les écoliers que j'adresse et recommande en
Kabylie. Dominateurs intellectuels qui ne comprennent pas
encore que l'art des vers, l'*Ars metrica* des anciens, est et ne
peut être que l'*Art de mesurer*, que la *Métromanie* est la *Manie
de mesurer*. A quoi bon fabriquer un mot nouveau pour désigner une manie qui pour vous ne saurait exister, puisque vous
ne mesurez rien du tout? En effet, me citeriez-vous dans le
poétique fatras de vos lyriques les plus célèbres, huit vers (1)
que l'on puisse scander, huit vers réels dont les cadences brisées, outrageusement fracassées n'offensent pas l'œil et l'oreille
du lecteur? Ces objections qui, depuis deux siècles, et de toutes
parts, sont dirigées sur nos académiciens, ont-elles amené
quelque résultat satisfaisant? Oui, sans doute, elles ont produit
une victoire éclatante, un triomphe complet, inattendu pour
leurs antagonistes. Fatigué, molesté par ces attaques inces-
santes, notre Institut s'en est délivré, musique finie, en décla-
rant solennellement que le français étant privé de l'accent et
par conséquent de la quantité, devait se borner à manœuvrer
en prose. Jugée et condamnée par des aveugles sourds, notre
langue française reléguée au-dessous du patois rhythmé des
animaux, avilie par ses conservateurs, devra garder la position
infime que l'Institut de France! n'a pas rougi de lui départir.

En vous montrant *les Français peints par eux-mêmes*, je me

---

(1) Marmontel, Diderot, Grimm, La Beaumelle ont dit *quatre;* je dois
aller jusqu'à *huit*, et couvrir leur enchère, parce que M. de Lamartine, hasard heureux! nous a donné quatre vers. Hâtons-nous d'enregistrer ces
anapestes.

> J'ai vé | cu, j'ai pas | sé ce dé | sert de la | vie,
> Où toujours sous mes pas chaque fleur s'est flétrie,
> Où toujours l'espérance, abusant ma raison,
> Me montrait le bonheur dans un vague horizon.
> *Premières Méditations poétiques*, xviii, la Foi.

De par Diderot, Marmontel, Grimm et La Beaumelle, voilà M. de Lamartine proclamé poète : il a fait quatre vers, et sans y songer peut-être.

permettrai d'ajouter quelques observations de nos voisins au
sujet de notre prose rimée et non rhythmée. Le savant Isaac
Vossius est le premier qui nous ait témoigné le dépit, la douleur, le supplice que lui faisait éprouver cette prose. En 1673,
il publie *De poematum cantu et viribus rhythmi*, et dirige de
vives attaques sur nos poètes. Il propose de leur donner des
professeurs pris à la tête des régiments, des maîtres capables
de leur enseigner à jouer du tambour, des cymbales, du triangle, du pavillon chinois, afin de leur faire connaître et comprendre ce que c'est que la mesure, la cadence et les nombreuses figures du rhythme. — Ceux qui veulent acquérir le
sentiment de la musique du style en poésie, *qui musicæ sunt
studiosi*, dit-il, *exerceant sese in pulsandis tympanis, testis,
crotalis, similibusque instrumentis, et in his tamdiù immorentur, donec omnium pedum, id est omnium motuum formas,
et figuras adeo sibi familiares reddant, ut eas absque cuncta-
tione exprimere et explicare possint quam exactissimè.*
... Ces mots *tamdiù immorentur,* annoncent que nos académiciens avaient déjà l'oreille infiniment dure.

   — Je ne sais pas comment l'Opéra, avec une musique si parfaite,
une dépense toute royale, a pu réussir à m'ennuyer. » LA BRUYÈRE.
   — C'est la moins poétique des nations policées. » VOLTAIRE.
   — La preuve que sa poésie est nulle, c'est qu'il est encore à s'en
apercevoir. » DIDEROT, MERCIER, plus tard.

   Ces compliments sont adressés au peuple français. Diderot
ajoute, en désignant les paroliers de son époque :

   — Ils ne savent pas encore ce qu'il faut destiner à la musique, ni
par conséquent ce qui convient au musicien. La poésie lyrique est
encore à naître; il faudra bien qu'ils y viennent.
   — Quoi donc, est-ce que Fontenelle, Quinault, La Motte n'y ont
rien entendu? — Non, il n'y a pas six vers de suite dans tous leurs
charmants poèmes qu'on puisse musiquer. »

   Est-il naïf notre brave Diderot, lorsqu'il pense que les paroliers français doivent entendre et comprendre, parce qu'ils sont
bien avantagés en oreilles? S'ils avaient quelque sentiment,

quelque idée de la mélodie du langage, ils auraient depuis longtemps cessé d'écrire en prose infâme et nauséabonde. Ils négligent mesure et cadence parce que, ne les sentant pas, ils n'en sauraient comprendre l'indispensable nécessité.

— Prenez la plus harmonieuse des odes de Malherbe et de J.-B. Rousseau, vous n'y trouverez pas *quatre vers de suite* favorablement disposés pour une phrase de chant : c'est le même nombre de syllabes, mais nulle correspondance, nulle symétrie, nulle rondeur, nulle assimilation entre les membres de la période, nulle aptitude enfin à recevoir un chant périodique et mélodieux. Le mouvement donné par le premier vers est contrarié par le second. » MARMONTEL.

— Comme la versification française n'a point eu jusqu'ici de distribution ni de places fixes pour ses accents, elle ne peut suivre le rhythme musical sans le dénaturer, ou sans se modifier elle-même.» S. M. LOUIS-NAPOLÉON, roi de Hollande.

Le roi musicien Charles IX avait prescrit aux poètes français de mesurer leurs vers. Il est malheureux que les successeurs de ce prince n'aient pas tenu la main à l'exécution d'une loi si précieuse. Elle devait hâter la civilisation poétique de notre nation, plongée encore dans les ténèbres de la barbarie. En accordant à Baïf des lettres patentes pour l'établissement d'une académie royale de musique en 1570, le roi veut, exige, commande impérieusement que ce poète et ses collaborateurs Ronsard, etc., — renouvellent aussi l'ancienne façon de composer vers mesurez pour y accommoder le chant, pareillement mesuré, selon l'art métrique. »

— Par la même raison que la langue française n'est pas musicale, elle ne saurait être poétique.... Si l'idiome du Languedoc était devenu la langue des Français, elle aurait été plus mesurée, d'une prosodie marquée, et par conséquent infiniment plus susceptible de musique et de poésie. Quoi qu'on dise de la prosodie française, de son existence et de sa nécessité, il n'y a pas, dans tous nos poètes, *quatre vers de suite,* que l'on puisse scander avec la sévérité que les autres langues exigent. Le languedocien est beaucoup plus sonore et plus agréable à l'oreille. » GRIMM, *Correspondance.*

— Il est arrivé de là que la langue française a été moins propre à la

musique et aux vers qu'aucune langue ancienne ou moderne. »
RIVAROL, *De l'Universalité de la langue française.*

La Beaumelle va plus loin , et dit, en sa xx⁰ lettre à Voltaire :

« Non seulement nous n'avons point de poésie, mais nous ne pouvons en avoir. Notre langue est trop méthodique, trop pauvre, trop
froide, pour se prêter à l'enthousiasme. Qu'est-ce qu'une poésie sans
images, une versification sans harmonie? Nous avons des beautés
nationales : nous n'en avons point qui appartiennent à tous les temps,
à tous les lieux. Aujourd'hui on ne le lit presque plus de vers. Et s'il
faut en croire M. de Fontenelle, qui a été si longtemps témoin des
progrès de la raison humaine, dans cent ans on n'en fera plus. La
rime qui charmait l'oreille de nos pères fatigue la nôtre. Nous commençons à sentir combien il est inutile de cultiver un art auquel la
mécanique de notre versification et la timidité de notre langue, ravis-
sent le caractère musical et pittoresque dont il ne saurait se passer.
Dans quel de nos poètes trouverons-nous l'*os magna sonaturum*, et le
ut pictura poesis, qu'exige Horace? Les étrangers qui lisent avec
délices Virgile, Homère, ne lisent qu'avec dégout vos meilleurs vers.
Corneille et Racine leur plaisent, non comme poètes et versificateurs,
mais comme esprits supérieurs dans l'art d'exciter les passions par la
seule force de la vérité. Ils leur plairaient davantage, s'ils étaient
dépouillés de ce retour des mêmes sons, dont le vice un instant dérobé
à l'attention par la beauté des sentiments, des pensées, des situations,
reparaît bientot, toujours accompagné de l'ennui. »

« Vous croyez peut-être que je vais m'appuyer sur l'opinion de
ces maîtres et de bien d'autres tels que Huet, évêque d'Avran-
ches, le président de Brosses, J.-J. Rousseau, etc., etc., pour
dire avec eux que la langue française n'étant pas musicale ne saurait être poétique; non, et mille fois non! Cet idiome sera poétique, sera musical, lorsque vous aurez étudié le mécanisme
du vers et surtout le mécanisme du langage, ignoré jusqu'à
ce jour de *tous* nos écrivains; lorsque vous aurez formé votre
oreille aux douces ondulations du rhythme, à l'énergie de l'accent à propos amené; quand vous l'aurez exercée au charme
délicieux de la cadence, à la victorieuse puissance du mètre.
L'aveugle se soucie fort peu que sa chambre soit jaune, verte,

rose ou noire. Aveugles en poésie, vous n'observez pas les règles
de la versification rhythmée, règles que les sauvages n'ignorent
pas, vous ne les observez point parce que vous n'en soupçonnez
pas même l'existence et l'impérieuse nécessité. En voyant la
structure grossière et lâche de vos lignes rimées, on est tenté
de croire que vous les mesurez avec un fil, comme faisaient les
nonnettes de Mondevergues. Procédé que Lenoble attribuait
malicieusement à Champmélé, quand il lui disait, à propos des
vers de ses comédies :

> Tu les as mesurés sans doute à l'aune antique
> Dont jadis ton papa mesurait ses rubans.

— Dans la première moitié du xviii⁰ siècle, les Allemands com-
mencèrent, dans leur poésie, à prendre des modèles des classiques
ou ceux que l'on croyait tels, principalement les Français, et comme
eux s'amusèrent à compter des syllabes. La période pendant laquelle
dura cette gallomanie nous montre la poésie allemande dans son
plus grand avilissement. » *Dictionnaire de la Conversation*, article
ALLEMAGNE.

— Aujourd'hui, la poésie portugaise secoue ses ailes : ses premiers
élans ne seront pas tous heureux; mais l'instinct de tous les peuples
devine aujourd'hui la route; elle est ouverte à tous les courages, et,
peut-être, suffit-il, pour ne pas tomber, de vouloir fortement, avec
persévérance. » *Idem*, EUGÈNE DE MONGLAVE, article DIAZ.

En 1807, Schlegel vint à Paris; ce critique sévère, acerbe,
mais judicieux, avait traité nos poètes avec une irrévérence
jusqu'alors inouïe, et toute la huaille académique se leva contre
lui. Oser dire, imprimer que nos tragédies les plus estimées
devaient céder le pas aux mélodrames du Boulevard; que nos
prétendus vers français n'étaient qu'une lourde et lâche prose
rimée, quel scandale, quelles hérésies! pour un peuple naïf de
croyants, pour un peuple vivant isolé comme Robinson dans
son île, et refusant obstinément toute comparaison qui pouvait
changer en mépris l'admiration qu'une vieille habitude avait
incrustée sous le réseau de sa perruque. Un protestant redoutable s'est aventuré dans un pays que l'on croit catholique en
poésie; vite il faut catéchiser le rude champion, et le convertir

à la prose rimée, pature des Français, depuis sept cents ans.
Tragédies et comédies, admirablement représentées, séances
littéraires où nos poèmes épiques, lyriques, didactiques et ba-
dins étaient dits par des lecteurs excellents, toutes nos richesses
alexandrines et facétieuses, sont déroulées devant le docteur
mécréant. Après une de ces attaques prolongée outre mesure,
et que l'on croyait victorieuse, un académicien aborde Schlegel
d'un air triomphant et lui dit : —Eh bien ! docteur, que pensez-
vous de tout cela ? — Je pense qu'il me faudra doubler la dose
du vermifuge que je suis forcé d'avaler chaque fois que j'entends
des vers français. »

Plusieurs ont imprimé depuis lors ce mot que je rends à son
auteur. Voyez les journaux, les écrits de ce temps, les biogra-
phies, *la France littéraire* à l'article SCHLEGEL.

En 1765, le marquis de Chastellux, maréchal de camp, frappe
de réprobation notre poésie lyrique et propose sa réforme dans
un ouvrage ayant pour titre : *Essai sur l'union de la poésie et
de la musique.* Framery s'empare des idées de Chastellux pour
les développer dans le *Dictionnaire de Musique* de L'ENCYCLOPÉDIE
MÉTHODIQUE, et dans un opuscule dont voici le titre : *Avis aux
poètes lyriques, ou de la nécessité du rhythme et de la césure dans
les hymnes ou odes destinés à la musique, par N. E. Framery,
du Lycée des Arts.* Imprimé par ordre du comité d'instruction publique. *A Paris, de l'imprimerie de la république. Brumaire,
an IV.* (Octobre 1795.)

Ce titre en dit plus qu'il n'est gros; il apprend à ses lecteurs
que notre république nº 1 reconnaissait l'état de barbarie où
la France était plongée à l'égard de sa poésie, puisque cette judicieuse république s'occupait de la civilisation poétique de ses
administrés ; puisqu'elle imprimait et répandait, à ses frais !
un ouvrage dont les premières lignes déclaraient que les prétendus vers lyriques de nos poètes n'étaient que de la prose.
Littérateur musicien, Framery pouvait écrire un bon ouvrage,
Chastellux l'avait mis sur la voie; mais, comme tant d'autres,
il s'est égaré, s'est perdu sans retour possible, en voulant se
régler sur les anciens, et prendre leurs syllabes longues, brèves,

douteuses, pour base de ses opérations. Racine parle d'or quand il admoneste son fils au sujet de l'harmonie du style épistolaire, citant Denys d'Halicarnasse, etc., ce qui n'empêche pas l'illustre conseiller d'écrire de la prose dissonante et fracassante. Voyez **Molière musicien**, tome II, page 228.

A cet égard, Framery suit l'exemple de Racine, et ce qu'il approuve suffit pour démontrer qu'il n'entend rien à la question. Sur ce dernier point, il ressemble au public parisien applaudissant avec un égal enthousiasme l'excellent, le médiocre et le détestable, quand il siége dans nos théâtres lyriques.

Framery se permet de critiquer *la Marseillaise*, alors dans toute sa splendeur, et relève les iniquités, les infamies prosodiques de cette chanson; c'était au moins de la hardiesse en brumaire de l'an IV. Il exalte les vers de **Zémire et Azor**, *Du moment qu'on aime*, c'est parfait; mais il donne des éloges à ce qu'il devait condamner hautement; témoin l'analyse suivante.

— Marmontel sentit bientôt le mérite musical des divisions périodiques, et fit cadrer ensemble le rhythme des vers correspondants. Tel est cet air de **Zémire et Azor** :

Lĕ măl | hĕur mĕ | rēnd īntré | pĭdĕ.
J'ăi | tŏut pĕr | dū, jĕ | *ne* crăins | rĭen.
Et pŏur | quŏi sĕ | răis-jĕ tĭ | mĭdĕ?
Pŏur | mŏi lă | vie ĕst | ēlle ŭn | bĭen?
Jĕ | sŭis tŏm | bé dĕ | l'ōpŭ | lēncĕ
Dăns | lă mĭ | sère ĕt | dăns l'oŭ | blĭ,
Un văis | sēau, mă | sēule ĕspĕ | răncĕ,
Dăns lĕs | flōts ĕst | ēnsĕvĕ | lĭ.

« On voit que le troisième vers correspond au premier, le deuxième au quatrième, et que les suivants, de deux en deux, s'accordent avec les deux rhythmes des premiers. » A rebours, s'il vous plaît, à rebours.

Les commentateurs veulent toujours chercher et trouver des finesses de style, des traits ingénieux dans les ouvrages qu'ils analysent. Supposer que Marmontel a concerté cet affreux mélange de rhythmes, où le deuxième et le quatrième vers sont en guerre implacable avec le premier et le troisième, c'est lui faire

injure. Marmontel, en écrivant ces lignes, n'a pas voulu faire
autre chose que de la prose rimée, selon l'usage adopté de son
temps et dont il s'est trop rarement éloigné. Ces donneurs de
conseils devraient prêcher d'exemple, et c'est ce qu'ils ne font
pas. Je ne connais que deux couplets irréprochables de Marmontel et je les citerai. Framery en a fait un, vous le connaîtrez
et le jugerez. Quelle confiance peut inspirer un législateur en
rhythmique assez imprudent pour nous donner comme un vers
cette ligne frappant à faux !

J'ăi | tŏut pĕr | dŭ, jĕ | ne crăins | riĕn.

Changer de rhythme est souvent un moyen ingénieux qui
donne plus de relief et d'éclat à certaines pensées ; mais il faut
que le rhythme nouveau se complète dans un quatrain, ou dans
un distique. Exemples :

| Dŭ mŏ | mĕnt qu'ŏn | aĭmĕ,
On devient si doux ;
Et je suis moi-même
Plus tremblant que vous.

Ce rhythme en trokées est d'une suavité charmante. L'anapeste, introduit fort à propos dans les vers suivants, communique sa vigueur aux sentiments qu'ils doivent exprimer.

Eh | quŏi ! vŏus crăi | gnĕz
L'esclave timide
Sur qui vous régnez !
N'ayez plus de peur,
La haine homicide
Est loin de mon cœur.

Voici pour le distique :

| Tĕrrĕ chĕ | riĕ,
| Ŏ mā pā | triĕ !
Ă | tŏi mā | viĕ,
Ă | tŏi mŏn | cœŭr !

Le spondée amené dans ces derniers vers donne à la pensée
plus d'énergie et de solennité : le rhythme est changé mais il
n'est pas rompu.

Traducteur d'opéras italiens; Framery fit chanter le couplet suivant à Marine, soubrette, dans *la Colonie*, musique de Sacchini:

> Le ciel | sait que tou | jours j'ai dit | non,
> Mais la loi le voulait tout de bon.
> Il fallait faire un choix sans façon,
> Ou quitter à l'instant ce canton!
> Par des monstres, d'affreuses baleines,
> Je t'ai cru dévoré, sur ma foi.
> Aussitot tout mon sang, dans mes veines,
> Et s'arrète et se glace d'effroi.
> Mais bientot, dans le fond de mon ame,
> Cette glace devient une flamme.
> Oui, Fontalbe me prend pour sa femme;
> Il m'attend, adieu donc, laisse-moi.

Hoffman savait par cœur ce couplet, il me l'a chanté bien des fois. C'est le seul que l'on puisse applaudir, quant à la mesure, dans toutes les traductions ou parodies que Framery nous a laissées. Sa version du Barbier de Séville de Paisiello lui valut 61,000 francs.

C'est juste à la même époque, l'an v, que notre république n° 1 faisait imprimer à ses dépens les trois volumes d'*Essais sur la Musique* de Grétry. Le premier était publié depuis 1789; les détails qu'il présente sur la vie et les opéras de l'auteur sont lus avec intérêt; mais que de fariboles, de fanfreluches antidotées ou non cet aimable Grétry n'a-t-il pas emballées dans ses deux volumes additionnels! et c'est précisément à ces fariboles, destinées à l'instruction publique des Français, que l'ouvrage entier dut l'honneur d'être mis en lumière aux frais de l'État! Bien raisonné, bravo, Marton!

— Notre système de versification, tel qu'il a été fixé au commencement du xviie siècle, pèche ostensiblement par trois vices opposés aux trois conditions que les vers devraient réunir : nos vers ne satisfont point l'oreille à la lecture, et ils dissonnent avec le chant; ils sont d'ailleurs très limités, ne diffèrent entre eux que par le nombre des syllabes et revenant constamment les mêmes dans toutes nos pièces lyriques; de plus, leur composition est soumise à des prescriptions plus ou moins arbitraires, quelquefois contradictoires, génantes sans aucun profit, et la plupart inconnues aux autres nations; en sorte que notre versification est tout à la fois la plus *imparfaite*, la plus *bornée* et la plus *compliquée* de toutes. Ailleurs Pégase est pour le poète un coursier qui va l'amble, ou qui trotte, ou qui galope librement, en cadençant ses pas ou ses bonds; chez nous, c'est un cheval écloppé, ou qui saute péniblement, enferré dans ses entraves. Voltaire, après avoir comparé les libertés permises à la poésie étrangère avec les obligations étroites imposées à la nôtre, conclut en disant : — C'est pourquoi il est plus aisé de faire cent vers en toute autre langue que quatre vers français. »

» Il semble, en effet, que l'on ait cherché pour notre poésie le mérite de la difficulté vaincue, et non la beauté réelle. On peut dire du moins qu'elle réunit et l'extrême servitude dans les choses accessoires ou même de pure fantaisie, et l'extrême licence relativement aux lois fondamentales de toute versification. Aussi les étrangers s'étonnent-ils, sans le comprendre, qu'une nation comme la nôtre, qui a l'honneur de passer pour l'arbitre du goût (1), et l'une des plus *chantantes* de la terre, ait pu s'accommoder jusqu'ici d'un pareil système.....

» Innovons pour le fond, si nous le pouvons; mais sans oublier la forme, qui, pour notre muse, est restée imparfaite, à peine ébauchée dans son berceau. On se plaint depuis longtemps de ce que les divers genres sont épuisés..... qu'on exploite le *rhythme*, et il en sortira des richesses sans nombre, avec une poésie transfigurée, que sa cadence musicale fera voler de bouche en bouche, et aura bientôt rendue nationale et même populaire; car c'est par le rhythme uniquement que la poésie peut, comme aux temps primitifs, entrer dans l'oreille du peuple et le captiver. Ayons, ainsi que d'autres nations, des chants simples et *rhythmiques* pour l'enfance, dans les écoles, et un changement s'opérera bien vite; mais, tant que les vers chantés seront en guerre ouverte avec la cadence, et dérouteront sans cesse l'oreille, ne comptez pas que la musique devienne jamais populaire en France.»
J.-A. DUCONDUT, ancien inspecteur d'académie, *Essai de Rhythmique française*. 1856.

(1) Si nous exceptons la poésie et la musique vocale. C. B.

L'Université vient confirmer aujourd'hui ce que je vous ai dit et répété depuis trente-huit ans ; l'Institut s'intéresse vivement à l'impression de *l'Art des Vers lyriques*; les musiciens attendent sa publication avec impatience, et les journalistes commencent à faire une guerre acharnée aux infamies prosodiques de nos opéras, de nos chansons, énormités qu'ils n'avaient pas encore aperçues et signalées. Ils se sont révoltés contre *le so.*.*. teil boit*, *au mar.....ché qui, par sa trâ....hison, ne prit pas part, mandé par le parlement,* que voulez-vous de plus ?

> Les dieux ont révoqué leurs ordres rigoureux,
> Par des signes certains leurs faveurs se déclarent;
> Le bucher se consume et l'autel est détruit,
> Les vents agitent l'air, la mer s'enfle et mugit,
> Et nos triomphes se préparent.
>
> Du Rollet et Gluck, **Iphigénie en Aulide.**

— La rime est inutile à la cadence, harmonie ou rhythme intérieur du vers.» S. M. Louis-Napoléon, roi de Hollande.

En voici la preuve :

> Le point du jour
> A nos bosquets rend toute leur parure;
> Flore est plus belle à son retour,
> L'oiseau redit son chant d'amour,
> Tout célèbre dans la nature
> Le point du jour.

C'est gentil, agréable, charmant pour être parlé, récité, dit en prose, puisque c'est de la prose; mais gardez-vous bien de musiquer ce discours ennemi de toute mélodie régulière.

Le vers de deux pieds, mis en tête du couplet qu'il doit terminer, a paru bien trouvé, gracieux aux paroliers; cela se dessine parfaitement au milieu d'une page.

« Voyez ensuite ce vers interminable, le deuxième, qui répond au versicule par une ligne de cinq pieds. Que voulez-vous qu'un musicien fasse de ces mots si ridiculement associés ? Le musicien ne les chantera pas moins, puisqu'il est obligé de mettre en œuvre ce pitoyable canevas où rien n'est mesuré,

symétrique. Vous savez pourtant que la musique ne saurait
exister sans le rhythme, la mesure, la symétrie des temps et
des accents. Après avoir complété ses temps avec une irrégularité plus ou moins choquante, Dalayrac chantera :

> Le point du jour *à nos bosquets*
> Rend toute leur parure;
> Flore est plus belle à son *retour*,
> L'oiseau redit son chant d'*amour*....

La prose du parolier, ainsi rectifiée, n'est plus consonnante.
Pour faire accorder les mots avec la mélodie, il faudrait nécessairement donner des rimes à *bosquets*, compléter, mesurer les
vers d'après le type en iambes que nous impose Dalayrac, et
dire, avec ce musicien poète :

> Lĕ | pōīnt dŭ | joūr ă | nōs bŏs | quĕts
> Vient rendre toute leur parure;
> J'entends japper oisons, roquets,
> Heureux mélange, doux caquets!
> Et j'applaudis au fier murmure
> Des perroquets. (*bis*).

Vous travaillez pour le sens de l'ouïe, et toutes vos ruses de
guerre, toutes vos batteries de siége ou de campagne sont dirigées sur l'œil. Vous réussirez à le séduire, le sens de la vue est
le plus facile à tromper, surtout lorsqu'il s'agit d'une affaire qui
ne l'intéresse en aucune façon. Rimez, ne rimez pas, qu'importe,
le tableau de vos lignes n'en sera guère plus récréatif pour ses
pupilles indulgentes. Faites des trompe-l'œil, vous en avez le
droit. Ne devriez-vous pas, au contraire, penser d'abord, penser
uniquement à l'oreille? C'est elle qu'il s'agit de contenter, de
charmer, de séduire; c'est elle qui doit recevoir, gouter, ap-
précier votre musique; c'est elle qui la recevra, le plus souvent!
sans le secours de l'œil, lequel se gardera bien de vous adresser
aucune réclamation.

— Voici des vers rimés pour toi, mon petit ami, direz-vous à
cet œil, toujours prêt à pardonner des licences, qui ne peuvent
être des fautes; voici des vers, pour toi, parfaitement rimés :

8

> Félicité passée,
> Qui ne peut revenir,
> Tourment de ma pensée,
> Que n'ai-je, en te perdant, perdu le souvenir ?

— Bravo ! parfait ! à merveille ! » dira cet œil que vous caressez avec tant d'affection, et qui n'en sera pas moins votre dupe, votre victime. Croyez-vous que l'oreille se laissera prendre à ce piège grossier, et que sa prudence va s'endormir au point de confirmer ce jugement plus que téméraire ? Point du tout. Saisissant, avec son admirable subtilité, l'ensemble et les détails de votre prose cadencée à peu près et non rimée, l'oreille

> Va prendre la parole, et prête à l'accuser,
> Va s'adresser à l'œil pour le désabuser.

— Tu crois à ce qu'on t'a montré, lui dira-t-elle ; je ne dois me fier qu'à ce que j'entends. Pour moi, point de ruse que je ne décèle avec soudaineté ; point de mirage qui puisse me faire illusion ; la poésie est une musique et non pas une peinture. A ce qu'on t'a montré, je vais faire succéder ce qu'on m'a fait entendre. Le voici :

> Félicité passée,
> Qui ne peut revenir,
> Tourment de ma pensée,
> Que n'ai-je, en te perdant,
> Perdu le souvenir ?

Revenir et *perdant*, *perdant* et *souvenir*, te semblent-ils des rimes suffisantes, des assonnances même ? »

Ce qui n'empêche pas ces versicules d'être charmants. S'ils nous plaisent c'est à cause de la pensée qu'ils renferment, à cause d'une certaine propension vers le rhythme. Les strophes du Chant du Départ, de M. J. Chénier sont disposées de cette manière, la rime y frappe toujours à faux sur la musique de Méhul. Je puis en dire autant des moellons, des plâtras qu'un charretier de l'Académie a versés brutalement sur un air brillant et leste de Rossini.

> Chef d'un peuple indomptable, et guidant sa vaillance,
> Je vais à ma puissance
> Soumettre l'univers.

Que dites-vous de *vaillance*, de *puissance*, qui, par le fait,
sont appelés à rimer avec le platras *indomptable?* Et *puissance
sou!* comme les roulades vont frétiller dans ces étoupes!

Mesurez, cadencez vos vers lyriques, et nul ne vous demandera compte des rimes prohibées, de l'absence même de cette
rime que vous croyez indispensable.

Dans la **Forêt de Sénart**, que nous répétions à l'Odéon, je faisais
rimer *Lucas* avec *ducats*, c'était fort bien; mais Henri IV, sous
les traits du ténor Lecomte, me dit :— Les ducats n'ont jamais
été frappés sous mon règne.

— Sire, quelle était donc votre monnaie royale?

— Les écus d'or.

— Soyons exacts, et chantons : *quatre cents écus d'or* au lieu
de *quatre mille ducats.*

— Et la rime?

— Allez toujours; qu'importe, si le rhythme est identique et
tombe juste? » En effet, les *écus d'or* rimant avec *Lucas*, sans
que le choc brutal de cette discordance fût adouci, déguisé par
un vers intermédiaire, les *écus d'or*, estampés bravement sur le
livret à coté de *Lucas*, ne provoquèrent pas le moindre sifflet,
la moindre critique pendant les quatre-vingts représentations de
cet opéra données à Paris, et les douze cents qui leur succédèrent en province.

En réformant orthographe et dictionnaires, nos voisins ont
affranchi leur poésie d'une infinité d'obstacles qui s'opposaient
à sa marche élégante et leste. Une semblable opération ferait
disparaître à l'instant nos rimes curieusement dessinées pour
les yeux, et toutes nos consonnances plairaient à l'œil comme à
l'oreille. Si nos voisins ont pu se délivrer de ces broussailles
du langage, c'est qu'ils étaient assez prudents, assez heureux
pour n'avoir point d'académies conservatrices aveuglément opiniâtres de la rouille des anciens temps. Méfiez-vous du banc des
perruques, du banc des huîtres, comme de l'arrière-ban de
nos *bons* poètes, que Malherbe a si plaisamment blasonnés.

VIII

DE L'E MUET ET DE L'ACCENT ARTIFICIEL.

A son passage à Genève, Grétry visite le châtelain de Ferney, qui lui parle de musique en littérateur, et déraisonne complétement sur cet art. Grétry demande un livret d'opéra comique à l'auteur de *Mérope* et d'*Alzire*. Voltaire saisit cette occasion pour maudire, anathématiser de nouveau les *e* muets de la langue française, qu'il appelait des *eu*. — Je n'aime point les *eu*, disait-il au jeune voyageur, je les déteste; vous devriez les retrancher en musique et chanter *philosof*. » Voltaire se trompait trois fois au lieu d'une.

Si l'*e* muet n'existait pas en français, il faudrait l'inventer pour la musique. Cet *e* mille fois précieux est le trésor de nos poètes lyriques, leur ancre, hélas! unique de salut. Nous n'avons que l'*e* muet pour les demi-repos, et ces demi-repos sont, à l'égard des repos assis carrément, dans la proportion de trois à un. Voilà pourquoi trois rimes féminines doivent, presque toujours ou du moins très-souvent, précéder la rime dure dans les vers destinés à la musique. Ce qui rend le provençal et l'italien si doux, si constamment sonores, c'est que ces langues, poétiques et musicales par excellence, possèdent quatre voyelles muettes, *a, e, i, o*. Ces quatre sons différents donnent une variété merveilleuse aux désinences, aux rimes féminines.

Certes les *eu* seront abominables si vous les fracassez, les emplatrez sur les temps forts ou demi-forts qui doivent les absorber, les anéantir.

U | *neu* līě | *vreu* brŭ | lāntě...
Un | *reu*-gärd | *deu* mā | běllě...
Ah! | quĕl plāi | sīr d'ĕ | *treu* sŏl | dāt...
Aŭ | fāit ŭn sī | grānd pĕrsŏn | nāgě
Dŏit | *s'y* cŏnnāī | *treu* miĕux qŭe | mōi...
Prĕ | nānt sŏn | sābrĕ | *deu* hā | tāillěs,
Qŭi | renvĕr | *seu* fŏrts | *et* mŭ | rāilles...
Je | sūis vŏ | *treu* vieŭx | cā--pī | tāině...
Bonhĕur | *deu* lā | tāblě.
Plaisīr | sēul dŭ | rāblě.

Jĕ |sūis pău|*treu* sŏl|dāt, pău|*treu* sŏl|dāt qŭi | t'āimĕ ; |(*Exécrable*.)
Jĕ | brāvĕ | lēs dān | gĕrs, jĕ | brāvĕ | lā mŏrt | mēmĕ. | (*Excellent*.)

Comment imaginer qu'un parolier ait pu faire concerter ensemble cette ligne de prose infame et ce vers d'une rare perfection! Le musicien pris à ce traquenard doit nécessairement écrire une sottise énorme; s'il veut donner une apparence de mesure à la prose, il effondre le vers qui la suit. M^ne Loysa Puget a dû se régler sur le vers, et laisser la prose s'embourber dans un début d'une fausseté révoltante; mais qui devait s'unir mélodieusement à la réponse. Voilà des notes qui, certes, ont couté plus d'un soupir à l'aimable et sensible musicienne.

Encore quelques exemples pris sur un milliard.

Dĕ | pēuplĕs, | *deu* rois cŏnjŭ | rēs.
Et dŭ | nŏrd aŭ mī | dī lā | trŏm...pĕt | *teu* guĕr | rière
A | sŏnnĕ | l'hēu | *reu* dĕs cŏm | bāts.

Etles *saïssĕz*- | ιɛυ, *pŭnissĕz*- | ιɛυ, *pŭnissĕz*-|ιɛυ de Guinaume тɛυ, attaqués avec une désespérante énergie!

D'après cette notation vicieuse, stupide et barbare, *fièvre* devient *fiévreux*, *pie pieux*, *furie furieux*, *nombre nombreux*, *femme fameux*, *heure heureux*, et bien d'autres encore. Si le prince de *Galles* échappe à l'infirmité dont vos bêtises prosodiques le menacent, il aura du bonheur.

—Allez maintenant (1792) au théâtre Feydeau, vous y entendrez chanter le français d'une manière extravagante pour la langue. Tous les *e* muets sont devenus voyelles fermes et capitales; on ose même, sur l'*e* muet ! faire des roulades pour ramener au *da capo*. GRÉTRY, *Essais sur la Musique*, tome II, page 55.

La rime féminine provençale ou bien italienne sonne sur quatre tons différents *a, e, i, o* ; c'est un arc-en-ciel dont les couleurs variées et bien tranchées réjouissent l'oreille. La rime féminine française est monotone, sourde et muette ; c'est un nuage, un voile désespérant, que nos poëtes sont forcés de déployer sur leurs images. Ils peignent tout en gris, leurs tableaux sont des camaieux ; la vigueur, la variété, l'éclat du coloris leur sont également déniés.

> Lĕ | pāŭvrĕ | Gēŏrgĕ ās | sūrĕ | mēnt
> Croit seul avoir u-*neu* figure (*ressaut*).
> Propre à pein*dreu* le sentiment,
> Propre à pein*dreu* le sentiment.
> Ah ! c'est *trop a...* musant, vraiment,
> Ah ! c'est *trop a...* musant, vraiment.

Que de saletés dans une phrase de ce duo charmant de Boieldieu (**Ma Tante Aurore**)! Duo, note et parole, où les syllabes, d'une égalité parfaite, devraient se détacher et sonner comme des perles tombant d'aplomb sur le cristal.

Dans les mélodies syllabiques, le temps demi-fort acquiert la vigueur du temps fort. *Uneu* frappe donc à faux sur le troisième temps de la mesure à quatre. L'*e* muet de *figure*, n'étant pas élidé, forme un ressaut en introduisant une syllabe de plus dans la mesure, et par conséquent, une note parasite qui vient briser le rhythme et faire tricoter le chanteur. Que dirons-nous de ces deux *peindreu*, ces deux *tropa* qui brillent d'un affreux éclat sur les temps forts ? Des ressauts, des accrocs de la même espèce viennent rompre jambes et bras aux virtuoses qui voudraient chanter vivement le duo des commères dans **le Maçon**, le trio du **Pré-z-aux-Clercs**, *C'en est fait le ciel même a reçu nos serments*.

La danse des *e* muets ressemble à la danse des œufs, où le ballérin gigote, piétine, tripudie en frappant le parquet à coté des œufs que l'on y voit assemblés, répandus à des intervalles fort étroits ; s'il appuye son pied sur un œuf, il s'écrase. Adieu

le ballet comique ! le public révolté va siffler sans pitié le virtuose maladroit. Que d'œufs sont écrasés dans nos opéras !
Quelle omelette infame et grotesque d'*e* muets anéantis ou
changés en *eu* (comme disaient Voltaire et d'Alembert), pour
doter ces voyelles sourdes et muettes d'une consistance, d'une
sonorité monstrueuse que l'oreille réprouve. Et notre public
encore ignorant et rustre ne siffle pas; il avale placidement ces
goujons, ces requins, sans faire la moindre grimace ! il se plaindra seulement de ne pas comprendre le charabia de nos acteurs
lyriques. Notez, s'il vous plaît, notez que ce même public, devenu sensible et disert quand il siège à la Comédie-Française,
ne permettra pas la moindre infraction aux lois de la prosodie,
veillant à ce que les mots ne soient coupés en deux parts,
allongés ni racourcis, et qu'une diction pure, élégante les lui
présente sans effort d'une manière intelligible, pleine de franchise et de séduction.

D'où vient cette indulgence stupide pour l'opéra? D'où vient
cette salutaire rigueur implantée à la Comédie-Française?

La première n'a d'autre source que les calomnies mille et
mille fois lancées contre notre langue française. Nos ennuques
proclament son impuissance par la seule raison qu'ils sont eux-
mêmes frappés de nullité. Le français est pour eux un instrument dont ils n'ont jamais connu la gamme, l'embouchure ni le
doigté. Renards à queue coupée, n'ont-ils pas, sans vergogne !
osé déclarer solennellement à la face de l'univers, et sous le feu
roulant des épigrammes, quolibets et sarcasmes anglais ; n'ont-ils
pas humblement confessé que le *God save the Queen* ne pouvait
pas être traduit en français? Leur déclaration de faillite et leurs
mots latins accrochés, appendus à l'hymne des Anglais, n'étaient-
ils pas une véritable charade ou cacade en action, *consilio
manuque*, la devise du malicieux Figaro?

— Nous ne pouvons réussir à fabriquer des vers lyriques,
dont la cadence vienne s'unir à la mesure, aux rhythmes de la
musique et fraterniser avec elle, se sont-ils dit; faisons croire
au bon peuple français que c'est impossible, que sa langue s'y
refuse. Ils y sont parvenus au point que notre nation sage, ver-

tueuse et soumise, comme cette dame romaine qui croyait fer-
mement que tous les hommes sentaient le bouc parce que son
mari possédait ce rare avantage, notre nation pense que son
langage doit *nécessairement!* être disloqué, lacéré, massacré,
lorsque d'ignorants paroliers s'avisent de l'accoler aux phrases
régulières des musiciens.

— Tu feras tes vers masculins et féminins tant qu'il te sera
possible, pour être plus propres à la musique et accord des
instruments, en faveur desquels il semble que la poésie soit
née : car la poésie, sans les instruments, ou sans la grace d'une
seule ou plusieurs voix, n'est nullement agréable, non plus que
les instruments sans être animés de la mélodie d'une plaisante
voix. » RONSARD, Art poétique françoys.

Les désinences féminines doivent être avec soin placées entre
les syllabes fortes portant les accents. Ce sont les *piano*, les
forte dont les contrastes ménagés habilement présentent l'attrait
le plus séducteur d'une symphonie bien exécutée. Il est une
exception à cette règle, exception formidable qui vous montrera
la syllabe muette s'emparant à son tour de l'accent, et le faisant
vibrer d'une voix tonnante; mais il faut que cet accent usurpé,
factice, artificiel, arrive sur le second temps de la mesure au
moyen de la syncope. Le premier temps est et reste l'immuable
propriété de l'accent vrai, légitime. Il faut que cet accent ait pu
se faire pressentir d'abord à l'oreille, afin qu'elle permette à la
syllabe faible d'élever la voix à son tour. Exemples :

> Un | *reu*-gărd | *deu* mă | bĕllĕ
> Făit | dāns mŏn | tĕndrĕ | cœur...
>
> Richard Cœur-de-Lion.

> Plŭs dĕ | dŏutĕ, plŭs dĕ sŏuf | frănce,
> Célé | brŏns l'hĕurĕux văin | quĕur.
> Ah! rĕ | viĕns, dŏŭce ĕspĕ | rănce,
> Răssŭ | rĕr cŭ tĕndrĕ | cœur.
>
> Otello.

Vous voyez l'accent vrai, qui s'est fait pressentir sur la première syllade de *tĕndrĕ*, de *dŏutĕ*, permettre à l'accent artificiel de vibrer sur la dernière, *dre, te*, muettes s'il en fût jamais.

La même observation s'applique à *soŭffrăncĕ*, *ĕspĕrăncĕ*. Un mot de deux syllabes, à désinence dure, un iambe tel que *bŏnheŭr*, *dĕtoŭr*, *chărmănt* serait en pareil cas insupportable ; on aurait deux accents vrais, frappant deux coups également vigoureux, et qui ne manqueraient pas d'effaroucher l'oreille. Cet iambe *bŏnhĕur* portera fort bien l'accent artificiel si vous le faites précéder par un monosyllabe douteux qui vienne adoucir la brutalité des deux accents consécutifs. Exemple :

| J'ăi vŭ | mŏn bŏnhĕur s'ĕ | vănŏu | ir.

Un mot de trois syllabes, un anapeste, pourra figurer en même lieu.

| Dĕ mŏn | ămĭtĭĕ sĭn | cĕre.

Mais s'il est possible d'amener un monosyllabe dur, qui vienne porter l'accent artificiel : monosyllabe faisant une scission complète avec ce qui précède, ne tenant à rien, vous permettant même de respirer avant de l'attaquer, vous avez atteint le point culminant de l'art, et votre accent artificiel éclatera comme la foudre. C'est difficile, j'en conviens, et je n'ai pu trouver ce diamant qu'une seule fois, en repiquant trois monosyllabes en trois vers.

Săns rĕ | grĕts, *sans* ĕpoŭ | văntĕ.
Toŭs lĕs | deŭx, *à* tŏn ăt | tĕntĕ;
Mŏrt hŏr | rĭblĕ, | mŏrt săn | glăntĕ,
Viens fĭ | nĭr tŏus | nŏs măl | heŭrs.

Anne de Boulen.

Une ligne de prose frappant à faux de tous cotés peut devenir un vers excellent au moyen de la transposition de deux mots, faisant un chassé-croisé. Égaré loin de sa place, l'accent artificiel y sera ramené sans la moindre peine.

Dĕ | peŭplĕs, | *de* rŏis cŏnjŭ | rĕs. (*Détestable*).
Dĕ | rŏis, dĕ | peŭplĕs cŏnjŭ | rĕs. (*Parfait*).

Ce léger changement suffit pour mettre ce vers en harmonie avec son correspondant, type donné par le premier couplet.

Lĕ | jŏur dĕ | glŏire ĕst ărrĭ | vĕ.

Le verbe, passant du pluriel au singulier, va faire accorder un vers dissonant avec la mélodie qui le repoussait.

| Sŏnnĕ, clăi | rŏn, hŏ | nŏrĕ | lă băn | nìèrĕ; |

va charmer l'oreille que la prose suivante déchirait :

| *Sonnez,* clăi | rŏns *ho* | *norez* | lă băn | nìèrĕ; |

ici l'on remarquera facilement cinq temps faux.

Des mots latins mêlés, brouillés à dessein, et dans lesquels se trouvent les éléments d'un certain nombre de vers, telle est la matière, la prose que les professeurs donnent à débrouiller à leurs élèves commençants. Les vers y sont, il s'agit seulement de les trouver, de les mettre sur leurs pieds, de les ajuster prosodiquement en changeant quelques épithètes. Il en est ainsi des strophes, des couplets de nos poètes français ; il s'agit seulement de donner une forme régulière à cette matière brute et souvent d'une grande valeur.

Vous connaissez, vous avez admiré sans doute les rhythmes élégants, capricieux, d'une piquante nouveauté, que Weber se plaisait d'introduire en ses compositions. Les premiers couplets de Robin-des-Bois notés à contre-temps, finissant le pied en l'air, sur le second levé de la mesure ; couplets rhythmés à trois temps et battus à quatre ; la prière du même opéra dont la partie vocale, à trois temps, est accompagnée en six-huit ; le superbe chœur de chasseurs d'Euriante, où le début, frappant quatre temps bien rhythmés, est ingénieusement encadré dans des mesures ternaires : cinq mesures à quatre temps s'y prolongent sur huit à trois, etc. Mais le chœur des sylphes d'Obéron, *en si,* précédant la délicieuse barcarole, est le plus original, le plus ravissant de ces jeux de *tempo rubato* dans lesquels ce maître s'est exercé victorieusement. C'est ici que l'accent déplacé, fictif, artificiel, va se multiplier au grand déplaisir des traducteurs ébahis, ahuris. Ils nous aligneront leurs paroles sur les notes comme le bois tortu sous la toise. *Si raccomanda questo pezzo, corpo di Bacco!*

Lorsque cent douzaines (1) de nos fabricants auront traduit

_____

(1) Il m'est permis de les compter par douzaines, puisqu'ils se mettent quatre pour traduire trois petits actes.

ce chœur favori, vous pourrez comparer leurs essais malheureux à la version leste et bien sonnante que voici :

*(Les tirets placés horizontalement — indiquent la prolongation des
notes sur le premier temps de la mesure suivante.)*

Pŏurrăit-ōn	.—rĕstēr	—aŭ sĕin dĕ	l'ōndĕ,
Quănd lă lŭ	—nĕ brĭl	—le ău fĭrmă	mēnt ?
Cĕĭlĕ	pāix dŏu	ce ĕt prŏ	fōndĕ
A pŏŭr	nōus ŭn	charmĕ	răvĭssānt.
Săns ă	vōir ă fōr	mēr ŭn dĕ	sĭr,
Jŏuĭs	sōns ă l'ĭns	iănt dŭ plăi	sĭr.
Pŏĭnt dĕ	peĭne ĭmpŏr	tŭnĕ
Dăns nŏtrĕ	cœŭr;
Aŭx răy	ōns dĕ lă	lŭnc
A	mĭs;	—dănsōns ĕn	chœŭr;
Sŭr lă	mēr ĕn cădēn	cĕ,
Vĭtĕ cŏu	rōns, dănsōns
Dăns lēs	aĭrs qu'ŏn s'ĕ	lăn	cĕ,
En trŏupĕ	vŏltĭgēons.

Les dilettantes, qui n'ont pas sous les yeux ma partition gravée,
peuvent ajuster ces paroles sur les textes nombreux de la musique d'**obéron** que l'on a publiés.

   O vous, sur l'*E muet* si cher, si précieux,
   Ministres du *français;* ayez toujours les yeux !

Ce trésor de notre poésie et surtout de notre musique, a failli
de nous être enlevé, dans un temps où bien des trésors étaient
livrés au pillage. Menacé vivement, sur le point de perdre la vie,
cet *E* prit la parole et fit entendre sa douce voix. Il cessa d'être
muet, et s'adressant au citoyen Sicard, entonna la réclamation
suivante contre la proposition, que ce professeur aux Écoles
normales avait faite de substituer un autre signe à la figure du
pétitionnaire, et de supprimer l'*N* et le *T* dans les troisièmes
personnes des verbes.

   L'*E* MUET AU CITOYEN SICARD.

   Réformateur de l'alphabet,
   J'avais conçu quelque espérance;

A titre de sourd et muet,
D'intéresser ta bienveillance.

Mais quand à la société
Tu rends mes malheureux confrères,
Pourquoi suis-je persécuté
Et proscrit par tes lois sévères?

Nous sommes trois du même nom,
De sons divers sous même forme,
Et voilà, dit-tu, la raison
Qui me soumet à la réforme.

Il est vrai que nous sommes trois,
Et tous trois de même structure;
Mais, exprimant diverses voix,
Nous prenons diverses figures.

Les deux qu'épargnent tes rigueurs
Sont marqués d'un signe interprète;
Et, comme ils sont très grands parleurs,
Ont une langue sur la tête.

Si pourtant à quelqu'un de nous
Il fallait déclarer la guerre,
J'ose m'en rapporter à tous,
Est-ce à moi qu'il fallait la faire?

Je marche seul et sans fracas,
Sans attirail et sans coiffure,
Je ne cause aucun embarras
Dans le bel art de l'écriture.

Je chéris la simplicité,
Je suis formé d'un trait unique,
Et, fidèle à l'égalité,
Je conviens à la république.

Dans mon chemin je suis souvent
Heurté d'une voyelle avide;
C'est ainsi qu'en proie au méchant
Périt l'être faible et timide.

Mais alors même, en expirant
Sous le froissement qui me presse,

D'un son barbare et déchirant
Je sers à briser la rudesse.

Dans la poésie où la voix
A l'hémistiche est suspendue,
Je n'en puis soutenir le poids,
Son repos m'accable et me tue.

Il est vrai : mais souvent ailleurs
Je rends sa touche plus subtile,
Et j'en nuance les couleurs
Sous la main d'un poète habile.

On ne me compte pas, dis-tu,
Dans les vers où je suis finale;
Ah ! c'est alors que ma vertu
Par d'heureux effets se signale.

Pour peindre un objet étendu
J'allonge une rime sonore;
Et quand le vers est entendu
La syllabe résonne encore.

Je rends le bruit retentissant
Du sein de l'orage qui gronde,
Et qui répète en mugissant
L'écho de la terre profonde.

Par le dernier frémissement
Du son qui doucement expire,
Je peins le doux gémissement
De l'eau qui murmure et soupire.

Quoique l'on m'appelle *muet*,
Je dis beaucoup plus qu'on ne pense.
Je ressemble au sage discret
Dont on écoute le silence.

A la voix je sers de soutien,
J'arrête le son qui s'envole,
Tu parais le sentir si bien
Que tu n'as pas détruit mon rôle.

Tu veux même qu'un étranger
Le remplisse quand on me chasse :

Est-ce la peine de changer
Pour mettre un muet à ma place?

Si donc tu voulais me laisser,
Par justice et reconnaissance,
J'aurais encore à t'adresser
Un vœu d'une grande importance.

Quand le signe de l'action
A pour sujet plusieurs personnes,
Ta sévère décision
Veut y supprimer trois consonnes.

Ah! réforme ce jugement,
Laisse-moi mes deux sentinelles,
Mon unique retranchement
Contre la fureur des voyelles.

Si tu renverses ce rempart,
Tu détruis partout la mesure,
Tu fais tomber de toute part
La poétique architecture.

Dans combien d'immortels écrits
Tu vas mutiler le génie!
Je ne vois plus que des débris
Dans Phèdre et dans Iphigénie.

Des sourds-muets digne soutien,
Toi, leur bienfaiteur et leur père,
Daigne aussi, daigne être le mien!
Et traite-moi comme leur frère.

Par le citoyen CROUZET,
Élève du département de Paris aux Écoles normales.

IX

DES TRADUCTIONS D'OPÉRAS.

Mettre en français un livret italien, allemand, anglais, le
mesurer, le rimer à la toise, et confier ce travail à quelque musicien qui tâche d'ajuster plus ou moins ridiculement ces paroles
sous la musique, au moyen du *compelle intrare*, tel est le procédé connu, suivi par nos entrepreneurs de traductions. Procédé
qui va nécessairement reproduire toutes les infirmités de nos
opéras originaux, et les aggraver encore. Une société de paroliers
prépare les versets que le musicien doit écrire sous la mélodie
pour les emballer de force ou de gré sous les notes. Ce musicien
expert en son art, ne serait-il pas le digne confrère des Crémont,
des F. Habeneck, harmonistes et virtuoses distingués, mais
n'ayant pas la moindre connaissance de la gamme lyrique des
paroles; écrivant le français comme des cuisinières non lettrées?
Témoin leurs autographes. Voyez à qui vous confiez le perfec-
tionnement d'une traduction déjà mal bâtie, et qu'il va diaprer,
barbouiller de ses fautes d'écolier primaire!

Un livret d'opéra cesse d'exister en sa forme et teneur au
moment où le compositeur l'a mis en œuvre. C'est donc sur la
partition qu'il faut traduire. C'est là, seulement là, qu'un parolier musicien peut saisir d'un coup d'œil tous les détails de
l'édifice harmonique. C'est là qu'il peut combiner les accents
forts, demi-forts, artificiels de ses vers avec ceux des vers de la
musique, afin qu'une fraternité constante règne dans cet ensemble. Le livret ne vous présente que des mots, sans vous

avertir que ces mots seront répétés par le compositeur de telle
ou telle manière, par groupes ou séparément. Vous placez une
rime féminine sans avoir nul souci de son avenir. Cette rime
élidée vous privera d'une syllabe nécessaire à la mesure, ou bien
amènera des ressauts insupportables, si vous avez négligé de
l'anéantir par l'élision. Les rimes féminines, très rares dans
l'idiome anglais, forcent le musicien de les reléguer dans l'orchestre, il faut savoir les y découvrir afin de les rendre aux
voix qui les réclament.

Vous lisez sur un livret :

> Se fiato in corpo avete...
> Se m'ascoltate un poco...
> Se, in vece d'Elisetta,
> Mi date la cadetta.
> Quest' è per quel ch' io sento...

Et la partition chante :

> Se fiato in corpo avete, avete, avete, avete, avete.
> Se m'ascoltate un poco, un poco, un poco, un poco.
> Se in vece d'Elisetta, d'Elisetta, d'Elisetta,
> Mi date la cadetta, la cadetta, la cadetta.
> Quest' è per quel ch' io sento, sento, sento, sento, sento.

Dites à votre praticien en musique de faire aller vos versicules d'accord avec la mélodie de Cimarosa, si vous n'avez
prévu, d'avance arrangé ces répétitions de mots à cinq exemplaires. Dites-lui d'ajuster les paroles que vous destinez au
chœur des sylphes d'Obéron, si vous n'avez sérieusement étudié,
compris surtout ! compris les dessins capricieux de Weber, les
crocs-en-jambes qu'il vous a préparés, non sans malice, tours
de force, d'adresse dont il faut se tirer avec l'agilité gracieuse
d'une Cerrito, d'une Rosati, d'une Ferraris. Sans cette précaution votre prose inerte va s'unir aux dessins de Weber tout aussi
bien qu'un *premier Paris*, qu'une *affiche de spectacle* pourrait
le faire, témoin la partition d'*Obéron* que vous savez.

Dites à votre émule de Baillot, de Tulou, de Servais, fût-il
chef d'orchestre ferré jusqu'aux dents sur la mesure des croches,
des triolets, des syncopes et des soupirs, dites-lui d'ajuster votre

prose rèche, revèche, véritable machefer, sur la mélodie virginale, prodige de limpidité ravissante de la barcarole d'Obéron, si vous n'avez eu le soin d'écrire cette barcarole en vers; si vous n'avez fait concerter ces vers de poète avec les vers musicaux de Weber. Si vous avez négligé l'observation *rigoureuse* de cette loi que le maître illustre a dictée, écrite en lettres d'or et de diamant, si vous frappez un seul coup à faux, tout l'édifice va s'écrouler, et vos auditeurs offensés, trompés, mystifiés cruellement, se lèveront en masse, en révolte flagrante... — Point du tout, comptez sur l'indulgence des gens du Boulevard, croyez qu'ils avaleront le chicotin, la nicotine même, sans faire la moindre grimace. Leur gosier auditif est pavé de pierres à fusil; on sait d'ailleurs qu'un opéra français n'est exécuté que par l'orchestre. Les instruments attaquent et poursuivent d'une manière si parfaite le dessin, les images, les effets variés d'une musique charmante que notre populaire ne fait aucune attention aux paroles discordantes et nuisibles, étouffées au passage par des acteurs honteux d'avoir à les proférer. C'est assez bon pour un public accoutumé dès longtemps aux facéties de ce genre, et que les tirades ampoulées des Tautin, des Boicheresse, des Vicherat, de Julie Diancourt et de ses émules ont ravi jusqu'au troisième ciel.

Exploiter la ganache est et sera toujours une excellente chose. Aussi me garderai-je bien d'adresser un mot de critique au directeur du Théâtre-Lyrique, aux quatre arrangeurs de l'*Obéron* triomphant. Je les félicite au contraire, et j'applaudis à leur succès dont j'éprouve le contre-coup, l'influence favorable à l'*Obéron*, grand opéra en cinq actes, que j'ai fait représenter à Toulouse en 1846, et dont la partition vient de conquérir une faveur immense, inattendue.

L'*Obéron* du Boulevard est une spéculation industrielle d'autant plus heureusement accomplie qu'elle est étrangère à la poésie, à la musique, mais non pas à l'art du décorateur. Il s'agit d'un succès obtenu sur la route de Charenton, succès lucratif et dont l'amour-propre national, l'orgueil français ne sauraient être alarmés. Cependant, quelques journalistes, flat-

teurs imprudents, n'ont pas craint de répéter leur phrase accoutumée, disant : — Tout Paris court à l'*Obéron* du Théâtre-
Lyrique. » L'auditoire de Vicherat, de Tautin, a donc cédé sa
place à tout Paris, c'est-à-dire à la France entière. N'est-ce pas
nous accuser de complicité? L'opéra français n'est-il pas assez
moqué, bafoué, vilipendé lorsqu'il rampe de ses propres ailes,
sans que les chefs-d'œuvre étrangers soient abaissés à son niveau pour les faire jouir des mêmes agréments? Que diront les
Schlegel de la poésie et de la musique lorsqu'une partition naïvement accusatrice aura passé nos frontières, et viendra justifier
l'avalanche de leurs sarcasmes? Des cris d'étonnement, d'une
certaine admiration, s'élèveront de toutes parts, et l'on dira : —
Voilà donc ces Français régulateurs du goût européen! voilà
comme ils comprennent les arts! et pourtant ils visent à la
civilisation! »

La barcarole d'*Obéron*, chantée en 1829, au théâtre des Nou-
veautés, par Mme Albert, dans *les Trois Catherine*, mélodrame
en trois actes, n'a pu s'acclimater en France, terre hospitalière
des petits airs. Le brillant succès qu'elle vient d'obtenir au
Théâtre-Lyrique, où les violonistes la jouent admirablement, ne
paraît pas devoir la répandre chez nos dilettantes. La répulsion
qu'ils manifestent à l'égard de ce chef-d'œuvre, viendait-elle
des paroles dont on a chargé la délicieuse cantilène de Weber?
Je suis tenté de le croire; cependant il ne faut pas juger une
cause intéressante à ce point sans l'avoir examinée avec attention.
Mes disciples me demandent des exemples suivis de démonstrations, prenons cette barcarole, et qu'elle soit le thème, le sujet
de notre leçon.

Voyons d'abord ce que nous dit la cantatrice lorsque les
archets filent *con amore* la mélodie ravissante de Weber :

| Qŭel bŏn | hĕŭr dĕ vŏ | guĕr sŭr lĕs | ŏndĕs. |

Parfait! admirable! charmant! on ne saurait mieux attaquer
le rhythme ondulé de Weber : un trokée, deux dactyles suivis
d'un trokée final, lequel devient césure lorsqu'il faut s'arrêter
sur une rime ferme et concluante. Bravo quatre fois, puisqu'il
y a quatre arrangeurs également habiles. Le mètre est excel-

lent, bien trouvé, mis en œuvre ingénieusement, il ne nous reste plus qu'à le suivre, à modeler quinze vers sur ce type, donné par Weber; afin de compléter les deux stances de huit que présente la barcarole. Continuer lorsqu'on a si bien commencé me paraît chose très facile, et nos quatre auteurs justifient à l'instant la bonne opinion que j'ai de leur intelligence. Reprenons le premier vers et nous montrerons un distique excellent.

| Quel bŏn | heūr dĕ vŏ | gūer sŭr lĕs | ŏndĕs,
| Aŭx mŏū | rantĕs clăr | lĕs dū sŏ' | leil |

Parfait! toujours parfait! prodigieux de grace et d'exactitude! c'est riche.

— Dites donc que c'est opulent, on vous en donne plus qu'il ne faut. Votre oreille satisfaite prend un doux repos sans se douter du complément désastreux qui s'apprête à la flageller. Achevez ce versicule trop long de deux syllabes, et vous pourrez applaudir alors en sûreté de conscience.

| Aŭx mŏū | rantĕs clăr | lĕs dū sŏ | leil (qui fuit.) |

— Ah! c'est vrai! ce maudit soleil vient tout gater en fuyant; il aurait dû rester en place. Que faire maintenant de ce qui fuit? Si nous l'ajoutons aux vers suivants, il va les désorganiser jusqu'à la dernière cadence du couplet. Mettons qui fuit à part, et si nous rencontrons d'autres compléments de ce genre, nous en ferons un tas, une réserve prompte à boucher les trous, si par hasard l'opulence de nos poètes se changeait en misère.

Continuons. Halte-là! je m'aperçois que le rhythme de Weber est de nouveau brisé, fracassé, que la mesure a cessé d'exister. Il serait donc inutile de noter ce qui n'est plus notable. Les versicules devenant académiques, je suis obligé d'imiter nos poètes de l'Institut en comptant les syllabes par mes doigts. J'aurai soin de vous indiquer les gouffres et les montagnes, cette géographie aura son utilité.

| Nymphes | quittez vos | retraites | (pro) fondes, |
| Et sur | la rive ac | courez c'est | (la) nuit. |

Nous avons ici deux légers monticules, si nous les ajoutons à

qui fuit, nous posséderons quatre obélisques introduits en quatre lignes rimées. Ce n'est pas trop en pareille occurrence.

Et l'on nous avait dit, promis, juré, qu'on n'ajouterait *rien* à la partition d'*Obéron*, et qu'un musicien expert tenait l'œil et la main à l'exécution de cet arrêt solennel !

Courage, mes lecteurs, en avant !

| Oui sur | la rive ac | courez c'est | (ta) nuit.

Pourquoi cette répétition de paroles appartenant à la première phrase déjà terminée et conclue par la musique? Cette période est si bien conclue, abandonnée et rejetée parmi les faits accomplis, que Weber la sépare de la seconde par un prélude instrumental. Et vous avez la stoïque patience d'attendre que les violons aient exécuté ce prélude, barrière infranchissable, pour faire un saut de carpe en arrière, afin de venir repiquer sur votre seconde phrase des paroles que la première tient et possède en exclusive propriété ! Paroles qu'elle ne peut céder à la seconde période sans que celle-ci ne soit écrasée par cette absurde superfétation. O balourdise plus haute que le Cimborazo! et le trio parolier avait en tête un musicien! D'ailleurs, ne fallait-il pas rigoureusement! ouvrir la rime féminine au lieu de retomber à plat ventre sur *nuit*, rime dure, excellente pour la conclusion, mais qui vient frapper de langueur et d'ennui le début de votre second quatrain. Cette rime douce n'existe pas dans le texte anglais, je le sais fort bien, mais le bon sens, le gout, le sentiment de l'harmonie, le chant de l'orchestre la prescrivaient si bien que vos malins rivaux l'ont écrite, et certes je ne les ai pas avertis, soufflés.

Voyez dans quel abîme d'*odeurs*, de *couleurs*, de *fleurs*, cette erreur colossale vous a plongés. Ce n'est pas dans une romance élégamment sonore et limpide que l'on doit entasser des mots sourds, lourds comme le plomb. Et ces mots accablants ont été précédés par *nuit*, mis deux fois à la rime. Que de trous, bon Dieu! que de trous sont ouverts dans la partie vocale, privée ainsi des cadences molles que l'oreille demandait avec instance. La virtuose, grâce à vous, tombe cinq fois à terre, elle se relèvera comme elle pourra. Les violons ne chantent-ils pas ce qu'elle devrait chanter, la phrase de Weber ne plane-t-elle pas dans l'orchestre?

.... _ .| L'air est | empreint des | plus vives | o (deurs).   . .-.

Si nous avons une syllabe de trop dans ce verset, il en manquera trois aux deux suivants.

| Dans les | prés aux vi | ves couleurs. | (*Une et deux*.)
| Venez | orner vos | fronts de fleurs. | (*Une manque*.)

Vous remarquerez sans doute une traînerie insupportable que cette pénurie de syllabes fait peser sur la cadence finale : ses neuf dernières croches devant être détachées au lieu d'être groupées et mastiquées par des ligatures que Weber n'a point tracées, bien au contraire!

Il semble que l'examen de ce premier couplet doive me dispenser de faire la critique du second ; point du tout. Les quatre arrangeurs retombent dans la fosse, il est vrai, mais ils s'y précipitent d'une autre manière. Cela prouve que s'ils ont plus d'une corde à leur arc, ils marchent au hasard, en aveugles, sans aucun système arrêté, sans la moindre notion de la poésie lyrique et de la musique vocale. Patience, mes lecteurs, avalez encore ce couplet.

| Qŭel bŏn | hĕŭr dĕ dăn | sĕr sŭr lĕs | rĭvĕs! | (*Excellent*.)
| De cou | rir sur les | verts gazons ! |

S'il nous manque une syllabe ici, nous en aurons trois de trop dans les lignes suivantes; ainsi, large compensation. Weber consentira-t-il à l'admettre? Vous me permettez de ne pas le croire.

| Quand les | échos de | la brise | (plain) tive
| Viennent | répondre au | doux bruit des | (chan) sons,
| De loin | répondent | au bruit des | (chan) sons.

Que dites-vous de cette variante? ne rend-elle pas fidèlement le ressaut du versicule précédent, et l'inimaginable chevauchement déjà signalé?

| Quel au | tre séjour | offrirait | plus (d'appas) (*Deux syllabes de trop*.)
| Venez | prendre vos | gais ébats, | (*Deux de moins*.)
| Nymphes | des *flots for* | mez vos pas. | (*Une de moins*.)

Que trois paroliers, n'ayant pas la moindre connaissance de la mesure des vers et même de la prose consonnante, (ce n'est pas moi qui parle, mais leur ouvrage;) que trois paroliers aient grossoyé ces couplets sans rivaux! dans notre répertoire de deux siècles, c'est une merveille, n'en doutez pas; mais un prodige plus grand, c'est qu'un musicien habile en son art ait entrepris de fourrer ces mots discordants sous une mélodie ravissante de Weber, mélodie gravée, estampée cent fois depuis trente ans, et dont les gracieux contours sont connus de tous les yeux comme de toutes les oreilles. Un miracle plus étonnant, plus incroyable encore, c'est qu'un auditoire parisien ait avalé ce crocodile sans se douter de la mystification, tant il était séduit, fasciné par le jeu de l'orchestre, la beauté de l'œuvre musicale et les artifices du couturier, du peintre et du machiniste !

Ne rien savoir et ne douter de rien, mais pouvoir compter sur un auditoire dont l'intelligence est nulle, ou qui ne comprend pas ce que le bruit officieux de l'orchestre l'empêche d'entendre, en voilà plus qu'il ne faut pour obtenir un succès de vogue à Paris.

Voici comment un écolier de ma ville natale expédia sa version du jour à la grande satisfaction de sa famille; braves gens ébahis de le voir bâcler en un trait de plume, et sans ouvrir le dictionnaire, ce que ses camarades n'élaboraient qu'avec peine et réflexion. Il s'agissait du passage suivant du *Selectæ è veteri Testamento Historiæ* :

— *Sed nurus ejus, uxor Phinees, erat pregnans et vicina partui; audito nuntio quod arca Dei capta esset, irruerunt in eam dolores subiti, et peperit.*

» *Tobiæ in Deum pietas, filii conjugium.* »

Traduction :

— Mais son nure, l'épouse de Phine, était prégnant et la vicine du puture; entendu le nouvel que l'arche de Dieu était pris, ils irruèrent sur son dorsacole ré subite, et périt.

» Tobie en Dieu la piète, le fils du conjuge. »

L'auteur de cette mémorable traduction, Véran, après la

correction infligée par Lafont, maître habile et sévère, fut obligé
de réciter chaque jour, à l'ouverture de la classe, un chef-d'œuvre
improvisé. Plus de cent ans ont défilé sur ce fait, et tous les
écoliers de Cavaillon vous rediraient à l'instant la version d'un
traducteur expéditif, il est vrai, mais qui devint un cuisinier
penseur, ingénieux trouveur, noble source de virtuoses à bon
droit chéris et qui n'ont pas dégénéré.

Notre Conservatoire de Musique est en quête de morceaux
difficiles pour les concours. La barcarole de l'*Obéron* du Boulevard est une bonne fortune dont il devrait profiter. Un superbe
collier de diamants et les boucles d'oreilles assortissantes pourraient être offerts à la virtuose capable de chanter ce chef-d'œuvre
en personne, et sans cacher, blottir sa voix sous les crinolines
officieuses de l'orchestre. Nul être vivant aujourd'hui n'assiste-
rait à la distribution de ce prix. Bien entendu que les actrices
ayant déjà bredouillé ce chef-d'œuvre à la scène, et les quatre
poètes et musicien ne seraient point éloignés du concours.

Un fait mémorable, honorable, que l'historien de nos théâtres
lyriques ne manquera pas d'enregistrer, c'est que le ténor Cueilte,
chargé du rôle capital de Huon de Bordeaux, qu'il devait à sa
voix brillante et sonore comme à son talent, recula d'horreur et
d'effroi devant la prose raboteuse, accrochée aux chants de
Weber. Ce virtuose fit résilier à l'instant un contrat qui l'eût
obligé de fourrer dans sa tête des obscénités sans pareilles jusqu'à nos jours.

Dans l'introduction du premier acte des *Huguenots*, le musicien prend d'abord les paroles à rebours et déchire sans pitié
nos oreilles. Il se ravise sur la fin, et donne à ses versicules une
marche à peu près régulière. Le traducteur, si jamais *les Huguenots* en ont un, pourra-t-il se tirer de ce pas difficile? De
quelle manière qu'il s'arrange, une moitié de son travail sera
détestable; à moins qu'il ne fabrique un texte différent pour
chaque version. *Par file à droite* n'étant pas du tout la même
chose que *par file à gauche*. Je me suis trouvé pris dans ce
piège, on m'a reproché ma faute, elle était inévitable, et mes
critiques auraient dû s'en apercevoir.

| Lărgo ăl făt | tŏtŭm | dĕllă cĭ | tă,
          Lăr | gŏ.

Le mot *lărgŏ*, présenté d'abord dans son véritable mouvement prosodique, prend une allure diamétralement opposée en
étant répété; de trokée *lărgŏ*, il devient iambe *lărgŏ*. *Plăcĕ*, en
débutant est parfait de mesure, *place au factotum*, mais il
frappe à faux en étant mis sens devant derrière. *Plăcĕ* fait mal
aux yeux comme à l'oreille, et *lărgŏ* ne vaut pas mieux.

On ne saurait offenser impunément le sens auditif des Provençaux; en leur donnant la traduction des trois airs de basse du
Barbier de Séville dans l'harmonieuse langue des troubadours,
je me suis prémuni contre cette dissonance. Deux mots différents, l'un à rime douce pour l'entrée, l'autre à rime dure pour
la conclusion, figurent dans la première cavatine,

| Lărge ŏŭ făt | tŏtŭm dĕ | lă boŭr | gădă,
          A | nēn!

Si j'avais employé cette ruse innocente pour ma version française, on m'aurait sifflé disant que je changeais le texte; et c'est
justement ce qu'il fallait faire pour être régulier, pour tomber
d'aplomb en obéissant à la musique.

Un traducteur qui règle sa version française sur le livret
italien, suppose que les vers de ce modèle sont parfaits, et qu'il
doit en reproduire la mesure avec une fidélité rigoureuse. Cette
manière de procéder le tiendra souvent dans la bonne voie;
mais elle ne saurait l'empêcher de se noyer dans les combinaisons de mots, qui sans être des fautes en poésie, ont jeté le musicien hors de la route qu'il se proposait de suivre. Contrarié par
le rhythme des vers, il s'est vu forcé d'introduire des ressauts
dans les parties vocales; ressauts déplaisants et qui font tricoter
les chanteurs. Comme les hautbois, flûtes, bassons ou clarinettes, doublant les voix, n'ont point de mots à prononcer, le
musicien leur fait exécuter sa cantilène désossée, affranchie des
arêtes, de la filasse qui gênaient sa marche élégante et rapide.
Elle se déploie librement sur la partie de hautbois, c'est là que
vous trouvez la pensée du compositeur dans sa pureté native,

ingénue et limpide. Abandonnez les chanteurs qui boitent forcément sur chaque vers trop long, et réglez vos couplets sur les vers musicaux gracieusement coulés, articulés, scandés par le hautbois. Voilà comment un traducteur peut faire mieux, beaucoup mieux que l'auteur du modèle original. Ce poète avait raison, ses vers étaient excellents bien qu'un peu durs, mais le hasard a voulu que leur coupe ne s'accordât point avec l'inspiration de son musicien. Vous apaisez d'un trait de plume cette querelle de ménage, et le Rossini français marche alors galamment, il jouit d'une liberté que sa langue maternelle et mélodieuse lui refusait.

Faites-moi la grâce de poser une question de ce genre à vos traducteurs favoris, fournisseurs ordinaires, assermentés, privilégiés de nos théâtres lyriques, et vous verrez comment ils sauront la résoudre. Ils vous arrangeront cela comme des noix sur un baton, ou comme les versicules de leurs incroyables livrets, de leurs partitions inimaginables. Chacun d'eux vous dira :

— L'art n'est pas fait pour moi, je n'en ai pas besoin;

J'exerce mon humble métier de savetier devant des brutes dont l'oreille trouve chaussure à son pied; vos décors, vos danses me préparent des succès, *basta, basta così*. A force de labeurs, j'arriverai peut-être un jour à l'enfance de l'art. Oh! j'ai de la patience, et vous en êtes pourvus suffisamment puisque vous supportez, vous protégez ma discordante rimaille. Quelque chose pourrait-il, d'ailleurs, gater votre opéra? N'est-il pas tous les jours mis à d'aussi cruelles épreuves?

Ne croyez pas que je veuille escamoter un exemple de l'heureuse licence prise pour délivrer un superbe trio de Rossini des ressauts qui lui sont imposés par les vers italiens. Ouvrez la partition de **Ricciardo e Zoraide**, vous y remarquerez la strophe suivante:

| Sără | l'almă dĕ | lusă, schĕr | nītă, |
Al mio bene per sempre rapita, (*bis*)
O Ricciardo qui deve perir.

Tous ces vers sont trop longs de deux syllabes. Le rhythme de la mélodie étant trokaïque, les deux dactyles introduits dans

chaque vers forment des ressauts d'une fatigante brutalité.
Mettez ces vers au point, d'accord avec leur musique, essayez de
les chanter en coupant les mots, de manière à réduire les dactyles à la valeur du trokée, les voix alors pourront lier les notes
de deux en deux, comme font les hautbois, et tout rentrera
dans l'ordre que nous font admirer les compositions où Rossini
a rencontré des paroles favorables à son inspiration. Dites donc,
par fantaisie :

> | Sără | l'almă | ...lŭsă. | ... nītă, |
> Al mio bene... sem... rapita, (*bis*)
> O Ricciardo ... ve perir.

Ce rhythme ainsi tronqué, pour le rectifier, m'a servi de
modèle pour le trio de Ricciardo e Zoraide que l'on chante dans
la Fausse Agnès. La parodie vaut mieux que l'original. Voyez,
chantez et jugez.

Aveugles et sourds de naissance, nos traducteurs d'opéras,
d'oratoires, de chansons, de mélodies, fourrent des mots disso-
nants, grimaçants, sous les mélodies admirables, ravissantes et
grandioses de Weber, de Händel, etc. Cela n'a rien qui doive
nous surprendre : le nombre des imbéciles est infini, vous le
savez, et chez nous ces traductions viennent de passer dans le
domaine de l'imbécillité. Que ces fabricants et confectionneurs à
la toise exercent leur maladresse phénoménale sur de vulgaires
compositions, qu'il importe peu de traiter de telle ou telle manière, à la bonne heure. Mais que leur énorme lardoire d'em-
balleur perce, lacère sans pitié les dentelles d'or, les tissus merveilleux de Weber, de Händel pour les broder avec des étoupes,
que des éditions nombreuses portent au delà des mers la preuve
accablante de ces méfaits, que les Allemands, les Anglais puissent juger de l'irrévérence stupide, inimaginable, dont on use
en France à l'égard de leurs maîtres favoris, voilà ce qui frappe
d'une mortelle atteinte le renom d'esprit superfin, de rare intelligence, que nous aimons à nous attribuer.

Que disent les étrangers en voyant leurs chefs-d'œuvre livrés
aux bêtes comme les chrétiens du temps de Néron ? Je dois
vous le répéter, il est des vérités qui, pour être dures n'en sont

pas moins utiles. Ils disent ces étrangers, ils disent, ce n'est pas moi qui parle : — Ceux qui brossent de tels galimatias sont des brutes, ceux qui préparent l'exécution de ces infamies, ceux qui les chantent et ceux qui les écoutent, sans les frapper d'une réprobation subite, sont des brutes. Il y a preuve par témoins et par écrit, le tribunal de l'univers vous a condamnés sans appel. » D'accord, mais ce tribunal révoquera son arrêt quand j'aurai plaidé la cause de mes compatriotes, en faisant connaître un plan machiavélique, les soins que l'on a pris, deux siècles de persévérance! pour corrompre l'heureux naturel des Français et les amener au degré d'abrutissement où nous les voyons. Quand je vous aurai révélé ce mystère d'iniquité longue et persistante, la critique sera désarmée, bien mieux! vous allez compatir à nos infortunes passées, et vous réjouir avec nous du renouveau qui nous est promis. Continuons, en attendant le moment de traiter cette question au repos, c'est un chœur qui ne tient point au drame, il couperait ici le fil de notre action.

— Le succès justifie tout, » direz-vous, mais vous conviendrez avec moi, que ces triomphes sont justifiés d'une étrange manière. Brutes et sourds, il vous faut des sourds et des brutes pour auditeurs. J.-J. Rousseau nous a dit, en sa préface de *la Nouvelle Héloïse* : — J'ai vu les mœurs de mon siècle, et j'ai publié ces lettres. » Nos paroliers ont leur préface toute prête; ils disent à leur tour : — Nous avons sondé les oreilles pétrifiées de nos compatriotes, et, sans crainte, nous avons fait chanter ces versicules fracassants. »

Je vous ait montré le vagon de moellons, de cailloux dont on a chargé la délicieuse barcarole d'oBÉRON. Voici le tour de Hændel, du chœur final de JUDAS MACCHABÉE, chœur devenu populaire, qui jouit d'une faveur immense et peu méritée. Voici les paroles qu'un traducteur s'efforce d'accrocher à cette mélodie :

> | Chantons vic | toire |
> | Chantons | le Sei | gneur.
> | Célé | brons là | glóiré |
> | De Ju | das vain | queur.

Six fautes énormes de prosodie viennent flageller, déchirer l'oreille dans ces quatre versicules. Ils sont dits quatre fois, par cinq voix, ce qui porte à trois cents soixante le nombre des insultes faites à la musique de Händel comme à notre sens auditif.

A-t-on jamais dit : *Chän ..... töns, chän ..... töns, cë ..... lëbröns ?* l'iambe *chäntöns*, l'anapeste *cëlëbröns*, ne sauraient être expédiés avec trop de vivacité pour atteindre l'accent casé sur leur dernière syllabe. Et ce *le*, ce *de* que l'on écrase en les forçant de porter l'accent! Qu'en dites-vous? Afin de prouver qu'il a plusieurs cordes à son arc, qu'il sait se tromper de plusieurs manières, et toujours aussi grossièrement, le traducteur chantera vingt-quatre fois, dans la fugue suivante : *Cëlë.....bröns.*

Un mot français de plusieurs syllabes ne peut avoir qu'une seule notation. *Cë...lëbröns, cëlë...bröns*, caricatures prosodiques, effroyables variantes de *cëlëbröns*, ne sauraient être admis dans une composition que l'on veut ne pas ridiculiser.

| *Que* l'hym | *ne* sä | crë.....ë |

Les deux *e* muets de ce début frappent à faux. Les quatre notes données à la syllabe *cré* (naturellement, elle n'en devait prendre que trois) font arriver l'*e* muet de *sacrée* sur le quatrième temps. Il s'y noie et prive ainsi le complément de la phrase de sa note d'attaque, écrite avec le plus grand soin par Händel.

| *Que* l'hym | *ne* sä | crë.....e |
| Möntë | jüsqu'aü | cïel;
Gloire à Macchabée,
Au chef d'Israel!

Ces trois derniers vers sont parfaits de rhythme et de cadence. Trois sur huit, c'est beaucoup, et je ne fais pas toujours une aussi belle récolte. La version que l'on chantait au Conservatoire de Musique était plus mauvaise encore, si toutefois on pouvait établir une différence, un degré du médiocre au pire lorsqu'il s'agit de musique, et surtout de musique vocale.

Comme Vadius, me serait-il permis de dire : — Voici de petits vers, » destinés à s'unir au chœur de Händel, à sonner carré-

ment, d'aplomb, sans effort, sans éclipse avec ses notes brillantes
et pompeuses.

> | Gloire ĕclă | tăntĕ
> | A Jŭ | dăs vaĭn | quĕur !
> Une main puissante
> Guide sa valeur.
> Chants de la victoire
> Sonnez jusqu'au ciel !
> Exaltez la gloire
> Du Dieu d'Israel.
> Comme la poussière
> Qu'emportent les vents,
>   Sa colère
>   Noble et fière
>   Renverse,
>   Disperse
>   Les forts,
>   Les grands.
> Et les vaillants.
> Gloire éclatante, etc.

— Le chœur de Händel se déploie sur huit vers et vous en
donnez dix-sept, pourquoi cette addition? Vous aurez donc
toujours la manie d'ajouter aux œuvres des maîtres, de substituer vos fantaisies aux intentions formellement exprimées d'un
grand musicien. —Tout au contraire; c'est pour m'y conformer
que je place un épisode après le couplet, la réponse et le refrain
chantés par les sopranes. Händel a si bien compris qu'il fallait
distraire l'attention de son auditoire avant de ramener les voix à
leurs motifs déjà connus pour les redire encore trois fois, qu'il
a fait exécuter par l'orchestre seul une marche triomphale de
64 mesures. Après un tel repos, les voix reviennent et sonnent
avec une fraicheur, un éclat pleins de charmes. On a gardé le
souvenir des mélodies, on les ressaisit, on les savoure *con amore*,
c'est plus que du nouveau. Si vous supprimez cette marche,
ingénieux moyen de prolonger vos plaisirs, tout le chant vocal
étant mis à la file se double sur lui-même, il devient une ab-
surdité patente et solennelle. C'est la chanson de *l'Agneau blanc*,

et le sublime imprudemment répété, sassé, ressassé, finira par amener l'ennui.

Les orphéons chantent sans orchestre, celui de Mormoiron (Vaucluse) dont l'immense et flambant répertoire va briller dans toutes les églises où la musique vocale est exécutée à grand chœur; cet orphéon déjà célèbre dans la France du midi, ne possède pas d'autre machine sonore qu'un diapason. Je lui destinais ce chœur, et j'ai dû parodier une reprise de la marche instrumentale afin de conserver l'épisode précieux intercalé par Händel. L'orphéon doit se priver des secours de l'orchestre, il est vrai, mais il doit aussi redire le chant des instruments lorsque ce chant ne peut être supprimé sans désorganiser une œuvre monumentale.

| Sí-ŏn | rĕprĕnds | tă fiĕr | té,
| Viĕns chăn | tĕr tă | lĭbĕr | té.

C'est avec ce distique singulier, dont le premier verset, noté ridiculement, saisit à contre-mesure la musique de Händel, qu'un traducteur a garni, bourré de mots l'immense et délicieux quintette et chœur de Judas Macchabée. Cet *andante* de 194 mesures, où les appuyures abondent, fait d'horribles grimaces en ne trouvant que des vocables masculins, des rimes dures multipliées par elles-mêmes à l'infini. — Mais le texte anglais est ainsi disposé. — Ce n'est pas une raison suffisante pour en reproduire les défauts bien connus. Les appuyures de la mélodie appelaient des mots féminins, des rimes douces, il fallait, en les leur donnant, se conformer au désir exprimé par le musicien. Les répétitions de paroles sont nécessaires afin que l'attention, portée sur la musique, n'ait point à s'occuper constamment de l'œuvre du poète; mais encore faut-il que les chanteurs ne soient pas forcés de redire sans cesse les mêmes vocables combinés de telle sorte qu'ils frappent à faux ou juste sans aucune intention probable du traducteur. On voit qu'il marche au hasard, poussant les mots à tors, à travers, et se trompant au point de restituer à son premier verset la notation véritable qu'il aurait dû recevoir dès son début, pour la conserver jusqu'à la fin. La voici telle que vous l'avez sans doute rectifiée.

.. SI | ōn rě | prēnds tǎ fiěr | té. .

Il faut que l'ordre logique, si bien suivi par le musicien, trouve une complète sympathie dans la chaîne logique des paroles. Des virtuoses qui doivent se borner à répéter jusqu'à satiété des mots et rien que des mots, sans pouvoir déployer un ou deux vers sur la mélodie, ne sauraient prendre goût à ce travail de manœuvre. Comme des bœufs ils sont obligés de tracer constamment le même sillon. Et ces mots, *viens chante...er la liberté...é,* que vous étirez 32 fois d'une manière choquante afin qu'ils articulent toutes les appuyures de la musique; appuyures qui ne pouvaient s'adapter gracieusement qu'à des rimes féminines !

Voici la combinaison de paroles qu'il fallait amener sous les notes de Händel pour frapper d'aplomb, et pour unir ses appuyures, désinences molles, à des rimes douces prêtes à suivre leur dessin, à se modeler sur leurs contours élégants :

> Un rayon de vive espérance
> A brillé dans nos cœurs,
> Et du ciel nous promet les faveurs.
> Le Seigneur prend notre défense,
> Plus d'alarmes, Sion
> Va chanter et sa gloire et son nom.

Vive espérance, défense, alarmes, gloire, vont s'unir à merveille aux appuyures de Händel.

Une société brillante et nombreuse exécutait le Messie, oratoire sublime de Händel, burlesquement traduit. Un éclat de rire général répondit au chœur après ce versicule suivi d'une longue roulade :

> Ah! parmi nous l'enfant est né é é é é é é.

Il fallut en rester là ; tous s'écrièrent que l'enfant avait le nez beaucoup trop long.

Le 23 mai 1857, je rencontre M. Guérin, violoniste de grand talent et de haute noblesse; professeur au Conservatoire, figurant parmi les bataillons sacrés de l'Opéra, de la Société des Concerts; de pareils titres me dispensent de tout éloge. et M. Guérin,

me dit : — Nous avons exécuté, dimanche dernier, au Conser-
toire, *votre* chœur d'Eurlante, seul vous étiez capable d'écrire
l'épisode qui sépare les deux strophes de ce chœur. — Cela peut
être vrai, j'en conviens; un autre, plus habile, aurait voulu
briller, faire de l'esprit; je me suis immolé, sacrifié pour la
gloire du maître. Son premier couplet devait écraser le second;
doubler du même coup sur coup lorsque l'étoffe est si précieuse,
n'est-ce pas une folle prodigalité? J'ai pensé qu'en jetant un
voile harmonieux et sombre sur mes auditeurs, en les faisant
arriver au bis par le tunnel obscur des panoramas, l'éclat éblouis-
sant du second couplet frapperait un coup victorieux, décisif. —
Et vous avez touché juste. Ce doit être pour vous une grande
satisfaction de voir ainsi votre musique exécutée, applaudie au
Conservatoire et faire le tour du monde sous les auspices de
Weber. — Pas du tout, mon bien gracieux maître, pas du tout;
j'en suis désolé, marri, navré, pénitent. Cela m'a porté malheur,
la réprobation, l'anathème ont sur-le-champ accablé, foudroyé
l'audacieux usurpateur, on lui souhaitait des sifflets à triple
carillon, il a conquis des bravos sans fin.

» Bien mieux! il a démoli, reconstruit, lacéré, rajusté, supprimé des pages de Weber, les a remplacées par ses propres
élucubrations, et c'est précisément à ce tripotage insigne, sa-
crilège, damnable, que le trio et chœur d'Eurlante, *Affranchis-
sons notre patrie*, a dû son miraculeux succès. Nier ce scandale
réjouissant est impossible, la preuve et la contre-épreuve ont été
faites solennellement au Conservatoire comme à l'Opéra.

> — Qu'a fait encor le téméraire?
> Répondez, ma chère.

» Ne voilà-t-il pas que je vous prends pour une muse, celle
que Piron interrogeait d'une manière si plaisante et si mordante.
Vous jouez beaucoup mieux du violon que les neuf sœurs, et je
n'ai pas la verve satirique de Piron, n'importe, allons toujours
en avant. Je répondrai pour la muse.

> — Qu'a fait encor le téméraire?

— N'osant pas se nommer à l'Odéon parce qu'il y aurait été

sifflé, repoussé, bafoué, vilipendé quand même par les gens de
la maison! (rien n'était plus juste, il faisait la fortune du théâtre)
afin de conserver cet incognito précieux, nécessaire devant des
ennemis domestiques acharnés, impitoyables, il se gardait bien
aussi de nommer les musiciens dont il empruntait les compositions. Vous savez qu'il en formait de ravissantes mosaïques,
telles que les Folles amoureuses, la Fôret de Sénart, etc. Comme il ne
rencontrait pas toujours le fragment demandé par la situation
dramatique d'un livret de comédie choisi dans notre répertoire,
le téméraire avait l'impudence de coudre ses propres essais aux
chefs-d'œuvre des plus grands maîtres.

— Et qu'est-il résulté de ce double secret?

— Des méprises infiniment drôlatiques. Les illustres de
l'Odéon, tout le fameux orchestre commandé par ses deux chefs
habiles, érudits, Crémont et Bloc, lancèrent l'anathème et le
ridicule sur l'écolier présomptueux; et c'était Weber, c'était
Beethoven qui reçurent l'affront. La troupe sonnante, passionnée,
attribuait la marche d'Euriante, la symphonie pastorale au prétendu
croque-note. Il était sifflé, fouetté pour de semblables sottises!
On avait applaudi Weber à tout briser, des bravos frénétiques,
des bis demandés, accordés, et ce Weber, fêté si bruyamment à
l'Odéon, au Conservatoire, c'était Castil-Blaze, oui, toujours
Castil-Blaze! telle était la musique de parolier qu'on méprisait
à la journée.

— Qu'a fait encor le téméraire?

— A ce même Conservatoire, en 1842; » mais vous y étiez,
l'archet en main, n'importe, faisons comme les Frontins d'opéra
comique ou de comédie; ils racontent à leurs maîtres ce que ces
maîtres savent fort bien. D'ailleurs, nous ne sommes pas seuls,
vos compagnons ne seront pas fachés d'entendre la fin d'une
histoire déplorable et facétieuse qui semble les intéresser vivement. Vous disiez donc, muse charmante :

— A ce même Conservatoire, en février 1842, à l'une des
répétitions; l'orchestre exécute l'ouverture et l'entr'actes de
Belzébuth que l'audacieux venait de faire représenter, à Mont-

pellier. L'ouverture fut dite à merveille et discrètement applaudie ;
mais l'entr'actes obtint un succès d'enthousiasme, de fureur, de
fanatisme ; tous les symphonistes quittèrent leurs places, des-
cendirent de l'amphithéâtre pour venir complimenter le téméraire. — Quelle mouche les pique ? se disait-il en voyant ces
transports. — C'est charmant, délicieux, ravissant, admirable,
s'écriaient-ils avec leur chef Habeneck ; c'est de la science ornée
de tous les agréments de la mélodie, un canon plein d'intérêt,
des variations d'un effet incisif et puissant, qu'une entrée de
tambour à baguettes vient couronner et ragaillardir à la fin,
quel morceau pittoresque, original au suprême degré ! quel
épisode précieux, charmant pour nos concerts ! quelle bonne
fortune ! il faut sur-le-champ redire cet entr'actes, *e con gusto*.

— OU L'AVEZ-VOUS PRIS ? »

— M. Battu serrait la main du téméraire lorsque cette question lui fut adressée par ses voisins ; le téméraire devint assez
imprudent pour murmurer un aveu formidable. M. Battu garda
le secret ; mais on devina la confidence qu'il venait de recevoir.
Changement total et subit de scène et de décoration : un calme
plat, un silence morne, désastreux, succède au *brio* furibond,
à la tempête des applaudissements. Son violon sous le bras gauche, François-Antoine Habeneck fait demi-tour à gauche,
vers le corridor, tous ses braves le suivent, marche funèbre,
musique finie, enterrement, *hic jacet ;* et depuis lors on n'a plus
dit un mot du trop heureux entr'actes.

» Voilà comment ce Conservatoire était *conservateur*, en
étouffant, écrasant, détruisant l'œuvre d'un de ses élèves qu'il
venait de porter aux nues. Oh ! l'envie, l'envie ! ravage le domaine des arts, y cause autant de maux, de catastrophes que le
poison de la Brinvilliers, le couteau de Ravaillac et l'or, oui !
l'or du financier musicien.

» Sachant que le téméraire susdit puisait, butinait, aux meilleures sources en fabriquant des pastiches disposés pour la
scène, on avait jugé ce canonique badinage tellement au-dessus
de la bêtise présumée du téméraire, qu'on l'avait attribué d'une

voix unanime à quelque grand maître, à Händel, à Sébastien Bach, que sais-je? et voilà pourquoi cette bagatelle avait été si bruyamment accueillie, exaltée et magnifiée. *Où l'avez-vous pris?* est sublime, ravissant, impayable; c'est une perle, un diamant; aussi le téméraire l'a-t-il placé curieusement dans son écrin.

» Quand on a subi victorieusement de tels examens, il devrait être permis de prendre le titre de *bachelier*, de *docteur* même. Ceux que l'on reçoit à l'université d'Oxford n'ont pas été si bien éprouvés, on ne les a point armés chevaliers dans un tournoi sérieux, à lances émoulues.

» Demandez à vos aligneurs de notes, fabricants privilégiés, s'ils ont jamais reçu des bordées de sifflets pour avoir fait du Weber, du Beethoven ; si l'on a jamais applaudi leurs compositions parce qu'on les attribuait à Weber, à Sébastien Bach ; si le Conservatoire de Paris, l'Allemagne, la Russie, l'Angleterre ont adopté les fragments de leur façon qu'ils ont ajoutés à Weber !»

— Qu'a fait encor le téméraire?
Répondez, ma chère.

— Trois opéras complets, paroles et musique; oui, trois opéras.

» Que d'éloges n'a-t-on pas donnés à J.-J. Rousseau, tant que l'on a pu croire qu'il avait fait la musique du Devin du Village? Auteur du livret et de la partition, parolier et musicien tout à la fois! C'était admirable, prodigieux ! Le même concert de louanges s'est renouvelé pour H. M. Berton, réel auteur des paroles et de la musique de Ponce de Léon, et pour septante-cinq Français ayant exécuté ce double travail, offert au public sur nos théâtres.

— L'œuvre lyrique se fait à deux : le poète fournit les mots, le musicien les sons; personne n'est chargé de fournir les idées. Quoiqu'on dise dans Richard-Cœur-de-Lion :

Quand les bœufs vont deux à deux,
Le labourage en vaut mieux.

» Il n'est pas bien sûr que le labourage en vaille mieux. Il vaudrait infini mentmieux qu'il n'y eût qu'un bœuf, à la fois poète et musicien.»
Geoffroy, *Journal de l'Empire*, 24 décembre 1811.

» Voilà donc cette réunion tant desirée, septante-cinq fois applaudie et préconisée ; cette réunion du musicien et du parolier
en un seul bœuf, que le public et les journaux saluaient des
transports de leur enthousiasme, appelaient de tous leurs vœux,
et qu'ils appellent encore avec ardeur et constance; la voilà
donc cette merveille qui devient une action damnable, un mé-
fait, un crime, du moment où l'on sait que le téméraire est ce
bœuf ! Son œuvre est d'avance condamnée parce que l'on est
persuadé, convaincu, j'oserai le dire, qu'elle est excellente;
parce que dans une lutte inégale, où ce téméraire ne pourrait
brandir que deux cornes, on serait obligé de lui en opposer au
moins quatre. Ah! s'il était permis d'espérer qu'une défaite
solennelle vînt punir, terrasser le bœuf outrecuidant! avec quelle
prévenance affectueuse, quels soins touchants, les dévots s'em-
presseraient de lui dorer les cornes, de l'orner des bandelettes
sacrées, de le couvrir de la pourpre royale ! Ils mettraient leurs
gants blancs pour aller quérir ce nouvel Apis en son étable, et
lui présenteraient la main pour le conduire galamment..... à
l'abattoir.

» En vérité quand je vois la France abjurer en faveur de ce
téméraire les principes qu'elle avait dès longtemps consacrés;
lorsque je la vois refuser l'aumône d'un théâtre au parolier-
musicien qu'elle avait nommé, pour cette double raison; *motu
proprio!* directeur du Conservatoire, et, qui plus est, directeur
des Beaux-Arts ! quand je la vois dénier le titre de *lyrique* au
parolier dont les vers ont été proclamés chef-d'œuvre du genre
par l'Institut et le Conservatoire réunis ; quand je la vois refuser la qualité de *compositeur* à celui dont elle fait exécuter
journellement la musique par l'élite de ses conservatoriens;
quand je la vois, dans un temps de famine, contrainte de se re-
paître de rogatons exotiques ou ramassés, empruntés sur le
Boulevard, de macher des semelles de bottes après en avoir dé-
voré, savouré les tiges; misérable et déguenillée, quand je la
vois repousser, dédaigner, sans vouloir même en connaître un
mot, une note, l'opéra le plus complet que l'on ait écrit depuis
Guillaume Tell, par la raison qu'un Français est le seul auteur de

cet ouvrage proscrit, et qu'elle a déjà fait à cet auteur, malgré cet auteur, une réputation immense, dont il a peu de souci, mais qu'il voudrait justifier enfin ; quand je vois cet ignoble tas de contradictions que l'aveuglement de la haine a seul pu rassembler sans en apercevoir la monstruosité ; je dis au téméraire :

— Campe-toi là, devant moi, sur tes pieds, afin que j'examine, vérifie, si, comme Roxelane, tu ne serais pas muni d'un de ces nez retroussés qui bouleversent et changent la face des empires! »

Que dites-vous de François Habeneck, frappé de stupeur et reculant épouvanté devant un ouvrage qu'il vient d'applaudir, de louer, d'exalter avec tout le *brio*, la naïveté d'un artiste entraîné par la force irrésistible de sa conviction ? Une belle fleur s'élevait à ses pieds, l'imprudente ! il s'empresse de l'écraser. La prenait-il pour un serpent?

On dirait que c'est le diable
Forcé de louer les saints.

Aussi le voit-on commander la retraite pour échapper au danger qui le menaçait. De nouveaux applaudissements frénétiques ne pouvaient-ils pas ébranler, effondrer la salle? Un chef d'orchestre *habile* doit tout prévoir.

Lĕ | dĭeu dĕ Pă | phŏs | ĕt dĕ | Gnīdĕ.
Mĭ | sol sol la | sol | si ut | si si.

Cette ligne de prose, rimée par le baron de Tschudi, gentilhomme belge, a dû nécessairement dégrader le début d'un superbe chœur de Gluck, et forcer la musique du grand maître à boiter sur ce point. *Et de Gnide*, membre frappé de langueur spondaïque, et privé de note d'attaque, ne répond en aucune manière à *Le dieu de Paphos*. L'œil, l'oreille, le bon sens, le goût, la mesure, la cadence, réclamaient impérieusement une réponse modelée sur le sujet donné, telle que :

Lĕ | dĭeu dĕ Pă | phŏs, dĕ | lă bĕllĕ | Gnīdĕ.
Mĭ | sol sol la | sol, la | si si ut | si si.

En parodiant ce chœur pour en faire un cantique, j'ai com-

mencé par corriger la faute grossière du parolier; ce qui m'a
permis d'ajouter les notes que Gluck n'aurait pas manqué
d'écrire, s'il en avait eu la licence. Je rétablis le rhythme, la
cadence, la symétrie des temps; et surtout la note d'attaque de
de la réponse, en disant :

Nōs | hŭmblĕs cŏn | cērts, lĕs | hymnĕs dĕs | ăngĕs...

Voyez, examinez au doigt, à l'œil, chantez et jugez.

Ce chœur de Gluck n'avait point assez de paroles, je l'ai muni
de deux syllabes que sa mélodie réclamait ; j'ai fait tout le contraire à l'égard du chœur charmant de *Preciosa*, deux syllabes
s'opposaient à symétrie des échos, je les ai supprimées. Les
voix attaquent, les cors répondent ainsi d'une manière identique.

Nos entrepreneurs de traductions d'opéras n'ont fait et ne
feront que du galimatias discordant, faux, inchantable, parce
qu'il est impossible qu'ils fassent autre chose. Au lieu de six,
de quatre, réunissez-en dix, vingt, leur travail n'en sera que
plus défectueux. Comme ils ont toujours échoué dans les pastiches, mosaïques charmantes et riches, mais trop au-dessus de
leur intelligence collective, témoin Ivanhoe, Robert Bruce, etc., ils
ont décidé qu'il fallait nécessairement les proscrire. Moi seul avais
réussi quatre fois dans ce genre qu'ils n'ont jamais abordé sans ca-
tastrophe. Ce Robert Bruce, que deux paires de nobles, d'illustres
coursiers ont laissé dans l'ornière piteusement embourbé, mon
âne, oui, mon âne l'eût enlevé jusqu'aux frises, jusqu'aux
étoiles. Mais une chute brutale, un complet abandon présen-
taient bien moins de désagréments pour les maîtres du logis,
pour la cabale ennemie, qu'un succès brillant et prolongé que
mon âne leur eût fait obtenir. Que cinq ou six généralissimes
commandent une armée, croyez qu'elle sera battue; que cinq
ou six machinistes dirigent la manœuvre à l'Opéra, vous aurez
de belle besogne; la mer va surgir au milieu d'un temple, et
les chênes, les rosiers, les ruisseaux planeront au-dessus des
étoiles.

En 1855, j'entre à l'Opéra, non pas dans la salle, mais à la
régie, et je trouve une bonne part du peuple chantant et dan-

sant occupé sérieusement à corriger, dégauchir, radouber
l'ébauche d'une traduction ; il s'agissait de Santa-Chiara, que
l'on répétait, et qui fut mise en sépulture avec tous les honneurs
dus à son rang, peu de jours après. Le chef de ce bataillon d'arrangeurs poussant des syllabes sous des notes, me dit : — Vous
seul pourriez faire ce travail en quelques heures. — Aussi ne
m'en a-t-on pas chargé, » telle fut ma réponse.

Lorsque je vois un financier de haute gamme, un seigneur,
un prince, livrer au public, sans nécessité, sans excuse, ses
malheureux essais en harmonie, je suis tenté de lui répéter ce
que lord Chesterfield disait à son héritier : — Mon fils, il ne
faut pas faire de musique. Lorsqu'on en veut, on en achète; elle
est meilleure, et c'est plus convenable à votre position. *More
decent.* »

Ces entrepreneurs de traductions doivent de rares succès à la
rusticité précieuse de leur auditoire. Faites une exposition de
tableaux pitoyables, d'images de savetier, devant des connais-
seurs affligés d'une ophtalmie atroce et chronique, les croutes
des rapins les plus maladroits seront applaudies. Les aveugles
ne se montreront pas plus difficiles que les sourds. D'après les
succès obtenus, il est permis d'espérer que les cuisinières et les
porteurs d'eau non lettrés ! seront bientot admis à traduire en
prose rimée ou non les partitions les plus estimées; et cela n'aurait rien de surprenant pour les Français. Leurs opéras ne sont
musicalement exécutés que par les virtuoses de l'orchestre. Le
patois croassé, bredouillé par les voix ne saurait troubler l'aplomb,
l'ensemble pompeux, les séductions d'un chant instrumental si
bien conduit, si varié dans son expression. Voilà ce qui charme,
ravit, enchante notre public, et lui fait croire qu'il entend un
opéra complet. Enlevez ce voile harmonieux, adroitement jeté
sur les infamies du parolier, et d'horribles mystères vous seront révélés. Ouvrez une partition de ce genre, essayez de la
chanter, vous serez accroché dès la première ligne, casse-cou !
Point d'arrêt ! d'autres diraient : — Point de savetier ! » Plusieurs achètent ces burlesques essais, parce que à Paris toute
marchandise trouve un acquéreur, mais on se garde bien de les

chanter. Les traducteurs ont arrangé leur besogne de manière,
à vous en oter l'envie. Portez cette rimaille boiteuse et rachitique,
aux orphéonistes, ils la dédaigneront disant : qu'ils sont accoutumés à marcher droit, que des oreilles subtiles, délicates,
veillent à leur porte et défendent l'introduction de tout gibier
corrompu.

— Comment se fait-il, me disait un Allemand, que les chants
guerriers de Kœrner et Weber ne figurent pas dans le répertoire
de vos orphéonistes? il suffirait de les traduire. — C'est déjà
fait. Nos éditeurs, prompts à saisir un butin précieux, les ont
rangés parmi leurs effets depuis quarante ans ; des traducteurs
les ont mis en français, et si gentiment ! que nul au monde n'a
pu les déchiffrer. Ces compositions admirables, charmantes,
imprimées, publiées, achetées, essayées au concert, au théâtre
n'en sont pas moins restées dans une obscurité profonde. Ni vu,
ni connu, *jacet hic*. Un air affublé de paroles rèches, lourdes,
assommantes, couvert d'une chappe de plomb, ne peut courir
les rues, encore moins se lancer d'un bout à l'autre de la France.
Le peuple n'apprend, ne retient, ne colporte que les airs chantables, parce qu'il les saisit au vol, sans être obligé de les mastiquer pendant six ou dix-huit mois comme le font nos chanteurs dramatiques.

| Mărchŏns, | mărchŏns !
| Diĕu cŏndŭit | lĕs noïrs chăs | sĕurs.

En citant les mots raboteux et lourds dont on a chargé le
véloce refrain des Chasseurs de Lutzow, en présentant ces mots
avec la notation barbare, inimaginable du parolier, je vous fais
connaître la raison qui s'est opposée à la popularité de ce chant
admirable. *Marchons*, pris deux fois à contre-mesure, arrête les
marcheurs les plus intrépides. *Noirs chasseurs*, d'une prononciation impossible à cause de la rapidité du mouvement, ne
sonne pas du tout lorsque la mélodie appelait des syllabes ou-
vertes, limpides, éclatantes. *Mărchŏns*, est un iambe des plus
énergiques, le traducteur en fait un trokée vicieux et languis-
sant. *Mărchŏns*, ainsi dénaturé ne peut être attaqué vivement
sans déchirer l'oreille. Presque tout frappe à faux dans cette

traduction, où le parolier, n'étant pas d'accord avec lui-même, abandonne ses fautes pour tomber en de nouvelles erreurs à chacune de ses strophes.

Voici le véritable mètre des vers de Kœrner et de Weber.

| A là | vôilè!
| Vite à là | vôile, pâr | tôns!

Voyez, chantez et jugez..

Vous n'arriverez jamais à civiliser musicalement notre belle France en lui donnant des airs tortus, repoussant des paroles dissonantes et grimaçantes, des airs qui s'échappent furtivement de vos théâtres lyriques, foyers de sottise et de corruption, pour aller empoisonner l'heureux naturel de vos orphéonistes.

Puisque une ligue timide, honteuse, occulte, mais puissante s'oppose à l'assainissement de nos théâtres lyriques, les orphéons se présentent comme une ancre de salut. A ce corps déjà respecté, que mon ami Wilhem a créé, que j'ai soutenu vigoureusement dès son aurore, dans le *Journal des Débats,* je vais joindre un formidable auxiliaire en fondant à mon tour un *Orphéon militaire.* Pour mon début, j'ai fait chanter l'Armée, la Marine française en vers mesurés, bien sonnants; avec ces deux puissances on peut tenter la civilisation d'un grand peuple et laisser brédouiller, croasser, blasphémer en paix ses théâtres lyriques. L'*Orphéon religieux à grand chœur,* de Mormoiron (Vaucluse) est aussi d'un secours précieux; sur d'autres points, il tend au même but, et son immense et brillant répertoire se compose de tout ce que les maîtres lès plus célèbres ont produit de plus admiré.

En assistant aux représentations dramatiques, j'écoute mieux ayant les yeux fermés; j'oppose un voile naturel à la clarté fatigante du gaz. Dans ces instants de recueillement réservés à l'oreille seule, de singulières distractions viennent me surprendre, m'enlever et me conduire sur un fil électrique au delà des mers et jusqu'à la Nouvelle-Orléans. Me voilà campé dans une stalle de l'opéra de cette ville, théâtre où la position sociale de tous les dileltantes est réglée avec une immuable sévérité.

—.Là haut, me dis-je, sont les nègres; à la deuxième galerie se rangent les mulâtres, quarterons, demi-quarterons, métis de toutes les nuances; aux premières loges, siège l'aristocratie blanche, négociants, banquiers, *gentlemen*, planteurs, industriels de haute finance. Est-ce de l'iroquois, du canadien que l'on bredouille sur la scène? mais non, c'est du français : Deux mots correctement prononcés m'en donnent la certitude. Ces braves gens estropient notre langue, on les applaudit, rien de plus naturel, de plus simple : les uns ne savent ce qu'ils disent, les autres ne peuvent comprendre ce qu'on leur dit, et n'en sont pas moins enchantés, ravis. Pleins de confiance, ils crient *bravo!* témoignent leur jubilation par des trépignements, des élans furibonds d'enthousiasme. Cela n'a rien ne surprenant; les Canadiens, Iroquois, Hurons ou Comanches en état de nature ou drapés en velours, en tissus de l'Inde n'en sont pas moins barbares, et conservent sous leur peau noire, blanche ou bariolée toute leur sauvagerie. Aussi les voyez-vous applaudir à l'unisson. Tout leur semble excellent, admirable, parfait; les décors et les costumes surtout. Heureux sauvages! rien ne saurait troubler leur béatitude : ils croient entendre du français en musique, et cette illusion suffit aux besoins de leur intelligence.

Attendons la sortie du spectacle, elle sera d'un intérêt piquant, un mélange de costumes ébouriffant; et leur baragouin de sauvage! tous ces dialectes attaqués en même temps par la foule, est-il un chœur d'opéra qui vaille cet ensemble pittoresque?

J'en étais là de mon voyage aérien lorsque, à la chute du rideau, le silence de l'orchestre me fait ouvrir les yeux, et je me retrouve à Paris, au Grand-Opéra. Au lieu des Hurons, des Comanches que je me figurais, je vois une société charmante, une troupe dorée et musquée, resplendissante de bijoux, d'une exquise élégance. Mon oreille est frappée par des voix mélodieuses qui s'expriment avec autant d'esprit que de gout dans cette même langue française, que l'on venait d'entendre lacérer outrageusement sur le théâtre sans en témoigner la moindre surprise. Cette noble et galante compagnie retourne à ses hotels somptueux dans les plus brillants équipages, et, scintillante de liamants; enveloppée dans des flots de dentelles et de cachemire, elle croit ainsi dérober sa sauvagerie de Caraïbe à l'Europe civilisée. Que des spéculateurs étrangers à l'art pétrissent un brouet ebutant, croyez qu'elle viendra s'attabler au baquet.

Être seul de son avis au milieu d'une docte et nombreuse assemblée, c'est prouver que l'on a tort. Nous voyons tous les peuples marcher vers le progrès avec une brulante ardeur, et se communiquer leurs découvertes au moyen des expositions universelles. Chacun apporte son lot au dépôt général. L'équilibre tend à s'établir dans les arts comme dans l'industrie. Amenez des jonques ou des galères pour batailler contre des colosses faisant pivoter leur orgue de cent vingt canons sur une hélice agile et mystérieuse ; opposez la clepsydre à nos montres marines, l'arrabas des sultanes à nos vagons, la plume intelligente et laborieuse des moines aux produits immenses et prompts comme l'éclair de la presse magique; vous perdrez votre temps, votre argent, vos provinces.

Le siècle marche, court, vole, il faut le suivre. Malheur aux ard-venus ! En avant ! le Juif errant nous a donné son cri de guerre. Marchons de conserve, en harmonie avec les peuples civilisés. Sachez que tout en ce monde, tout doit être à l'unisson; tout doit se réduire aux formes du système adopté pour les monnaies. Si vous les altérez, si vous n'êtes plus d'un accord parfait sur ce point avec vos voisins, si la ronde cesse de valoir soixante-quatre triples croches, adieu la confiance, le commerce, on vous excommunie à l'instant, *ipso facto*.

Qu'un naturel du Congo présente sur les marchés de Paris ses coquillages, ses cauris, monnaie courante de son pays, et vous verrez comment il sera reçu par nos dames de la halle. Colportez, offrez vos cauris littéraires, vos prétendus vers lyriques d'un pole à l'autre, vous en avez le droit, on se gardera bien d'attenter à vos personnes, mais vous serez moqués, sifflés, bafoués. Seuls de votre avis, seuls ! vous aurez tort devant le monde entier : la fraternité poétique des nations vous condamne sans appel.

Il est un heureux choix de mots harmonieux.

Et c'est justement lorsqu'on prépare un canevas pour les musiciens qu'il faut choisir ces mots bien sonnants qui doivent faciliter, favoriser l'émission de la voix sur une phrase brillante, sur une péroraison pleine de franchise et d'éclat. Gardez-vous avec soin, gardez-vous, en pareille occurrence, de nous amener les

<blockquote>
palmes du marty. . . . . re
pour   couronner tant de vertu. . . . . . us.
</blockquote>

Le parolier, l'académicien, ignorant à ce point les finesses de son métier n'a-t-il pas, à bon droit, conquis un bouquet de chardons ?

Il est des mots en provençal comme en italien que l'on exclut de la poésie lyrique. Ne soyez pas étonné si je prescris la même règle pour le français. *Entreprendre* ne peut être chanté, quel que soit le caractère et le mouvement de la mélodie. Voici comment ce mot dur, lourd, prosaïque tombe dans une leste barcarole de **la Muette de Portici** :

<blockquote>
Lĕ cŏu | rä... | gĕ faït | ĕntrĕ | prĕndrĕ.
</blockquote>

Le courage fait tant *qu'on ne saurait lui demander encore autre chose. Le courage* étant *la beauté, mérite l'applaudissement d'une société galante et chevaleresque.*

<blockquote>
Maïs l'ä | drĕs... | sĕ faït | rĕ-üs | sïr.
</blockquote>

Voilà, certes, une adresse ferme sur ses pieds : elle est *ferrée*, à glace peut-être. Mais non, cette adresse va de travers ; chanteuse distraite, elle *fait ré* quand elle doit frapper *mi*. Déplacez l'accent, vous parlerez comme chante notre Académie de Musique, et nul au monde ne saura ce que vous aurez dit.

Les mots *troubadour, trouvère, troupeau, trouble*, sont dangereux. Il faut avoir soin de lier vivement leur première syllabe à celles qui la suivent.

La voyelle sifflante *i* vient étrangler un ténor et le force d'imiter le cri du chat, quand il dit, sur un *la* vigoureusement soutenu :

<blockquote>
Des chevaliers de ma patri. . . . . e,
Trompons l'espérance homici. . . de.
</blockquote>

. Essayez les phrases de Meyerbeer, de Rossini avec les paroles
suivantes, et jugez. . !. . . . . .

Douteriez-vous de ma vaillan . . . ce?

Trompons l'homicide espéran. . . ce.

Mais voici le bouquet :

Dieu voulut la lumière, et la lumière fut.

Ce vers, qui serait excellent partout ailleurs, est détestable
sous le chant qui le reçoit. Usant des moyens de son art, Haydn
s'est proposé d'imiter l'explosion de la lumière par l'explosion
de toutes les forces des voix et de l'orchestre. Le chœur, fût-il
composé de cinq cents chanteurs, pourra-t-il faire entendre le
tonnerre musical, cette foudre harmonieuse qui succède à de
sombres accents, comme les rayons du soleil aux ténèbres du
chaos? Pourra-t-il faire sonner, vibrer une tenue brillante sur
cette malencontreuse syllabe *fut*, qu'on ne saurait prononcer
qu'en fermant la bouche? Il semble qu'il y ait malédiction sur
les littérateurs qui veulent se mêler de traduire en français des
oratoires, des opéras et même de simples mélodies. Quelles
traductions, *Dio santo!* faites pour donner la colique, le frisson,
la pelade à tout un auditoire civilisé. Elles font mal aux yeux,
à l'oreille, mal au cœur. Les brosseurs de ces traductions méritent pourtant des éloges; naturalistes exercés, prudents juris-
consultes, n'ignorant pas le *suum cuique tribuere*, ils savent
donner aux huîtres, aux moutons, la pâture que ces dilettantes
ne refuseront pas : — A brebis tondue, Dieu mesure le vent;»
et jamais nation fut-elle tondue, rasée de si près que la notre?
  En effet, à quoi bon s'évertuer à cadencer des vers, à les
marier gracieusement à la musique, si votre ingénieux travail
doit être soumis au jugement d'une foule qui ne sait pas entendre, d'un peuple dont le goût encore nébuleux donne son
approbation, ses applaudissements à des chefs-d'œuvre tels que
le Comte Ory, Ma Tante Aurore, et les prodigue, les prolonge outre
mesure s'il s'agit de trivialités, de misères telles que le Rossignol
et le Chalet d'un peuple qui semble privé du sens poético-mu-
sical au point de ne pas même s'apercevoir que sa langue et sa

musique sont outrageusement lacérées dans ses drames lyriques,
ses chansons, ses romances et ses cantiques. Bon, excellent,
médiocre ou détestable, les Parisiens gobent tout, sans réflexion, sans examen, sans critique. — Avalez, ce sont herbes,»
leur dirait Rabelais. N'est-ce pas une raison plus que suffisante
pour nous engager à travailler sans relâche au grand œuvre de
la civilisation de ces trop naïfs Parisiens?

— Mais pourquoi nous parler sans cesse des Parisiens au lieu
de mettre en scène les Français? »

Pourquoi? parce qu'il s'agit principalement ici de musique
théâtrale, et que, seuls en France, les Parisiens ont des théâtres
en leur ville privilégiée. Nos départements possédent, il est vrai,
des salles de spectacles, meubles complétement inutiles pour
l'art et ses progrès, puisque rien de nouveau n'est mis au jour en
province. Aussi le gouvernement les abandonne-t-il avec raison
à leur malheureux sort. En certains mois de l'année, des acteurs
y font leurs premières armes, étudient des rôles connus qu'ils
viennent ensuite chanter à Paris; voilà tout. Civiliser Paris,
c'est donc civiliser la France entière.

— Ces traductions brutales et discordantes, les connaissez-
vous? »

Pas précisément, je m'en prive; et pourtant je vais vous indiquer une manière expéditive de les juger.

Leurs partitions imprimées sont munies d'une table théma-
tique, demi-page présentant le début de tous les morceaux de
chant; lisez ces thèmes accusateurs estampés innocemment, si
vous n'y trouvez pas de huit à quinze fautes grossières, il vous
sera permis d'ouvrir la partition afin de l'examiner. Il ne m'est
point encore arrivé de recourir à ce moyen. Multipliez le nombre
des fautes inscrites sur la table par celui des pages du volume,
et vous aurez un total plus que satisfaisant. D'ailleurs, ne ren-
contrerez-vous pas des professeurs de chant, instruits et forts
habiles, prompts à vous révéler une part des énormes bévues
de traducteur, qu'ils ont corrigées au crayon afin d'aplanir un
peu la route à leurs élèves?

Les Anglais ont trop peu de syllabes douces muettes dans

leur idiome. En traduisant l'*Obéron* de Weber, j'ai pu ramener dans les paroles une infinité de rimes féminines que le musicien avait été forcé de reléguer dans les parties d'orchestre; et reprendre aux violons, flûtes, hautbois, clarinettes ou bassons les demi-repos que les voix coupaient carrément, tandis que les instruments, les prolongeant en appuyures, formaient de choquantes disparates.

Et cette traduction, chef-d'œuvre du genre! voyez les fragments que j'en donne ici, voyez et jugez; d'ailleurs ma partition est publiée depuis onze ans. Et cette traduction d'*Obéron*, chef-d'œuvre du genre! n'a pas été mise en scène à Paris par la seule raison qu'elle venait de moi; sous le prétexte que l'on voulait la musique de Weber dans son intégrité; ne la donnais-je pas toute entière? Quelques morceaux admirables empruntés à d'autres œuvres de Weber, afin de compléter une partition trop dégarnie de musique, où l'on ne trouve que deux rôles de chanteur écrits pour Braham et miss Paton; ces morceaux ne pouvaient-ils pas être supprimés ainsi que je le proposais? Mais j'aurais pu faire applaudir encore quelques bribes de ma façon, que l'on eût exaltées en les attribuant à Weber, et voilà ce qu'on redoutait, voilà ce qu'il fallait empêcher à tout prix. Les journalistes n'ont-ils pas dernièrement rassuré le public en lui disant que des inspecteurs étaient là pour veiller à ce que rien d'étranger ne fût introduit dans l'*Obéron* de Weber? Le Boulevard n'a-t-il pas ses préposés aux trognons de pommes? Et c'est en face du succès merveilleux de *Robin-des-Bois*, succès qui, vous le savez, n'eut pour cause bien avérée et reconnue que les heureuses licences de l'arrangeur; c'est en face de ce quadruple succès que tant de précautions ont été prises afin de prohiber, à Paris, l'exhibition publique de l'*Obéron* parfaitement traduit : ce que je prouverais papier sur table. Ce que les orphéonistes prouvent chaque jour en admettant ma traduction dans leur répertoire, à l'exclusion des autres.

DES VERS EN TARATANTARA.

Christophe de Barrouso, se réglant sur une très ancienne pastourelle de maître Richard de Sémilli, écrivit son **Jardin amoureux** en vers de dix syllabes, coupés en deux parties égales, 1530. On appela ce mètre *vers en taratantara*, parce que *taratantara*, prononcé deux fois, donnait la mesure et la cadence de ces vers. Bonaventure des Perriers, Régnier-Desmarets, et de nos jours, Alfred de Musset, Brizeux, Mme Desbordes-Valmore, etc., ont adopté ce rhythme gracieux, énergique, et d'une symétrie admirable pour la musique.

> *Quum tuba terribili sonitu taratantara dixit.*

Ce vers d'Ennius, imitant l'harmonie, donnant l'onomatopée d'un appel de trompette, a fourni le patron des vers en taratantara.

Un poète italien s'est réglé sur Ennius en écrivant :

> *E nel sentir tarapatà marciò.*

Les couplets de chanson suivants offrent une combinaison de rhythmes différents : quatre vers en dactyles, quatre vers en taratantara, trois à glissade, *sdruccioli*, et deux féminins pour la cadence finale, où doit éclater la tenue, la grosse note, coup de gueule favori des buveurs.

| Quānd d'ūn sēul | trāit j'āi vī | dē mōn grānd | vērrĕ,
| S'il faut chan | ter j'aime | cet instru | ment;
| Comme à l'o | reille à mon | cœur il sait | plaire,
| Et l'œil se | mire en ce | pur dia | mant.

CHŒUR.

Cĕt hărmŏnĭ | că | jŏỹĕux ĕt brĭl | lănt
Frappe la me | sure, | et toujours son | nant,
Vient donner aux | voix | un accord char | mant.
C'est bien le meil | leur | accompagne | ment.
    | Guĭtērnē et | vĭ.....ŏlŏn,
    | Hautbois, flŭ | 'te ēt....basson
    | N'ont pas ce | jo.....li son,
    | Et je pré | fère
      Mon | verre.

    Là tour à tour de rubis, de topaze,
    Vient scintiller un reflet séduisant,
    Prélude heureux du bonheur, de l'extase,
    Appel bachique, amoureux, agaçant.

CHŒUR.

Cet harmonica, etc.

    De mes trésors c'est l'écrin diaphane,
    Et dans ce vase au contour élégant,
    De mon gosier je mets la colophane,
    Aussi mon *fa* sonne-t-il éclatant.

CHŒUR.

Cet harmonica, etc.

Belzébuth ou les Jeux du roi René.

Voici des taratantara fort exagérés, en vers de treize syllabes.
N'importe, le rhythme en est bon et réussirait en musique. On
voit que c'est la parodie d'un air à la mode en 1640.

| Jĕtŏns nŏs chă | pĕaux ĕt nŏus cŏif | fŏns dĕ nŏs sĕr | viettes,
Et tambourinons de nos couteaux sur nos assiettes ;
Que je sois fourbu, chatré, tondu, bè*gue*, cornu,
Que je sois perclus alors que *je* ne boirai plus.

        SCARRON, *chanson à boire.*

On pourrait mettre au point les deux derniers vers en disant :

    Que je sois fourbu, chatré, tondu, boiteux, cornu,
    Que je sois perclus alors que l'on ne boira plus.

XI

DES VERS A GLISSADE.

L'italien *sdrucciolare* signifie glisser; le vers *sdrucciolo*, vers à glissade, est terminé par un dactyle, dont la première syllabe porte l'accent, et figure *seule* dans la mesure du vers, les deux brèves qui suivent cette longue sont annulées et s'évaporent, comme notre *e* muet s'évapore à la fin de nos rimes féminines. Ainsi les mots *sörrī...dĕrĕ, dĭmen...tĭcŏ, Nă...pŏlĭ, Pē...sărŏ*, et tous les autres *sdruccioli*, n'ont pas plus de valeur en italien que *prŭdēn...cĕ, mălī...cĕ, fēm...mĕ, rō...sĕ*, n'en ont à la fin des vers français. Nous supprimons une muette finale, et les Italiens escamotent deux syllabes finales sur lesquelles on glisse vivement, après avoir frappé l'accent qui les précède. Rien n'est gracieux, énergique, élégant et leste comme le vers à glissade.

L'abbé Scoppa publie à Paris, en 1811-12-14, trois volumes ayant pour titre *les Vrais principes de la Versification française*, et présente son livre à l'Institut de France. Notre société savante charge le musicien Choron de lui faire un rapport sur l'œuvre nouvelle, dont un extrait est couronné le 6 avril 1815.

Voilà donc le musicien littérateur Choron et l'Institut, assistés des journalistes les plus éminents de Paris dont l'inutile faconde, la critique inhabile, se taisait, comme à l'ordinaire, sur le point capital; voilà donc l'élite de la France intelligente et docte, pinant du bonnet, proclamant avec Scoppa, le Sicilien, que la langue française, ne possédant pas de vocables dactyliques, n'ayant et ne pouvant jamais avoir de mots *sdruccioli*, devait, jusqu'à la fin des siècles, s'abstenir de toute glissade imprudente; affirmant d'un ton solennel que les Italiens, les Anglais devaient seuls jouir de cet agrément. Il pouvait ajouter encore les Allemands et toutes les nations slaves, les Arabes, etc.

Et ces juges inflexibles, prompts à condamner la langue française sans la comprendre, sans la connaître! entendaient pourtant chaque jour l'*orphée* de Gluck, où le traducteur a placé toute une litanie de *sdruccioli* parfaitement rhythmés. 31 vers chantés en chœur, à l'unisson d'abord, sur une mélodie énergique, brutalement sublime, et que la vigueur de son caractère, de ses contours, de son attaque, son étrangeté même, signalaient, recommandaient également à l'attention générale; que fallait-il de plus à cette litanie pour être burinée dans toutes les mémoires comme dans tous les cœurs? Mais les académiciens, les académiciens français! *aures habent et non audient.*

| Chi mai dell | E. . . . . . rebo
Fralte cali. . . . . gini,
Sull' orme d'Er. . . . . . cole
E di Piri. . . . . too,
Conduce il pié?

Aux *sdruccioli* de Calzabigi, dont le rhythme acerbe convient admirablement à ce chœur de démons, le traducteur a substitué les glissades suivantes :

| Quel est l'au | dã. . . . . . cieûx,
Qui dans ces som. . . . . . bres lieux,
Ose porter   ses pas,
Et devant le   trépas,
Ne frémit pas? etc., etc.

Le vers à glissade n'a pas besoin de rime, sa cadence lui suffit, ainsi que le démontre la strophe de Calzabigi.

Ces *sdruccioli* damnés, cent fois maudits, cause première, unique de l'excommunication que l'Institut de France fulmina

contre sa langue française ; ces *sdruccioli,* facétieux de leur nature, revinrent, quarante-cinq ans plus tard, porter de nouveau
le trouble parmi nos fabricants de prose rimée. L'aventure fut
si plaisante que les Anglais en rient encore.

C'était en 1855, le lord-maire de Londres vint à Paris, on
lui donna de brillantes fêtes ; afin de les terminer par un galan-
terie ingénieuse, charmante, on imagina de lui chanter à grand
chœur le *God save the Queen* en français, et tout le monde
applaudit à ce projet annoncé, proclamé. L'idée parut excellente
et l'était en effet ; vite à l'exécution. Vingt beaux-esprits, flan-
qués de plusieurs académiciens se disputent l'honneur de cette
traduction en miniature. Les voilà tous à l'œuvre.

— Mordez vos doigts, ramez comme corsaires.

« Il s'agit de mouler en français, de rimer sept versicules anglais dont vous avez sous les yeux les paroles et la musique.
Émules de J.-B. Rousseau, *le lyrique !* vaudevillistes dès longtemps exercés à la parodie, en avant ! le texte, le mètre, les rimes vous sont donnés, il n'y a plus qu'à traduire. Régiment de
poètes, vous allez brosser trois cents couplets en dix minutes,
vous choisirez ensuite les meilleurs. »

Le croirez-vous? la montagne en travail n'accoucha pas
même d'une souris. Tous nos illustres brisèrent leur plume de
dépit ; et, renonçant à ce labeur lilliputien, trop au-dessus de
leurs forces, après avoir mis bas les armes, ils ne manquèrent
pas d'attribuer leur déroute à notre langue française, toujours
calomniée par les impuissants qui ne la connaissent pas.

— Que faire? comment sortir sans déshonneur de l'embarras
où nous nous sommes étourdiment fourrés? dirent ces eunuques, impossible de traduire en français des vers rocailleux et
barbares dont la mesure est antipathique à nos paroles. Et pourtant nous avons promis, annoncé que le *God save the Queen* ne
serait point dit en anglais! — Une idée! si nous le chantions en
latin? — Bravo! cet heureux échange nous met à l'abri de la
critique. »

Et voilà nos gaillards s'évertuant à dépecer le *Domine salvum ac regem*, pour en accrocher les fragments aux dactyles anglais. J'aurais voulu contempler ce chef-d'œuvre d'ineptie orgueilleuse, de grotesque prosodie, mais on ne saurait voir toutes les curiosités offertes dans une grande ville.

Le dimanche 10 juin 1855, en plein jour, à la face du soleil versant des torrents de lumière, à Paris, capitale du monde civilisé, dans la salle immense du Cirque-Napoléon, une hymne religieuse du *culte protestant* est chantée avec la plus grande solennité, chantée *en latin !* devant le lord-maire de Londres, sa suite nombreuse, quatre ou cinq mille Français, et quelques Allemands, loustics à dent cruelle. Cette facétie ou turlupinade, que la maladresse bien constatée de nos faiseurs ne pouvait excuser, fut enregistrée par les journalistes et les historiens.

Quelques heures après cette burlesque exhibition, je dînais avec une personne attachée au ministère. Elle en riait encore, et me dit : — Vous devriez bien venir en aide à ces braves gens empêtrés dans leurs vers anglais. Vous seul pouvez les tirer de cette méchante affaire, de l'embarras où je les vois plongés. On attend Sa Majesté la reine d'Angleterre, pour notre honneur, il importe qu'un pareil scandale ne se renouvelle point en sa présence. Voyez un de nos chefs, et soyez certain que l'on acceptera vos offres avec plaisir. — D'accord, je ferai la traduction, les couplets, mais on ne les chantera point.

— Qui donc s'opposerait...?

— La cabale des eunuques ! Ils ne font rien et barrent le chemin à qui sait faire. N'importe, advienne que pourra ; ce sera du moins un nouvel épisode pour les *Mémoires d'un musicien proscrit.* »

Je me présente au ministère et suis reçu d'une manière charmante. — Quand nous donnerez-vous ces couplets ?

— Demain. »

Exact au rendez-vous, je porte mon travail, et l'on me dit alors : — *C'était déjà fait ;* un dignitaire de la cour en avait chargé M. Méry.

— M. Méry ! diable ! il est Provençal et n'est pas de l'Académie, il y a double chance de succès. »

Ma prédiction venait de s'accomplir ; demandés, écrits, ac-

ceptés, mes couplets ne devaient pas être chantés. Quant à
ceux de M. Méry, s'il les a faits ils sont restés en portefeuille,
et cette promesse d'un *God save the Queen* en français pour le
lord-maire, et pour Sa Majesté britannique, s'est évaporée comme
une ombre impalpable.

Le *God save the Queen* présente, en sept petits vers, cinq terminaisons à glissade, *sdrucciole*, dont nos académies ne connaissent pas le mécanisme, l'immense valeur, puisqu'elles affir-
ment que le dactyle n'existe point dans le français. Faut-il
s'étonner qu'elles n'aient pas trouvé dans leur sein un poète
capable d'ajuster sept rimes sur l'hymne d'Henri Carey (1704)?

— La langue française n'a point de mots de cette espèce
(dactyles). » CHORON, *Rapport présenté au nom de la section de
musique, adopté par la classe des Beaux-Arts de l'Institut
impérial de France, dans ses séances du* 18 *avril et des* 2 *et* 9
mai 1812, *sur un ouvrage, etc., de Scoppa.* Signé les commis-
saires : Gossec, Grétry, Méhul, A. Choron, rapporteur. Paris,
Didot, 1812, in-4 de neuf feuilles et demie, page 7.

Je conserve cette pièce curieuse avec le plus grand soin.
Choron s'en applaudissait et me la donna lors de sa nouveauté ;
je l'ai déjà montrée à beaucoup d'incrédules.

Trois séances complètes ! Ce n'est point à la légère que notre
Institut a voulu déposséder sa langue française de quelques centaines de mots infiniment précieux pour la poésie lyrique. *Sĕn-
tĭmĕnt, empereur, attiré, bâtissons, occupé, ennobli, accuser,
applaudir, admiré, violent, emporté, châtelain, maîtriser, pâlissant, blâmera, pâmoison, merveilleux, frôlement, violer, violon,
sûreté, rôtisseur, bâtonné, bêlement, grêlera,* etc., et même *glŏ-
rĭĕux,* venant de *glŏrĭă,* de *glŏrĭŏsŭs,* ainsi noté par les Latins; *glŏ-
rĭĕux,* que les Anglais tiennent des Normands, et dont ils ont fait
glŏrĭŏŭs ; tous ces mots et les autres dactyles français ne sont-
ils pas des *sdruccioli* notés, scandés, martelés, aussi bien caractérisés que *Pēsărŏ, Năpŏlĭ, sŏr-rīdĕrĕ, dĭ-mēntĭcŏ?* Je puis ajouter
encore les dactyles que l'on obtient par la section d'un mot :
vic-tŏrĭĕux, rĕ-lĭgĭŏn, prĕs-sēntĭmĕnt, ou par la réunion de plusieurs vocables : *dītĕs-mŏi, on l'ă făit, il s'ĕn vă.*

. *Viole*, instrument, ne‾compte que pour deux syllabes·dans
notre poésie; *violon*, *violent*, *violer*, en ont trois. Il faut donc
marquer la séparation des·deux voyelles ·*io*, que l'on doit arti-
culer· successivement. Cette action, ·toute brève ·qu'elle soit,
suffit pour qu'une appuyure arrive sur la·première et la rende
longue. *Vĭŏlŏn*,·*vĭŏlĕnt*, *vĭŏlĕr*, ne sont-ils pas de vrais dactyles?
— Une voyelle suivie de deux·consoñnes était longue chez ·les
Latins : *Admīrŏr*, *ĕccĕ*, ·*īmpĕrātŏr*, *ŏccŭpăt*, pourquoi n'adop-
terions-nous pas une règle dont les·résultats sont·d'une excellente harmonie? règle·qui nous servirait de guide pour les·cas
douteux, pour établir ·solidement la quantité de notre langue,
quantité non encore suffisamment explorée, mise en œuvre par
des poètes formant autorité. Les écrivains du moyen-âge ont
bien ·voulu nous léguer la notation·claire, musicale et précise
d'un certain nombre de dactyles tels que *sûreté*, *châtelain*, *maîtriser*, *pâlissant*, *bâtissons*, *blâmera*, *pâmoison*, etc., etc. ;·ré-
pudierons-nous un héritage·peu·riche, il est vrai, mais digne
de toute notre reconnaissance?

·· Ai-je démontré que sur ce·point notre·langue ne lé cédait en
rien à·celle des·Anglais, des Allemands et même des ·Italiens?
Si les docteurs Scoppa,·Choron,·l'Institut et·l'élite des journa-
listes·, ayant en tête·Auger, (T. dù *Joûrnal des Débats*, alors *de
l'Empire*),·se·sont trompés grossièrement·à cet égard, on doit
l'attribuer à la prononciation molle, trainante·et·lâche·des·Pa-
risiens. A·force de vouloir ·adoucir les aspérités·de·la langue
française,·ils·l'ont affadie·et décolorée. Ils en ont·oblitéré·les
contours,·effacé·les accents;·et·la·variété,·l'énergie·de ses rhy-
thmes·a·disparu,·pour nos académiciens du moins. Essayez de
polir·une·médaille admirable. Avec un·peu de·bonheur,·beau-
coup de patience et d'émeril,·vous la rendrez·unie et brillante
comme un petit miroir. Enlevez les bosses,·les rúgosités du pavillon du Louvre, un·mur de cloture d'une entière blancheur,
ìu cordeau·tiré, va se montrer à·la place·des·reliefs·de Jean
Goujon. .·.·,·. ··

·· Il est tout simple que les pères du concile aient·jugé qu'il
était impossible de dactyliser avec une langue énervée, réduite

à l'état de gélatine, de *pois pilés*, comme-disaient nos anciens.
Aï à a tata pou un, j'ai vu les garçons de Robert et de Beau-
villiers répondre à cet appel, en apportant *subitò* de l'anguille à
la tartare pour un. Ils comprenaient à merveille ce jargon que
le chanteur *Gaat* (Garat) avait mis à la mode ; croyez-le, je vous
en *doe ma pti paoe d'oeu*. De *tata pou un*, on fit *tatapoin*, so-
briquet dont les officiers de la garde impériale affublèrent les
lions de l'époque, à cause de leur manière de s'exprimer. C'est
justement alors, en 1812, que l'Institut rendit, publia le ridicule
et mémorable arrêt qui privait le français de ses dactyles. Couronner solennellement un ouvrage purement didactique, et d'un
style diffus, obtus, confus, misérable au dernier point, n'est-ce
pas en approuver la doctrine? (1)

L'Institut faisait donc preuve de raison, de sagesse, en dé-
cidant qu'il était impossible de dactyliser avec *Aï à a tata
pou un*.

Les Provençaux, les Normands dactylisent à merveille. Si les
Anglais possèdent un avantage aussi précieux, c'est à nous
qu'ils le doivent : ils tiennent le vers à glissade, le *sdrucciolo*
des compagnons de Guillaume-le-Batard. Les Provençaux et les
Normands auront civilisé poétiquement l'Italie et l'Angleterre,
et Paris n'aura d'autre soin que de priver la France des trésors
qu'elle a fait rayonner jusqu'au delà des Alpes et des mers !
Paris hébergera, paiera des académies pour fausser, énerver,
aplatir l'idiome français, pour le déshériter des richesses qu'il
a prodiguées à nos voisins ! Mais Paris, cette Béotie élégante et
musquée de la Gaule, n'est pas la France entière, et c'est fort
heureux pour la nation. Le premier duc d'Épernon se moquait
à bon droit du langage mou, décoloré, trainant de la cour. Il
aurait plutôt choisi de perdre sa fortune, que de renoncer à ses
dactyles gascons, à son accent d'une poétique et musicale

---

(1) La profusion des notes, additions, renvois, numérotés et relégués au
bas des pages annonce toujours la vue courte de l'auteur et la confusion, le
désordre de ses idées. Dans les **Vrais principes de la Versification**, etc.
trois volumes in-8, de Scoppa, les notes occupent un espace égal à celui du
texte, et sont en caractères plus petits.

énergie. Il y mettait son honneur, comme un Espagnol à conserver sa moustache.

Si nous voulons avoir une langue poétique, il ne faut pas dédaigner, rejeter les éléments précieux qui doivent servir à la composer. Un Provençal vous redira qu'il n'est rien d'impossible avec le français, comme avec les Français. Tâchez d'apprendre votre langue, et vous serez un jour de mon avis. MOLIÈRE MUSICIEN, que vous ne comprenez pas encore, vous servira de guide pour amender grammaire, dictionnaires et traités de versification.

Revenons au *God save the Queen;* je dois vous en donner la traduction, publiée avec musique en 1855, et dont le prince Albert d'Angleterre et sa suite emportèrent de nombreux exemplaires.

VICTORIA.

| Gārdē lā | rēi. . . . . . ne, ŏ Dïeu!
De tous remplis   le vœu,
Le noble vœu.
Comblé de ses   bienfaits,
Peuple, dis à   jamais :
Partout on ad. . . . . . . mira
Victoria.

Prolonge et rends   heureux
Des jours si pré. . . . . . cieux,
Si glorieux !
Comblé de ses   bienfaits,
Peuple, dis à   jamais :
Le monde bé. . . . . nira
Victoria.

Marchons tous à   sa voix,
Suivons ses dou. . . . . . ces lois,
Suivons ses lois.
Comblé de ses   bienfaits,
Peuple, dis à   jamais :
Vivat in glo. . . . . riâ!
Victoria.

Pour toi, fière Al. . . . . bion,
Bravant glaive et   canon,
Quel heureux nom!
Devant tes en. . . . . nemis
Abattus et   soumis,
Ton peuple chan. . . . . . teïa
Victoria.

Encore un petit exemple.

| Pĕrcy rā | mè. . . . . nĕ-mŏi.
Près du bocage,
Où j'ai reçu   ta foi,
Dans mon jeune âge.

Anne de Boulen.

La prière, chant guerrier, de Kœrner et Weber, présente à chacune de ses strophes quatre vers glissants mêlés à deux vers dactyliques. En voici la parodie, une traduction littérale est trop souvent impossible en musique vocale.

| Voīcī l'ĭns | tānt   fătăl |
Puisqu'au premier   signal
| Dōit ĕclă | tĕr lĕ tŏn | nĕrrĕ.
Père qui nous   défends,
Veille sur tes   enfants,
Daigne exaucer leur prière!

Fais que nos en. . . . . nemis,
D'un fol espoir   séduits,
Trop peu jaloux de leur gloire,
Livrent à nous   le prix,
Laissent morts et   débris
Sur notre champ de victoire.

Mi manca la voce, mi sento morire; voce **voix,** *sento,* **sens,** *morire,* **mourir,** je n'ai pas besoin de vous dire que ces vocables français ne peuvent d'aucune manière être substitués, sous la mélodie, aux mots italiens munis d'une syllabe de plus. Il faut donc exprimer une même pensée avec d'autres mots.

Poètes français tâchez d'imiter la cadence parfaite, l'angélique douceur des vers allemands de Kœrner dans vos odes, romances, cantiques ou chansons.

XII

DE LA PROSE RIMÉE AJUSTÉE EN VERS.

De même qu'on trouve de l'or dans le sable de certaines rivières, on rencontre d'excellents vers enfouis dans la prose rimée. S'ils sont assez nombreux pour former quelques strophes, rien n'est plus aisé que de mettre en vers les fragments de prose qui rompent le rhythme et la cadence, de combler ainsi les trous, les abîmes, et de donner à la pièce entière le mouvement imprimé par les vers que l'auteur a mesurés. Par ce moyen on peut conquérir au profit de la poésie une infinité de fragments précieux, qui languissent noyés dans la prose.

Le prologue de Vénus et Adonis, tragédie lyrique en cinq actes, de J.-B. Rousseau, musiquée par Desmarets, 17 mars 1697, nous offre une paraphrase charmante de *Fugit irreparabile tempus*. La voici :

Dĕ qŭoi | pĕut vŏus sĕr | vĭr ŭne ăt | tēntĕ frī | vŏle?
Soŭpī | rĕz jĕunĕs | cœurs, prŏfī | tēz dĕs bĕaux | joŭrs.
Comme un zéphyr lé | *ger là jĕu* | *nĕssĕ s'ĕn* | *vŏle,*
Et les moments qu'on | *perd* sŏnt pĕr | dŭs pŏur tŏu | jŏurs.

Săns ĕs | pŏir dĕ rĕ | toŭr *cette onde fuit sa source,*
Et cĕs | flŏts vĕrs là | mēr păr lĕs | flŏts sŏnt chăs | sĕs,
Nŏs plăi | sīrs, nŏs bĕaux | joŭrs vŏnt d'ŭne | ēgălĕ | coŭrse,
Et ne reviennent | *plus* sītŏt | qu'ils sŏnt păs | sĕs.

Quatre vers asclépiades figurent dans ces stances; quatre vers!

prodige pour un poète français; mais hélas! pourquoi faut-il que le rhythme si bien présenté, dessiné dans les deux premiers, soit brisé, fracassé, détruit par le troisième? Essayons de mesurer, de mettre au point les quatre lignes de prose qui jettent le désordre à travers cette gracieuse composition; il est bien facile de lui donner la cadence adoptée des anapestes, et l'allure régulière et musicale que l'oreille réclame avec instance. Réglons-nous sur les deux premiers vers; et que, dans les six autres, on puisse rencontrer l'accent placé juste aux mêmes endroits marqués par ces modèles.

> Dĕ quŏi | peŭt vŏus sĕr | vīr ŭne ăt | tēntĕ frĭ | vŏlĕ?
> Soupi | rez jeunes | cœurs, profi | tez des beaux | jours.
> Comme un | sylphe lé | ger la jeu | nesse s'en | vole,
> Les mo | ments que l'on | perd sont per | dus pour tou | jours.

> Sans es | poir de re | tour ce ruis | seau fuit sa | source,
> Et ces | flots vers la | mer par les | flots sont chas | sés.
> Nos plai | sirs, nos beaux | jours vont d'une | égale | course,
> Il leur | faut dire a | dieu sitot | qu'ils sont pas | sés.

J'ai suivi le rhythme de trois contre trois, parce qu'il est indiqué par le premier vers. Celui de six contre trois et trois, celui de trois et trois contre six, donnés par le troisième et le cinquième vers, étaient fort bons; il suffisait de les suivre avec la même exactitude. Un vers faux qui tombe au milieu d'une phrase de mélodie la désorganise, la dégrade entièrement; et comme presque tous nos vers lyriques sont faux, leur désaccord, leur divorce constant avec la musique, enfante des mots tellement bizarres, inouïs, incompréhensibles, que personne au monde ne peut arriver à savoir ce que nos chanteurs veulent dire. Mieux ils prononceront et moins vous comprendrez leur baragouin, millionnième édition de l'amphigourique discours de Matthieu Garreau dans le **Pédant joué**, de Cyrano de Bergerac, de l'inextricable plaidoyer des seigneurs de Baisecol et Humevesne, que Rabelais nous donne dans le chapitre II du livre II de **Pantagruel**.

Le joli trio du **Pré-z-aux-Clercs** est inchantable et ne peut être que bredouillé; c'est ainsi qu'on l'exécute sur nos théâtres en suivant l'intention formellement exprimée du parolier. J'aime beaucoup ce trio, je le chante même, et voici des mots que j'ai tracés au crayon sur les partitions de mes cantatrices ordinaires, afin de les délivrer des hoquets obligés, classiques et professés dans nos conservatoires.

> C'en est fait, le ciel même
> A reçu vos serments,
> La parole suprême
> A lié deux amants.
> Oui, mon ame est ravie
> Et chéris le succès,
> Je me dis votre amie
> Et veux l'être à jamais.

> A vous, reine chérie,
> Appartient le succès,
> C'est trop peu de ma vie
> A payer vos bienfaits.

Ceci n'est qu'une rectification improvisée sur le pupitre du clavecin. Croyez que si je m'étais proposé de vous offrir des couplets réguliers, j'aurais tout démoli, tout reconstruit; *appartient* et *succès* auraient disparu comme noyaux de pêches trop durs à mastiquer dans un trio rapide. S'ils y sont restés, c'est que nous parvenons à les rendre limpides en prononçant *appatient* et *sucès;* tradition de coterie que les comédiens devraient adopter. Je les plains d'avoir à trainer vivement les charrettes *A reçu vos serments sa puissance su...*, *Noble amie qu'appartient le succès, De ma vie pour payer*, etc. Les atrocités les plus cruelles qui viennent affliger ce trio d'une allure agile et gracieuse, n'ont d'autre cause que le défaut d'élision des rimes féminines; de là ces cahotements insupportables qui font tricoter les acteurs comme les dindons sur une plaque brulante. Vous voyez que ces ressauts n'étrangleront plus mes chanteurs.

Ah! que je voudrais mettre en vers toute la partition de *Guillaume Tell* et quelques fragments de *Robert-le-Diable,* des

Huguenots, vous pourriez entendre, gouter de belles choses que vous n'avez jamais entendues et que vous n'entendrez jamais ; par la seule raison que bredouiller n'est pas chanter.

Virtuose intelligent, le ténor Jéliotte corrigeait le thème de Quinault, de Bernard, de La Bruère, afin de parler français en musique. Il savait rajuster les versicules de nos opéras ; afin d'être compris par ceux que sa voix séduisante charmait. Ce procédé pouvait être employé dans un temps où le rhythme n'était pas encore introduit en France pour la musique vocale, dans un temps où les acteurs gouvernaient à leur fantaisie le mouvement des airs, des duos. Les chanteurs doivent maintenant obéir au chef d'orchestre, surtout dans les traits véhéments et passionnés.

— Je me tue à faire des couplets que j'ai honte de donner, mais je les trouve admirables quand mon Jéliotte les chante, parce qu'il a l'art de sauver les mots que l'on serait obligé de couper en deux. C'est le dieu du gout du chant et de la complaisance que ce garçon-là. » Voisenon, *Lettre à Favart*, 22 aout 1761.

La doctrine professée ouvertement, sans pitié comme sans vergogne dans les collèges français, semble n'avoir d'autre but que celui d'étouffer au berceau l'intelligence poétique de notre jeunesse studieuse. On la force d'apprendre à faire de la prose rimée! (1) Vous donnez libéralement à vos élèves des maîtres de chinois, de mantchou, de sanskrit, de chaldéen, de syriaque, sollicitude que je me garderai bien de blamer ; et vous négligez de leur fournir un seul professeur de français, un seul du moins qui soit capable de leur faire connaître le mécanisme qui produit l'harmonieuse sonorité de leur langue. Ces mots que vos grammairiens combinent, assemblent, accordent en observant les règles de leur syntaxe ; ces mots sont aussi les notes d'un

---

(1) S'il n'y a pas de professeurs de prose rimée, on impose du moins aux élèves des traités enseignant le métier de rimer la prose. Traités d'une ingénuité charmante, offrant à la curiosité maligne tout ce que la critique la plus acerbe a pu dire sur ce métier ridicule. Voyez, lisez M. Quicherat, et jugez.

autre genre de musique; notes qui doivent avoir aussi leur
syntaxe particulière; afin d'arriver à la mélodie parfaite du langage en évitant les fausses relations, les accents frappant à vide,
les ressauts, les rencontres de syllabes qui hurlent en se touchant, les cacophonies, les équivoques, les bâillements, et toutes
les dissonances qui, pour ne pas blesser les oreilles académiques et parisiennes, encore insensibles et brutes, n'en sont pas
moins d'atroces barbarismes.

La musique se cache dans le langage, comme la danse emprunte ses mouvements à la marche ordinaire. Un maître à
danser règle les mouvements du corps, il enseigne à marcher,
à se présenter, à saluer avec grace. La musique des anciens
Égyptiens embrassait les différentes espèces de discours avec la
mélodie, l'harmonie et le rhythme; ou plutôt, les discours
étaient la matière de la musique et les autres parties n'en
constituaient que la forme, écrit Platon, au livre II de sa
République.

> — Ma foi, voilà deux airs très beaux. La poésie,
> Voyez-vous, c'est bien. Mais la musique, c'est mieux.
> Pardieu, voilà deux airs qui sont délicieux;
> La langue sans gosier n'est rien. Voyez le Dante;
> Son séraphin doré ne parle pas, il chante!
> C'est la musique, moi, qui m'a fait croire en Dieu.
>
> ALFRED DE MUSSET, les Marrons du feu.

« — J'aime le pouvoir, moi, disait Napoléon Ier: mais c'est en
artiste que je l'aime.... Je l'aime comme un musicien aime
son violon. Je l'aime pour en tirer des sons, des accords, de
l'harmonie. »

— L'endroit aigu d'où sort la mélodie.

Saint-Amant désigne ainsi le bec d'un oiseau.

Un air paraît toujours mélodieux, d'une harmonie excellente,
d'un effet délicieux à l'auteur dont on a musiqué les paroles.

— Vicq-d'Azyr conçut un projet dont l'accomplissement devint
l'emploi de sa vie, et changea la face de la médecine française, immobile depuis dix siècles. La fondation de la Société royale fut en tous
points un événement remarquable. Les haines, les satires, le bruyant

scandale qui assiégèrent son berceau offriront au philosophe une image
naïve des luttes qui attendent l'esprit humain dans ses moindres progrès, et de la rançon que la vieille sottise se fait payer pour la déli-
vrance de chaque vérité. » LEMONTEY, *Éloge historique de Vicq-d'Azyr.*

Cela ne m'empêchera pas de répéter ce que X X X imprimait
dans le *Journal des Débats*, Chronique musicale du 16 novem-
bre 1825. — *Ce que j'ai dit, on l'a fait; ce que je dis aujour-
d'hui, vous le ferez demain.* »

Je vous chanterai même avec la gentille Euphrosine, carrément, d'aplomb, et, comme elle, certain de mon fait :

> Malgré ce terrible courroux,
> Coradin sera mon époux.

— Agesilaus, enquis pourquoi les Spartiates combattoient au son
des flustes, dit : — A fin que marchants en bataille *à la cadence et
mesure* on cognoisse ceux qui sont vaillants d'avec ceux qui sont
couards. » PLUTARQUE.

Avec un chef sévère à ce point à l'égard de la cadence et de
la mesure, nos prosateurs rimants auraient eu peu de chances
pour devenir caporaux ou sergents.

Jean Ogier de Gombaud, poète, un des fondateurs de l'Académie française dansait bien, gouvernait parfaitement une
épée, jouait admirablement de la mandore, et ne mesurait point
ses vers! Ne faut-il pas qu'il y ait une vieille malédiction qui
pèse encore sur nos rimeurs académiciens?

— Il est un rang suprême dans l'estime des hommes. L'artiste habile qui vient le premier l'occupe, et n'en n'est point dépossédé par
un plus habile qui lui succède. Raphaël sera toujours le premier
peintre de l'univers, quand la nature prendrait soin de former un
homme possédant tous les talents pour la peinture; comme Quinault
sera le premier poète lyrique, et Lulli le premier musicien. Balzac
et Voiture ont excellé les premiers dans le style épistolaire. Aucunes
lettres depuis n'ont pu réussir, pas même celles de madame de Sé-
vigny, qui sont si polies, si vives et si délicates. »

Voilà ce que l'académicien Charpentier écrivait en 1700. Que
dites-vous de l'horoscope? Un seul artiste, Raphaël, a gardé le

rang suprême à lui concédé. Voyez-vous le prosateur Quinault
devenir le premier poète lyrique de l'univers, et garder ce titre
jusqu'à la fin des siècles, grâce au vote d'un académicien? Il
fallait prouver que ce pauvre Quinault était lyrique, avant de le
placer en tête des lyriques. Et Lulli bon Dieu! Lulli!.... Rien
n'est burlesque et risible comme ces rangs assignés dans
l'avenir par des contemporains à leurs contemporains. Les
habiles d'une époque sont parfois des ânes batés cent ans plus
tard, témoin nos prosateurs rimants. Charpentier ne connais-
sait Pergolese, Gluck, Mozart ni Rossini, mais il avait sous ses
yeux les lettres de Balzac et de Voiture, il pouvait les comparer
à celles de Mme de Sévigné; l'académicien ne s'en est pas moins
fourvoyé. Quel sorcier pour lire dans l'avenir !

J'ai, de nos successeurs, une bien meilleure opinion, et ne
crains pas de prédire que, avant un demi-siècle, tous nos opéras,
nos vaudevilles mêmes seront écrits en vers, qu'ils seront
chantés par des Lablache, des Tamburini, des Rubini, des
Fodor, des Malibran, des Bosio, et que leurs accompagnateurs
seront au moins des Paganini, des Servais, des Bottesini.
Andiam, avanti! fa il tuo mestiere. Que les vivants aillent
encore plus vite que les morts, n'en déplaise à Bürger.

Dans ses mémoires dirigés contre l'Académie française, Fu-
retière dit, en parlant de Quinault : — Fils d'un boulanger,
c'est bien la meilleure pâte d'homme que Dieu fit jamais! Pour
son partage il eut quatre ou cinq cents mots de notre langue,
qu'il blute, qu'il tamise, qu'il sasse, qu'il ressasse et pétrit avec
une patience admirable. »

La Motte croyait excuser la dureté de ses vers en disant : —
Un poète n'est pas une flûte. »

Nos paroliers ne sont pas même des mirlitons; puisque les
mirlitons sonnent juste, en mesure, quand ils sont bien gouvernés.

— L'Opéra de Paris est, en tous sens, le pays des illusions; la
moindre innovation y est un crime pour ses habitués. Il fallut combattre longtemps pour que Rameau remplaçât Lulli; et, de nos
jours (1783), il a fallu, dans une infinité d'écrits, avertir les Fran-

12

çais que l'on chantait en mesure dans toutes les villes de l'Europe,
et que la psalmodie dont ils étaient idolâtres était reléguée dans les
couvents.

« Quel courage ne faut-il pas pour combattre des illusions qui cons-
tituent le bonheur d'un grand nombre de spectateurs? GRÉTRY, **Essais
sur la Musique**, tome I, page 358.

La musique dramatique étant alors chantée sans rhythme
et sans mesure, Quinault, Racine, J.-B. Rousseau, Roy, Bernard, Cahusac, pouvaient en sûreté de conscience écrire en prose
rimée les paroles destinées à cet immense récitatif. Vous chantez
en mesure aujourd'hui, vous chantez des paroles qui doivent
s'accorder parfaitement avec la mélodie, il faut donc que ces paroles soient mesurées, avec soin cadencées, afin qu'elles ne con-
trarient pas brutalement la marche énergique ou gracieuse de la
musique. Grétry reléguait dans les couvents la psalmodie soporifique dont nos aïeux étaient idolâtres. Je ne vois que les étables
où braient, bêlent, beuglent, ânes, moutons et vaches où l'on
puisse reléguer la prose rimée objet de vos décrépites amours.

Voici des couplets d'un opéra bouffe composés avec l'admirable prose rimée de Molière, elle est changée en vers au moyen
de légères, d'imperceptibles rectifications. Comparez ces couplets au texte original et chantez. Il me fallait un prélude pour
amener les vers de Molière, et j'ai dû me fabriquer le premier
quatrain.

> (Ah! lä sür | prise ĕt lä | scêne ĕst chär | mänte,
> Il était là, je l'ai vu de mes yeux;
> J'ai pour calmer cette flamme naissante
> D'un tendre cœur le dépit furieux.

Dans ce qui suit, le rhythme est conservé quoique pris à rebours, la substitution de l'anapeste au dactyle donne l'accrois-
sement de vivacité, d'énergie, que réclamait la seconde partie
de cet air. *Sæpè rhythmum vertas.*

> Impŭ | dĕnt séduc | tĕur, trähĭ | sŏn mänĭ | fĕste!
> Le hasard me dévoile un mystère funeste.
> Fallait-il s'étonner de l'étrange froideur
> Dont je vois qu'il répond aux élans de mon cœur?

Il réserve l'ingrat ses caresses à d'autres,
Et nourrit leurs plaisirs par le jeûne des nôtres.
Voilà bien des maris le manège commun,
Ce qui leur est permis leur devient importun.

  | Ah ! lă sŭr | prise ĕt lă | scĕne ĕst chăr | mănte,
    Il était là, je l'ai vu de mes yeux ;
    J'ai pour calmer cette flamme naissante
    D'un tendre cœur le dépit furieux
Leŭr dĕbŭt ĕst sŭpĕrbe, ĕt cĕ sŏnt dĕs mĕrvĕilles,
Ils témoignent pour nous des ardeurs non pareilles !
Les perfides bientot, se lassant de leurs feux,
Vont chercher autre part ce qu'ils trouvent chez eux.
Ah! pour moi quel dépit que la loi n'autorise
De changer de mari comme on fait de chemise !
Ce serait fort commode, et j'en sais telle ici,
Qui, suivant mon desir, le voudrait bien aussi.

    Ah! lă sŭrprise ĕt lă scĕne ĕst chărmănte,
    Il était là, je l'ai vu de mes yeux ;
    J'ai, pour calmer cette flamme naissante,
    D'un tendre cœur le dépit furieux.

    De son front que la honte accable,
  Détachons ces bandeaux, ces voiles imposteurs,
      Et livrons sa tête coupable
      Aux mains sanglantes des licteurs.

Cette prose rimée estropie le superbe chœur de la Vestale, qui lui rend bien en l'estropiant à son tour. Ce quatrain mis en vers, réglés sur le rhythme donné par Spontini, va sonner éner-giquement avec la musique, et doubler ainsi les forces vocales des choristes, frappant juste et d'aplomb, au lieu de marmonner, de bredouiller des mots brisés, touchant à faux.

    Dĕ sŏn | frŏnt crĭmĭ | nĕl ĕt quĕ | lă hŏnte ăc | căbl',
    Arrachons, arrachons, ces bandeaux imposteurs,
    Et livrons sans pitié la prétresse coupabl'
    Au glaive ensanglanté des farouches licteurs.

Voiles, accent faux, a disparu ; les rimes féminines son ab-

sorbées, et le chœur véhément de Spontini, devenu chaîne sans
fin, peut rouler sans accroc jusqu'à sa dernière cadence.

Ce chœur de la Vestale est souvent cité dans les journaux,
dans les conversations, on le désigne toujours par ces mots
Détachons ces bandeaux. Demandez à quelqu'un son opinion
sur les chœurs véhéments et dramatiques, il vous répondra sur
le champ que *Détachons ces bandeaux* est celui qu'il préfère.
Ce chœur est connu de tout le monde, et l'on s'accorde à le
signaler par ces mêmes paroles *Détachons ces bandeaux*. Je
pense que je n'aurai pas de contradicteurs sur ce fait. J'étudie
depuis longtemps l'anatomie de la musique; les impressions
qu'elle fait sur le populaire sont d'un secours immense pour
arriver à connaître les mystères de cet art, et se convaincre de
la justesse des principes qui amènent ces résultats, *rerum
discere causas*.

Il est, il demeure établi que l'on désigne généralement ce
chœur rhythmique de Spontini par *Détachons ces bandeaux*.

Eh bien ! cette désignation est irrégulière, fausse et contraire
à l'usage. Tout morceau de chant n'est-il pas rappelé toujours
à la mémoire par les premiers mots ou le premier vers chantés
par le premier motif ? Ainsi l'on dira : *Sombres forêts, O Richard ! ô mon roi ! Gardez-vous de la jalousie ! Sonnez cors et
musettes*, pour désigner la romance, l'air, le duo, le chœur dont
on veut parler. Par quelle raison mystérieuse tout le monde
s'accorde-t-il pour se tromper à l'égard du chœur de la Vestale,
qui devrait être signalé par son premier vers *De son front que
la honte accable ?* Il semble d'abord que cette erreur soit fri-
vole; et qu'il importe fort peu de choisir tel ou tel vers, pourvu
que l'on s'entende et que cette convention soit adoptée.

Je ne suis point de cet avis, je ramène tout à mes principes,
et j'en tire des conséquences persuasives. Point d'effet sans
cause, et rien ne se fait sans raison. La multitude est guidée par
l'étincelle de son instinct, elle agit avec franchise, à l'instant,
et sans recourir aux voix pour se former une opinion. Pourquoi
s'est-elle obstinée à porter son attention sur le deuxième vers du
chœur de la Vestale ? C'est que ce vers est le seul de la strophe

qui soit mesuré, c'est le seul qui marche avec la musique, c'est
par conséquent le seul qui ait produit une sensation forte et
durable sur l'oreille, le seul enfin que l'on ait entendu, que l'on
entend encore, que l'on puisse comprendre et surtout retenir.
Il ne faut pas s'étonner si le public l'a choisi pour désigner le
chœur dans lequel l'auteur l'a placé.

Ce chœur est écrit à trois temps, mesure de la valse; son
rhythme sautillant, ses ondulations; cette allure, inusitée dans
une composition noble et tragique, me surprit d'abord. J'en-
tendis la pièce une seconde fois, et je trouvai la cause de cette
innovation.

Dĕtă | chōns cĕs băn | deāux, cĕs vŏi | leus ĭmpŏs | teūrs.

Voilà ce deuxième vers que tout le monde retient, il a servi
de métronome au finale. Ces anapestes, ce vers scandé par trois,
cette marche rapide et régulière, ont dû nécessairement entrainer
le compositeur; il était difficile d'encadrer dans une mesure à
deux temps un vers essentiel qui, procédant par trois, était
flanqué de trois lignes de prose, et le musicien écrivit son finale
à trois temps en s'écartant de la route ordinaire.

> Saint bienheureux *eux, eux*, dont la divine image,
> De nos enfants *ants, ants*, protège les berceaux;
> Toi, qui nous rends *ends, ends*, la force et le courage,
> Toi, qui soutiens *iens, iens*, le pauvre en ses travaux.
>
> La Muette de Portici.

Mettre en vers cette prose, et priver ainsi notre public des
eux, eux, ants, ants, ends, ends, iens, iens, qui peut-être ne
sont pas sans agrément pour son oreille, est chose plus difficile.
Il faut que j'improvise un couplet afin de montrer à vos yeux
les accents, le dessin, les contours de l'excellente musique
d'Auber, en lui donnant les féminines qu'elle réclame depuis
vingt-huit ans.

> | Saĭnt tŭtĕ | lāire,
> Jăn | vĭer, ŏ | tēndrĕ | père!
> Vois la misère
> D'un peuple généreux.

Naples t'honore,
Sa triste voix t'implore,
Accueille encore
Ses plaintes et ses vœux.

On ne veut plus que je plaide ma cause au théâtre ; une troupe effrayée, terrorisée, s'y oppose ; elle est nombreuse, puissante, et m'en a fait défendre l'entrée ; mais il n'est pas de consultant dont le cabinet soit plus fréquenté que le mien. Paroliers, musiciens, journalistes, viennent y chercher un peu de ce qui leur manque, et leur ignorance est trop souvent prodigieuse. Un parolier se présente et me dit : — J'ai dans la tête une romance en deux strophes qui me plaît beaucoup, et dont les vers ne s'adaptent pas tous à l'air que je lui destine.

— Si vous faites les mots et les notes, imitez vos confrères en écrivant une musique différente pour chaque vers.

— C'est justement ce que je voudrais éviter. N'avez-vous pas dit, imprimé, que ces couplets où la cantilène est démolie et reconstruite attestent l'insigne maladresse du parolier ?

— Il est possible que j'aie pris cette licence ; mais récitez-moi d'abord vos couplets.

— Les voici :

Tout l'univers obéit à l'Amour.

— Fort bien. C'est une vérité dès longtemps consacrée ; le vers est excellent, ils le sont tous quand ils n'ont pas de compagnon. Si j'avais un bonnet, je l'ôterais pour saluer un ancien ami. Avant d'aller plus loin, dites-moi le dernier vers du couplet.

— Pourquoi ce dernier vers ?

— Il faut que je voie s'il s'accorde avec le premier. Si ce dernier prenait une route différente, nous choisirions l'un ou l'autre pour type de la romance. Il importe surtout que la pensée amenée à la fin de la strophe ne perde rien de sa vigueur et de son élégance.

— Voici mon dernier vers :

Aimez, aimez, tout le reste n'est rien.

— Parfait! deux iambes et deux anapestes, il emboîte le pas
du premier. Nous tenons la tête et la queue, c'est d'un heureux
augure pour le milieu. Reprenez et continuez.

> — Tout l'univers obéit à l'Amour,
> Belle Zora, soumettez-lui votre ame.

— Mauvais! mauvais! détestable!

— C'est ce que je pensais.

— *Belleu* ne peut se dire, encore moins se chanter. Frapper
l'accent sur un *e* muet, c'est s'embourber dès le premier pas.
Vous voyez parfaitement que *belle* ne saurait concerter avec *tout
l'u*. Tenez-vous au nom de *Zora?*

— Beaucoup.

— J'en suis désolé, car il repousse tout adjectif un peu
galant. *Guenon Zora*, *laidron Zora*, voilà ce que demande la
mesure.

— Fi donc!

— Je vous offre pourtant ce que nous avons de mieux en
iambes. Encore faudrait-il user de subterfuge en disant *laidron*
au lieu de *laideron.*

— Cherchez mieux.

— Je ne trouverai rien. Zora démonétisée doit absolument
céder sa place d'honneur. Zora détruit de fond en comble le
mètre donné par le premier et le dernier vers; Zora doit expi-
rer étranglée entre ces deux guichets. Si nous mettions *charmante Iris?*

— Non pas, *Iris* est suranné, pompadour, rococo; d'ailleurs,
je veux qu'elle soit belle.

— Disons alors : *Belle Amanda.*

— C'est cruel, dépitant; mais enfin puisque ces iambes vont
redresser le vers.

— La moitié du vers! essayez le second hémistiche.

> — Toūt | l'ūnī | vērs ōbě | īt à l'A | mōur,
> Bĕl | le Amăn | dă soŭmĕt | tēz-lŭi vŏ | tre ăme.

Cela me paraît bon.

— Ce *tez-lui* n'a donc rien de choquant pour vous?

— Pas la moindre chose. L'accent ne tombe-t-il pas sur la dernière syllabe de *soumettez?*

— Sans doute, mais *lui*, ce malencontreux *lui*, qui vient s'appliquer, s'unir à *soumettez* et ne peut rester en arrière, doit porter l'accent : *soumĕttĕz-* | *lŭi*. Que ferons-nous de *soumettez-lui* qui se présente à rebrousse-poil, et nous offre un dactyle quand nous cherchons deux anapestes? Gardons le sens, changeons les mots, et disons :

> Bĕl | le Amăn | dă qu'ĭl pŏs | sēdĕ vŏ | tre āme.

— Adopté, puisque les anapestes le commandent.

> Les autres dieux à ce dieu font la cour.

— Excellent.

> — Et leur pouvoir est moins doux que sa flamme.

— C'est un peu naïf, mais le vers marche bien.

> — Des jeunes cœurs c'est le su....

— Qu'est-ce qu'un *su?*

— Attendez, je vais dire *suprême.*

— Je le sais de reste; mais il faut le dire autrement et d'aplomb, en faisant arriver l'accent sur *pré.*

— C'est impossible.

— Je le sais encore. Tournons l'écueil et disons :

> Des jeunes cœurs c'est le bien, le seul bien!
> Aimez, aimez, tout le reste n'est rien.

Passons au second couplet.

> — Sans cet Amour, tant d'objets ravissants,
> Lambris dorés, jardins, bois et fontaines.

— *Jardins, bois* est fort déplaisant. Le monosyllabe portant l'accent est trop isolé, trop en évidence, rien ne prépare son arrivée. Il semble que vous invitez un jardin à boire, *jardin bois!* Transposons ces deux mots, *jardins* amènera l'accent, et tout ira bien.

> — Lambris dorés, bois, jardins et fontaines,
> N'ont point d'attraits qui ne soient languissants.

—.A merveille !

— Et leurs plaisirs ne valent pas ses peines.

— Mauvais ! *valent* frappe à faux. Ne pouvant écrire *valant* afin d'obtenir un appui ferme et sonore, changeons le vers et disons :

> A leurs plaisirs on préfère ses peines.
> Des jeunes cœurs c'est le bien, le seul bien!
> Aimez, aimez, tout le reste n'est rien.

— Rangez votre armée en bataille.

HYMNE A L'AMOUR.

> Tŏut l'ūnī | vĕrs ŏbĕ | ĭt ă l'A | mŏur,
> Belle Amanda qu'il possède votre ame ;
> Les autres dieux à ce dieu font la cour,
> Et leur pouvoir est moins doux que sa flamme.
> Des jeunes cœurs c'est le bien, le seul bien!
> Aimez, aimez, tout le reste n'est rien.
>
> Sans cet Amour, tant d'objets ravissants,
> Lambris dorés, bois, jardins et fontaines,
> N'ont point d'attraits qui ne soient languissants,
> A leurs plaisirs on préfère ses peines.
> Des jeunes cœurs c'est le bien, le seul bien!
> Aimez, aimez, tout le reste n'est rien.

Voilà des vers solides sur leurs pieds; dites-leur de marcher, de courir, ils sont prêts à se mettre en route. Chantez-les sur toutes les mesures, dans tous les mouvements, je vous réponds du succès. Vous ne serez point obligé de faire une musique différente pour chacun des couplets, ânerie que nos paroliers ne craignent pas d'étaler mille fois sur des albums illustrés d'images, dorés, damasquinés, dont la richesse fait briller d'un éclat désolant toute la misère des versicules. Exploiter la ganache est et sera toujours en bonne chose en France. La gent chante-menu chérit les albums, elle s'en repait et ne vit que de ça; servez-la selon ses appétits. Quand elle mord, elle dévore. Un album doré, que dis-je? Sept albums dorés, oubliés sur un piano, font juger de la sottise dilettante. Aussi les musiciennes ont-elles en

horreur les albums ; leur en offrir, ce serait faire injure à leur
gout comme à leur talent.

> *Dans ces albums*, je trouve tout fort beau ,
> Papier, dorure, images, caráctère,
> Hormis les vers qu'il fallait laisser faire
> A La Fontaine.

— Ah ! je devine le sens de l'apologue ; vous saviez donc ?...

— Depuis soixante ans.

— Je voulais mettre votre mémoire à l'épreuve.

— Nous avons rajusté les vers charmants de La Fontaine.
Vous voyez que son **Hymne à l'Amour**, délicieux de pensées et de
coloris, n'était pas mieux bati que le vôtre : *belle Psyché* déton-
nait aussi durement que *belle Zora*.

J'ai pu rajuster des strophes charmantes de Rousseau, Jean-
Baptiste, et faire mieux que lui, voyez et jugez. Moins heureux
dans l'hymne de La Fontaine, je renonçais à toute entreprise
de ce genre sur les chœurs d'**Esther** et d'**Athalie** ; notre sublime
poète a mêlé, brouillé ses rhythmes avec un tel soin, une opiniâtreté si constante, qu'on ne saurait employer trois ou quatre
de ses vers dans une strophe musicale sans les mettre au point ;
j'y renonçais, lorsque la beauté des pensées, des images, du
style, m'a séduit. Avant de condamner les essais que je soumets
à vos critiques, il est juste que vous les chantiez. Voyez les
exemples à la fin du volume.

XIII

DES PARODIES.

Violoniste à l'Académie royale de Musique, Exaudet se fait connaître, en 1752, par un menuet qui porte son nom, et l'a rendu fameux dans la musique. Toutes les fois que la danse française de l'ancien temps est rappelée dans une œuvre dramatique, un ballet surtout, on entend sonner le menuet d'Exaudet à l'orchestre, et trop souvent avec une harmonie pitoyable, n'en déplaise à nos académiciens de l'Opéra. Que de choses dans un menuet! vais-je m'écrier avec le ballérin Marcel. Oui, que de choses ! dont l'importance ne s'applique pas seulement à l'opuscule d'Exaudet, mais à nos paroliers devenus un instant poètes à la suite de ce musicien.

Un peuple assez maladroit pour entretenir des académiciens jurés, assermentés, ayant voix délibérative, des académiciens littérateurs, peintres, statuaires ou musiciens, doit languir beaucoup plus longtemps au fond du bourbier de l'ignorance et de la routine. S'il voulait en sortir, on l'y replongerait : c'est ce qui nous arrive au milieu de l'Europe affranchie et civilisée. Une majorité trop nombreuse est intéressée à s'opposer aux progrès de l'art.

> La ganache aime la ganache
> Comme la rose le zéphir.

Les Français ne sont pas aussi peu sensibles aux charmes de la poésie, aussi brutes à l'égard de l'harmonie du langage que nos académiciens veulent bien nous les présenter. S'ils étaient soutenus, encouragés dans leurs éclairs de génie poétique, ils seraient bientot dignes d'entrer en lice avec leurs voisins; mais le carcan de la routine, le garrot universitaire est prompt à les saisir, à les étrangler. Trop de gens ont la queue coupée, il faut bien forcer tout le peuple renard à subir l'indispensable opération.

Exaudet fait sonner son menuet en *mi bémol*, avec ou sans double corde, et sur-le-champ vingt poètes séduits, entrainés par le rhythme fier et majestueux, par la cadence pleine d'énergie et de franchise d'un air de violon, écrivent des centaines de couplets modelés sur cette mélodie favorite et devenue à l'instant nationale. Vous remarquerez, s'il vous plait, que ces strophes immenses ont une mesure parfaite, qu'il en est beaucoup de jolies, et que je vais en citer une ravissante. Et pourtant cette difficulté du mètre imposé, contre laquelle se cabrent nos paroliers maladroits et privés du sens auditif, et pourtant cette contrainte si redoutée s'y présentait à chaque vers, à chaque césure! Le poète, flanqué par les rails, était forcé de marcher droit. Le public attentif suivait, surveillait son œuvre et n'aurait pas souffert la moindre infraction à la règle donnée et connue. Comparez, si vous l'osez, comparez les couplets harmonieux de Vadé, de Panard, de Collé, de Favart surtout! aux saletés que l'on bredouille et vocifère à grand chœur, aujourd'hui, sur nos théâtres lyriques.

Nous devons au menuet d'Exaudet les premières lueurs d'un chant vocal mesuré, rhythmé, cadencé que l'on ait vu briller sur notre scène.

> Cet étang,
> Qui s'étend
> Dans la plaine,
> Répète au sein de ses eaux,
> Ces verdoyants ormeaux
> Où le pampre s'enchaîne.
> Un ciel pur,
> Un azur
> Sans nuages,
> Vivement s'y réfléchit,

Le tableau s'enrichit
     D'images.
Mais tandis que l'on admire
Cette onde où le ciel se mire,
     Un zéphir
     Vient ternir
     Sa surface :
D'un souffle il confond les traits,
L'éclat de tant d'objets
     S'efface.
     Un desir,
     Un soupir!
     O ma fille !
Peut ainsi troubler un cœur
Où règne le bonheur,
Où la sagesse brille :
     Le repos,
     Sur les eaux
     Peut renaître :
Mais il s'enfuit sans retour
Dans un cœur dont l'amour
     Est maître.

FAVART.

Presque tous les airs, les chœurs, les duos que Lulli faisait chanter au repos dans les fêtes et les divertissements de ses opéras, presque tous ces placages en lubrique morale, étaient des parodies ajustées sur des cantilènes que le musicien avait composées précédemment pour les ballets de Louis XIV. Ces airs de danse étaient mesurés, rhythmés ; en associant des paroles à cette musique déjà faite pour les violons, il fallait nécessairement en suivre, au moins à peu près, la cadence. Lulli forçait Quinault à se mettre au pas, à l'emboîter même parfois; Rameau, Piccinni, Salieri rendirent plus tard le même service à Bernard, à Marmontel, à Beaumarchais. Quinault lui-même a fait des stances presque régulières, trop rares, il est vrai, grâce au joug musical sous lequel il était retenu par Lulli. Comme Protée, il le fallait terrasser, enchaîner pour obtenir de lui quelques oracles défectueux, tels que celui-ci :

| Lă bĕau | tĕ.lă.plŭs.sĕ | vĕrĕ |
Prend pitié d'un long tourment,
Et l'amant qui persévère
Devient un heureux amant.

L'Hymen seul ne *sau*-rait plaire;
Il a beau flatter nos vœux :
L'Amour seul a droit de faire
Les plus doux de tous les nœuds.

Il est fier, il est rebelle;
Mais il charme tel qu'il est :
L'Hymen vient quand on l'appelle;
L'Amour vient quand il lui plaît.

Il n'est point de résistance
Dont le temps ne vienne à bout;
Et l'effort de la constance
A la fin doit vaincre tout.

Tout est doux et rien ne coûte
Pour un cœur qu'on veut toucher;
L'onde *se* fait une route,
Et s'ef*for*çant d'en chercher :
L'eau qui tombe goutte à goutte
Perce *le* plus dur rocher.

Ce trio, qu'il fallait rendre coulant et limpide, était chanté dans Atys par deux Fontaines, soutenues par un Ruisseau.

On peut chanter sans mesure, témoin nos récitatifs, mais non pas danser au hasard sans régler ses pas sur le rhythme et la cadence. Pourquoi ces vers de Quinault sont-ils mesurés, cadencés, à peu près du moins? C'est qu'ils avaient été dansés, que leur type musical, avant de sonner dans un gosier de chanteur, avait mis en action des jambes et des bras pour qui la mesure était un impérieux besoin, une condition d'être ou de ne pas être.

Il est peu de soirées dansantes où l'on ne voie une dame charrier son valseur, un dilettante voiturer sa polkeuse, afin de ramener à l'ordre, au moins pour instant, ces ennemis de la cadence et de la mesure. Ces couples, si mal assortis et dont l'assistance oisive s'amuse, ressemblent parfaitement au duo de tout point discordant que chantent les paroles de nos opéras en voulant s'accrocher à la musique.

— Lorsque les poètes parodient, ils croient qu'un vers de huit syllabes doit remplacer un vers de huit, et ainsi des autres; cependant, comme les notes expressives doivent rencontrer les bonnes syllabes, rien n'est moins sûr que leur calcul. » Grétry, *Essais sur la Musique*, tome I, page 288.

Ce calcul sera d'une justesse parfaite, et le vers de huit devra remplacer le vers de huit, si le parodiste a soin de ne pas déranger l'ordre des accents. Les notes expressives rencontreront alors de bonnes syllabes, celles qui doivent recevoir et porter l'accent musical.

L'air *Dans ce doux asile*, de Castor et Pollux, est parodié sur un menuet écrit pour le clavecin, et publié depuis dix ans dans les recueils de Rameau, lorsque Bernard le fit chanter par une ombre heureuse. Cette parodie mérite des éloges : elle ne contient que trois fautes. Arrivons à Beaumarchais.

> | Ainsi | qu'une a | beille,
> Qu'un beau jour réveille,
> De la fleur vermeille
> Attire le miel.
> Un enfant fidèle,
> Quand Brama l'appelle,
> S'il prie avec zèle,
> Obtient tout du ciel.

Tarare, 1787. Strophe calquée par Beaumarchais sur un air italien de Salieri. Ce sont les seuls vers que l'on rencontre dans les cinq actes de Tarare.

La connexité des vers musicaux et des vers littéraires est d'une telle exactitude que le parodiste les collationne les uns par les autres. S'il est obligé d'écrire un vers parasite, un cinquième vers qui s'adapte gauchement à son quatrain, c'est qu'il y a pléonasme dans la musique. Il ne trouvera l'accord parfait du chant avec la parole qu'en supprimant quelque bis importun, quelque répétition surabondante.

Essáyez de changer en musique vocale une admirable création de Beethoven, l'hymne triomphal de la symphonie en *ut mineur*, et vous remarquerez sur-le-champ, si votre oreille ne vous l'a pas signalé déjà, que les mesures 10, 11, 15, 16, 20, 23, sont de trop. L'immensité du cadre, l'intention d'augmenter l'effet d'une brillante explosion en la faisant desirer, ont engagé l'auteur à s'arréter longtemps sur les prolégomènes. En réduisant cet hymne instrumental en chœur militaire, je me suis laissé guider par le controle des vers qui m'a fait supprimer les six mesures désignées. Voyez, chantez, jugez si l'oreille n'est pas satisfaite, pleinement, et si la réduction du cadre, le desir de rendre populaire une mélodie grandiose à ce point ne justifient pas cette suppression. C'est avec plaisir que j'entendrai ce vaudeville chanté dans les rues de Paris. Il sonne déjà dans plusieurs cités et villages de nos provinces, et vient de s'établir au Luxembourg, camp du 10ᵉ régiment d'infanterie de ligne.

TRIOMPHE.

Aux guerriers honneur et gloire!
Élevons jusqu'aux cieux
Les chants joyeux
De la victoire.
Aux clairons la publique allégresse
De tendresse
A mélé ses accents;
Aimable accord, joyeux élans!
O ma belle patrie!
France chérie,
Applaudis-toi;
Sois des nations l'amour, l'effroi.
Une paix victorieuse
Était le vœu le plus cher des Français,
Une paix si glorieuse
Va nous combler de ses bienfaits.

Comme le parodiste met en paroles une musique déjà faite, dont les intentions, les caprices mêmes sont connus, il peut se permettre l'hiatus de vers à vers, *effroi une*, lorsque de notables silences doivent s'opposer à la rencontre, au contact des mots prêts à se donner une accolade que l'oreille réprouve.

Le statuaire voit dans un bloc de marbre, fût-il irrégulier, l'ensemble et les détails d'une figure. Il voit aussi les groupes en reliefs qu'il pourra combiner dans le triangle du fronton que l'architecte lui réserve. Le graveur en pierres fines a, du premier coup d'œil, tiré parti des taches d'une agate onyx ; l'une servira pour la chevelure, l'autre pour la draperie de la belle qu'il va faire éclore. Le parodiste saisit de même les divers sentiments qu'une musique peut exprimer librement en lui donnant des paroles dont le sens est en opposition avec le texte sur lequel on l'avait composée ; mais qui présenteront des images prêtes à se mettre en rapport avec elles.

L'air de Crispin dans les Folles amoureuses, l'air *Miei rampolli feminini*, le duo *Un segretto d'importanza*, le quintette *Signor, una parola*, de Cenerentola, le finale de la Pietra di Paragone, qui figurent dans la Fausse Agnès, dans M. de Pourceaugnac, la Forêt de Sénart, avec des paroles étrangères à leur texte primitif sont des parodies. L'essentiel est que ces paroles nouvelles expriment des sentiments, amènent des images analogues et semblent avoir été composées pour s'unir à cette musique. Les quatre opéras que je viens de citer sont d'immenses parodies où l'on remarque pourtant quelques morceaux de ma composition ; le parodiste ne pouvant pas trouver toujours chaussure parfaitement juste à son pied. Comme un travail de ce genre doit être fait par une seule main parolière et musicienne, la parodie embrassant les trois actes d'un drame lyrique est restée ma propriété. Robert Brace, en tombant tout à plat, l'avait consolidée, mais un arrêt de prohibition est venu m'en priver. — Si nous ne pouvons y atteindre, vengeons-nous en la proscrivant. »

Un parodiste intelligent, exercé, comprend à l'instant ce que disent les instruments lorsque Haydn, Mozart, Beethoven, Weber ou Mendelssohn les fait parler. Il vous construira sur-le-champ trois ou cinq actes de drame lyrique avec les quatuors, les trios, les quintettes, symphonies, sonates, caprices, valses et fantaisies de ces illustres. Il donnera des paroles à toutes les ro-

13

mances qui semblent se réjouir, se glorifier de n'en point avoir.
Encore si c'étaient des romances françaises! on ne saurait applaudir assez vivement à ce dédain judicieux.

J'avais mis en provençal l'air scintillant de Figaro du **Barbier de Séville**, succès immense, prodigieux. On me demanda celui de Basile, que je traduisis littéralement : le tableau ne pouvait être plus riche, plus varié dans ses images. Ce n'était point assez pour la Provence dilettante au suprême degré de la musique de Rossini; Bartholo devait avoir son tour. Le traducteur recula devant le colosse, *nodo avvilupato, rintrecciato,* non pas à cause des difficultés, gardez-vous bien de le croire, mais parce que cet air superbe roulait sur une seule idée admirablement traitée pour la scène, et dont l'intérêt devait s'évanouir au concert. En effet ce tuteur *brontolone,* grondant sa pupille, me semblait peu réjouissant pour un auditoire de salon. J'eus recours à la parodie et plantai sur cet air ravissant une scène de ménage d'une moralité purement gastronomique. *Vivez mieux, ou vivons mieux,* c'est sur ce mot dit à sa femme par un mari très délicat, à la manière de Brillat-Savarin, que la scène est bâtie. Elle est digne de vous être présentée. Je livre mes iambes, mes asclépiades français à toutes les critiques; mais, soutenu par ma langue maternelle, je marche ici dans ma liberté, dans ma force, et j'ai droit à vos compliments.

MADALENA.

> *Sensa faire la grimaça,*
> *Vese bén ce qué se passa;*
> *Madalena, vese tout et dise rén.*
> *Se lou vin, se la fricassa*
> *Bast' encar' anava bén!*
> *Sensa faire la grimaça,*
> *Vese bén ce que se passa;*
> *Madalena, vese tout et dise rén.*
> *Diga-me s'ei la vesina*
> *Qu'a leissà 'ier soun chacò.*
> *Perqué trev' eici la china*
> *Dòu viadaze de Gricò?*

Quand arrice Jan s'esbigna, Gé s'escoun;
   Vite, vite Gé s'escoun.
Ti-z-allura me van gaire, Madeloun,
   Gaire, gaire, Madeloun.
   Sièu gayar, n'ai plu d'affairi,
   Que naseg̃ea lou noutari,
   Lou grefier, l'apouticari?
   N'ai besoun dé rés, de rén.
   Perqué venon? lou sàves bén!

   Sensa faire de tapage,
   Te dirai couma lou sage,
   Qu'una fema de meïnage
   Sóut de tout s'apadoui.
   Se devines ce que vole,
   Se maneges ben toun role,
   Moun età, que sembla drole,
   Sarà dous et benesì.
   Chivau fa-ch- à la troumpetta,
   Dins li folli-z-amouretta,
   Li soupà, li-z-escampetta,
   Se te pode p'arrestà.
   Sui l'avis de la sagessa,
   La fourtuna t'ei proumessa,
   De la flous de ta jouinessa
   Pensa vit' à proufità.
   Se vos pà changeà de vida,
   Fait dòu mèn qué virèn mièu.
   Saras pà toujou poulida,
   Ièu sarai, hm!... ce que sièu.
   De qué sert toun impudença?
   Se n'avèn pacà de sóu.
   De qué sert ma coumplesença?
   Se mangén qué de fayòu.
   Vol' una taula ben servida,
   Un vin famous et d'ourtoulan!
   Vole faire bouana vida,
   Birounà qué dé fesan;
   Flutà champagna roug' et blan.

Sensa faire de tapage,
Te dirai couma lou sage,
Qu'una fema de meinage
Sóut de tout s'apadouì.
Se devines ce que vole,
Se maneges bén toun role,
Moun età, que sembla drole,
Sarà dous et benesì.
Chivau fa-ch-à la troumpetta,
Dins ti folli-z-amouretta,
Li soupà, li-z-escampetta,
Se te pode p' arrestà.
Sui l'avis de la sagessa,
La fourtuna t'ei proumessa,
De la flous de ta jouinessa
Pensa vite à proufità.
En galanta damisela,
Courouseta coum' un iòu,
Quittaiés la filousela
Per la seda, li dentela,
Li boutina de prunela,
Et de cheina su lou còu.
Te diran que sies poulidà,
Mai n'avén pacà de sóu;
Vole faire bouana vida,
Me descoron li fayóu.
Sensa faire la grimaça,
Vese bén ce que se passa;
Madalena, lou vese bén,
Devine tout et dise rén.

Cette parodie vaut mieux que le texte italien, deux fois corrigé par le poëte-chanteur Lablache, c'est moi qui vous le dis; un autre maître *èn gai saber*, Augustin Chaho, vous le répétera. Lorsqu'on possède un si bel instrument que la langue d'oc, un trésor d'harmonie, devrait-on lacher, détendre ses cordes et prendre l'humble diapason de la prose rimée, pour complaire à l'Académie française et recevoir ses dix mille francs?

XIV

DE LA CHANSON.

Les Français, qui depuis tant de siècles ont produit un si grand nombre de chansons, des milliers de pièces charmantes, des couplets joyeux ou pleins de mélancolie ; les Français, qui se disent les créateurs de ce genre de poésie, seraient-ils privés du sentiment du rhythme et de la mesure? Ils savent merveilleusement trouver des chansons, et ne savent pas les rendre chantables. Ils les écrivent en prose rimée, au lieu de les ajuster en vers mesurés. Pas une de leurs chansons, pas un de leurs cantiques, bien mieux ! pas un seul couplet de ces odes familières ne saurait être dit, sans que l'air ou le texte ne soit cruellement estropié. Qui peut donc retenir cette nation intelligente au suprême degré dans un tel état de torpeur, d'ignorance et de barbarie ?

Qui?... la doctrine universitaire, la routine stupide et gothique des académies, des colléges, les fausses idées des pédants sans oreille, qui le croirait ! des gacheux, des rustres en bonnet doctoral, dont l'unique soin est de corrompre, en fait de poésie nationale, l'excellent naturel de nos compatriotes.

Tout Français naît poète ; il le sera toujours, s'il est assez heureux pour ne franchir jamais, jamais ! le seuil d'un collége.

Écoutez les chansons des enfants, des drilles (1), des soldats, des paysans, des bûcherons, des garçons de tous les devoirs, gavots ou dévorants, des piqueurs, des valets de chiens, de tous ces poètes nés, que le typhus des collèges et des traités de versification n'a point gatés, maléficiés ; vous verrez avec quelle désinvolture, quelle franchise élégante, fringante, entrainante, irrésistible, tout cela procède, marche, défile, court, s'élance à la volée. Le rhythme poétique s'unit si bien à la cadence musicale, que le défaut de rimes s'enfuit inaperçu. Comme l'Alceste de Molière, je pourrais vous citer une infinité de ces chansons d'invention enfantine ou populaire, et l'honneur français, compromis par l'ignorance de nos instituteurs en versification, serait à l'instant réhabilité. Je me bornerai donc à quelques exemples, en les faisant précéder par un couplet de Guis (dit *Guy*), seigneur de Cavaillon, troubadour du xi° siècle, composant *les mots et les notes*. J'emprunte cette expression au roi poète et musicien Richard Cœur-de-Lion.

> Quănd | tĕ mă | rĭ-dă | răs, |
> A | vīsă | quău prĕn | drăs ; { *bis.*
> Lă | prĕndrăs | joŭina,
> | Loŭ coŭguïĕu | căntă | ră ;
> Lă | prĕndrăs | vīeĭă,
> | Oŭră dă | gĕă căn | tă.
> | Faĭ, faĭ, | faĭ tĕ lŏu | tĕgnĕ | blŭ, păn | tŭrlă,
> | Faĭ, faĭ, | faĭ tĕ lŏu | tĕgnĕ | blŭ.
>
> *Sirvente sur le mariage.*

Cette chanson, d'une originalité merveilleuse à l'égard des paroles et de la musique, est maintenant allongée ; et, parmi les nombreux couplets, trois seulement appartiennent à Guis ; ils nous ont été conservés par la tradition, de portefaix en portefaix ; les autres couplets sont d'une époque récente. La musique,

---

(1) De *soldat* on avait fait *soudard* ; de *soudard*, *soudrille*, qui, par aphérèse, devint *drille*, et cette dénomination fut appliquée aux soldats les plus joyeusement spirituels et galants, aux loustics de chaque régiment, dont ils étaient les bardes, improvisant des chansons de circonstance, inspirées à l'instant par toutes sortes d'aventures et de sujets.

l'une admirable cadence, d'une mélodie étrange, incisive, porte
a signature du xi° siècle. On la trouvera dans le *Recueil de
musique*, formant le cinquième volume de mon *Histoire des
Thédtres lyriques de Paris*, sous le numéro 13.

J'ai supprimé deux vers drôlatiques servant de prélude à tous
es couplets, la traduction en eût trop facilement soulevé le
voile. Le refrain, en deux vers qui les termine, est, comme
:eux d'Olivier Basselin, sans rapport avec le texte; c'est une
:spèce de *la faridondaine, la faridondon.* Voici le mot à mot
lu couplet cité :

> Quand te marieras,　}*bis*
> Avise qui prendras ;　}
> La prendras jeune,
> Le coucou chantera ;
> La prendras vieille,
> Aura déjà chanté.
> Fais te le teindre bleu, coureuse,
> Fais te le teindre bleu.

Afin de ne pas laisser perdre ce monument curieux de la
musique des troubadours, j'en ai mis le prélude, la cantilène
:t le refrain sur d'autres paroles. En la faisant chanter aux
ıventuriers que Du Guesclin conduisit en Espagne, je ne m'é-
.oigne pas de l'époque où Guis l'écrivait, et je conserve à la
mélodie sa franchise, sa couleur moyen-âge. Soyez certain que
es Grandes-Compagnies ont chanté le sirvente de Guis.

Du Guesclin et les Grandes-Compagnies, 1366.

Prélude.

| C'ĕst l'ĭns | tănt dĕ păr | tīr,
D'ăl | lēr, dĕ cŏu | rīr
Aŭx | cămps, ă lă | gŭerrĕ;
| Ils noŭs | dŏnnĕnt sŭr | tĕrrĕ
Hŏn | nĕurs ĕt fŏr | tŭne, ă | moŭrs ĕt plăi | sīr. |

Couplets.

Dĕ | lă jŏy | eŭse ĕn | trĕĕ
Qu'ŏn | făit ău | bătaïl | lŏn,

Lă | fête ĕst | cĕ-lĕ | brĕĕ
Aŭ | cōmptĕ | dŭ tăil | lŏn.
Chè | re ēxcĕl | lĕntĕ, |
| Vĭns dĕ tŏus | lĕs pă | ys,
Gaì | té brĭl | lăntĕ
| Et choĕur dĕ | bōns ă | mĭs.
| Glōĭrĕ! |
| Aŭ făvŏ | rĭ dĕ | la vĭc | tōĭrĕ! |
| Dŭ vĭn, |
| Et vĭvĕ | Dŭ Guĕs | clĭn!

Du soin de la cuisine
Faut-il nous occuper?
Là fume la cantine
Où cuit un bon souper.
D'un air affable,
Il faut, la dague en main,
Nous mettre à table
Auprès du châtelain.
            Gloire!, etc.

Demain forçons l'étape,
Allons à-n-Avignon,
Pour obtenir du pape
Un absolu pardon.
Le très-saint père,
Touché de nos vertus,
Nous va parfaire
Huitante mille écus.
            Gloire!, etc.

Les Grandes-Compagnies,
Quittant ces régions,
Partout seront suivies
De malédictions.
Mais notre guide,
A bon droit admiré,
Sage, intrépide,
Partout est vénéré.
            Gloire!, etc.

> L'Espagne nous appelle,
> Allons-y guerroyer;
> Périsse l'infidèle,
> A mort jusqu'au dernier!
> Et la couronne
> Qu'un assassin porta,
> Bertrand la donne
> A qui la mérita.
> Gloire!, etc.
> Au favori de la victoire;
> Du vin,
> Et vive Du Guesclin!
>
> C'est l'instant de partir,
> D'aller, de courir
> Aux camps, à la guerre;
> Ils nous donnent sur terre
> Honneurs et fortune, amours et plaisir.

Bien que les vers de Guis soient inégaux, le rhythme iambique est parfaitement conservé dans le sirvente de ce poète. J'ai reproduit ce rhythme avec exactitude. Un *bis* en tête d'un couplet le frappe de langueur, j'ai substitué quatre vers aux deux écrits dans l'œuvre originale, afin d'annuler cette répétition. Redit à la fin du sirvente, ce prélude y devient ritournelle.

Voilà pourtant comme nos troubadours mesuraient leurs vers, au xi° siècle! Dans les dix-huit cent mille chansons ou cantiques de nos prosateurs rimants, trouverait-on une pièce, un couplet chantable, un couplet rhythmé, cadencé comme ceux de Guis, seigneur de Cavaillon?

Chansons de Soldats.

> Quǎnd lĕ | bŏn prīnc' d'Ŏ | rǎngĕ
> Vit Bourbon qu'était mort,
> Criant, saint Nicolas!
> Il est mort, sainte Barbe!
> Jamais plus ne dit mot,
> A Dieu *rend*it son ame,
> Sonnez tous à l'assaut,
> Sonnez fifres, trompettes!

Approchez vos engins,
Abattez ces murailles;
Tous les biens des Romains
Je vous donne au pillage.

1527.

— Les drilles de notre armée, soldats d'un certain génie qui n'épargne personne, lui firent à ce sujet une chanson. La voici :

| Bŭlŏn | de ă sĭé | gé Cŏ | nĬ,
Mais il en est déguerpi
Sans tambour et sans trompette,
Faisant laide pirouette.
Lăm | pŏns, lăm | pŏns,
Cămă | rădĕs, lăm | pŏns.»

COURTILZ DE SANDRAS, *Mémoires du marquis de Langallery*, page 134.

Chanson de valets de chiens.

Lă | bēte ĕst sŭr | cŭ,
Les chiens l'ont forcée;
Accourez, fanfare,
Allons la piquer.
Sonnez l'halali,
Pour *que*, galoppant,
Le *chasseur* arrive
Ici promptement.
Mangeons les patés,
Buvons le macon,
Trinquons, mes amis,
Vidons ces flacons.
Huez tous les chiens,
Alerte, piqueux!
Faisons la curée,
Offrons les honneurs!

De rares imperfections n'empêchent pas de reconnaître dans ces trois chansons, un sentiment précieux de la mesure poétique. Remarquez, s'il vous plaît, que, dans la dernière, les rimes féminines sont élidées afin de donner au rhythme plus d'énergie, d'aplomb et de vivacité.

> Si le roi m'avait donné
> Paris, sa grand'ville,
> Et qu'il me fallût quitter
> L'amour de ma mie;
> Je dirais au roi Henri :
> Reprenez votre Paris,
> J'aime mieux ma mie, ô gué!
> J'aime mieux ma mie.

« Si la rime n'est pas riche, comme le dit Alceste, elle est du moins à son aise; et c'est ainsi que les poètes français devraient toujours rimer : ils diraient beaucoup moins de sottises.

Quitter et *donné, mie* et *ville*, sont des rimes assonnantes que nous devrions admettre. Les Espagnols les emploient fréquemment.

> | Aū clair | *de* lă | lūnĕ,
> Mon ami Pierrot,
> Prête-moi ta plume
> Pour écrire un mot.
> Ma chandelle est morte,
> Je n'ai plus de feu;
> Ouvre-moi ta porte,
> Pour l'amour de Dieu!

Je défie que l'on trouve dans nos *Anthologies,* dans tous nos *Almanachs des Muses, Chansonniers de Graces* ou *des Buveurs,* dans les œuvres immenses de nos rimeurs de chansons, un seul couplet aussi bien mesuré. C'est un vrai chef-d'œuvre, on n'y rencontre qu'une faute! Encore une chanson que la tradition nous a conservée, et qu'on n'oubliera de longtemps, parce qu'elle est d'un rhythme parfait. Si les cantilènes basques et béarnaises, que nous chante le ténor Pascal Lamazou, sont accueillies avec une si grande faveur, c'est qu'elles séduisent par leur cadence gracieusement sévère. Les meilleures de ces chansons appartiennent au poète Augustin Chaho, de Bayonne. L'idiome sonore des Basques ne ferait aucune impression agréable sur nous, s'il n'était mis en œuvre par un poète lyrique réel, un poète inventeur, mesurant ses vers comme faisaient Pindare, Klopstock et Métastase.

Si je rappelle ici la chanson de Maître Adam, c'est pour vous en donner le début véritable, authentique, et sa rime fort originale, dont on usait encore au commencement du xviiᵉ siècle.

> Aussitôt que la lumière
> Vient redorer nos coteaux,
> Pressé d'un desir de bouère,
> Je caresse mes tonneaux.

Ce qui n'empêchera pas le même auteur d'écrire, en son *Epître à Gérard :*

> Puisque le grand abbé, l'appui de notre gloire,
> Trouve un crime en disant quatre lignes sans boire.

Chanson de Paysan.

> Il | ĕtăit ŭn p'tĭt | hŏmme
> Qŭi | s'ăpp'lăit Güĭllĕ | rĭ,
>   Cără | bĭ ;
> Il | allait à la | chasse,
> A | la chasse aux per | drix,
>   Cără | bĭ,
>   Tŏ | tŏ,
>   Cără | bŏ ;
>   Măr | chănt
>   Cără | băn ;
> Cŏm | pèrĕ Guĭllĕ | rĭ,
> Te | laĭrrăs | tŭ, tĕ | laĭrrăs | tŭ
> Te | laĭrrăs | tŭ mŏu | rĭ' ?
>
> Il monta sur un arbre,
> Pour voir son chien couri',
>   Carabi ;
> V'là *que* la branche casse
> Et Guilleri tombi,
>   Carabi, etc.

Béranger a fait son *Petit homme gris* sur ce modèle, dont il n'a pas suivi le rhythme. Le poëte y frappe à faux comme dans ses meilleures chansons.

Citons enfin, citons les vers adroitement fabriqués, improvisés par des bambins :

Que leur astre, en naissant, avait formés poètes.

— Lă | tŏur, (1) prĕnds | gărdĕ   (bis.)
Dĕ | te laĩsser ă | băl'.
— Je n'aurai garde   (bis.)
De me laisser abat'.
J'irai me plaindre
Au duque de Bourbon.
— Mon duc, mon prince,
Je viens me plaindre à vous.
Votre cher fisse
Veut abattre la tour....
— Mon capitaine,
Mon colonelle,
Que me demandez-vous ?
— Un de vos gardes
Pour abattre la tour.

Direz-vous que ces mots *abat'*, *duque*, *fisse*, *colonelle*, prenant ou perdant tour à tour une syllabe afin de se caser dans
le vers, ne sont pas des licences éminemment poétiques, inspirées par un sentiment naturel, instinctif de la cadence, de cette
symétrie de temps que l'oreille desire, sollicite, exige à tout
prix ? Ces mots ainsi tronqués, allongés, rétrécis, étirés, ces-
sent-ils d'être parfaitement intelligibles ? N'est-ce pas ainsi que
les poètes italiens procèdent en leurs plus belles compositions ?
Duc, abattre, fils, colonel, ne changeront de physionomie que
sur le papier; l'oreille ne manquera pas de les reconnaître lorsqu'il faudra prononcer *duque*, *abat'*, *fisse*, *colonelle*. Serez-
vous assez difficile pour demander que ces vers riment d'une
manière plus riche et plus régulière ?

Un et | dĕux et | trŏis,
Cărŏ | lé mĭ | rŏis;
Quĩ sŏnt | făites,
Cărŏ | lĕttes;
Mon petit chien blanc,

—————————

(1) La tour de Bourges, abattue pendant les troubles de la Fronde. Voyez
les *Mémoires de Mlle de Montpensier*, 1651.

Qui me vient devant.

Mon compère,

Ma commère,

Mon amant, va-t'en.

Ces couplets et ceux que j'ai pris aux soldats, aux paysans, aux valets de chiens, vous ont montré les artifices ingénieux de notre ancienne langue poétique. *Com, hom, quel', comic, tragic, pry*, etc., par apocope, étaient substitués à *comme, homme, quelle, comique, tragique, prie*; et ne perdaient rien de leur physionomie sonore. *Grand' mère, grand' messe, grand' salle*, pour *grande mère, grande messe*, etc., nous sont restés.

Laissera, donnera, vérité, dureté, hardiement, gaîeté, conservant leur finale dure, portant l'accent, étaient abrégés intérieurement par syncope et devenaient *lairra, donra, verté, durté, hardiment, gaîté*, d'où nous sont restés *hardiment, gaîté, prîra, joûra, paîra, marîra*, etc., pour *priera, jouera, payera, mariera*, etc.

Fallait-il une syllabe de plus pour compléter le vers? on allongeait le mot par diérèse ou par épenthèse, et l'on disait *é-u, évu* même, au lieu de *eu, chaussé-ure, ro-îne, tra-iner, praérie, chaéne, pa-on* ou *pavon, derrenier, soupeçon, larreçin, perderai, renderai, sé-oir*, d'où nous est resté le participe *séant*.

Molière a pris une heureuse licence de ce genre quand il a dit dans *les Fâcheux*, acte II, scène VII :

Je pousse et je me trouve en un fort à l'écart,

A la queu' de nos chiens, moi seul avec Drécar.

— Un bon poëte n'est pas plus utile à l'État qu'un bon joueur de quilles, » disait Malherbe; en France il l'est moins, puisque le joueur de quilles, ayant l'habitude, l'adresse de viser, de pointer, de tirer juste, on emploierait son talent à l'armée. Tous nos *bons* poëtes n'ont pu réussir encore à faire une chanson que nos soldats puissent dire et marcher; si nos braves en ont de chantables c'est qu'ils les ont composées. Le Chant du départ, de l'académicien Chénier, est une merveille d'ineptie prosodique : tout est boiteux, rampant, estropié dans cette prose rimée. Le bel air de Méhul, ne pouvant s'accommoder en aucune manière de ces hémistiches discordants, on le débarrassa bientôt des paroles qui le torturaient, et l'orchestre seul en fit sonner la mélodie belliqueuse et fière. C'est à peu près ainsi que l'on exécute nos opéras aux théâtres : les paroles y sont restées, mais un orchestre officieux s'empresse de nous les dérober, en jetant son voile sur la rimaille grimaçante des *bons* poètes.

Nos orchestres militaires étaient fort mauvais en 1750; aussi, pendant la guerre avec le roi de Prusse, les paysans de Bohême, d'Autriche et de Bavière, tous musiciens ou sensibles à la musique, ne pouvant croire que des troupes réglées eussent des symphonistes maladroits, une harmonie discordante à ce point, regardèrent nos vieux régiments comme des recrues assemblées à la hâte et les méprisèrent. On ne saurait calculer à combien de braves soldats ces instruments faux et ces musiciens ignorants coûtèrent la vie. Et les Allemands ne pouvaient comprendre nos chansons et juger de leur barbarie !

Dans l'appareil de la guerre, rien de ce qui frappe les sens ne saurait être négligé sans péril.

— Si le roi de Prusse a dû quelques-uns de ses succès à la célérité de ses marches, il en doit aussi plusieurs à sa musique brillante et guerrière, » dit Raynal.

Depuis Tyrtée, Alcée, Ossian, etc., jusqu'au poète des *Chasseurs de Lutzow*, Kœrner, dont l'illustre Weber musiquait les vers énergiques, tous les peuples ont eu des bardes composant des chants de guerre qui s'adaptaient à l'esprit, à la marche des combattants. Taillefer entonna la Chanson de Roland à la bataille de Bouvines. Gleim, que l'on surnomma *le Tyrtée prussien*, était le barde élu, favori de Frédéric II.

— On a vu, pendant les campagnes du roi de Prusse en Allemagne, des essais de poésie lyrique approchant de celle des Grecs : ce sont des chants militaires, non pas dans le goût soldatesque, mais du plus haut style de l'ode, sur les exploits de ce héros. La poésie moderne n'a point d'exemples d'un enthousiasme plus vrai; et de pareils chants, répétés en chœur avant une bataille, après une victoire, même à la suite d'un revers, seraient plus éloquents et plus utiles que des harangues. » MARMONTEL, *Mélanges de littérature*, au mot Poésie.

Pourquoi n'aurions-nous pas aussi des chants de guerre? —
C'est, dira-t-on, parce qu'ils doivent être en vers, et que nos
bons poètes n'écrivent qu'en prose. » La raison ne me semble
pas suffisante. Si les poètes défaillent, un musicien se chargera
de ce travail ; il offrira même à nos armées une centaine de
chansons de caractères différents, et plusieurs cantiques belli-
queux pour les cérémonies où le chœur de nos soldats peut
figurer avec le plus grand honneur. Ces airs, ces cantiques, dont
la musique est empruntée le plus souvent à des chefs-d'œuvre,
écrits pour deux ténors et deux basses, vont sonner, marcher
avec un éclat triomphant, un aplomb militaire ; et nos orphéons
seront ébahis de chanter enfin, enfin ! des vers mesurés,
rhythmés, cadencés, fraternisant *toujours* avec la musique.

Revenons au Chant du Départ, nous le contemplerons dans
toute sa difformité. Je ne veux pas que vous me croyiez sur
parole.

Écrit en prose pompeuse et bien rimée, ses strophes renferment de belles pensées, mais leur coupe est diamétralement
opposée aux exigences de la mélodie. Les alexandrins ne sauraient figurer en entier dans une incise de phrase musicale,
Méhul les a coupés en deux ; par ce moyen, que la nécessité lui
prescrivait, ces versicules ne riment plus, et les chutes dures
produites par ces tronçons de vers amènent des silences fâcheux, des trous dans la mélodie. Cette absence de vers féminins frappe de langueur l'ode que Rousseau (Jean-Baptiste) a
tirée du psaume 145, *Mon ame, louez le Seigneur.* Deux féminines y sont maladroitement serrées entre six consonnances
dures. Les vers les plus harmonieux deviennent de la prose
rampante sous la plume du musicien, quand le poète n'a pas
rhythmé ses stances.

> Lă Vĭct | ōire ĕn chăn | tănt nōus | oŭvrĕ | lă băr | rière,
> Lă Lĭbĕr | tĕ | guīdĕ nŏs | păs,
> Et dŭ | nōrd ău mĭ | dĭ lă | trōmpĕt | tĕ gŭer | rière.
> A sōnnĕ | l'hēu | rĕ dĕs cŏm | băts.

Le premier vers est bon, tout le reste est d'une effroyable
discordance ; *la trom... petteu*, *l'heureu*, quelles cacophonies !

On voit que rien n'est symétrique dans ce début, pas même son irrégularité contrariée par le second distique. Un lecteur lisant cette prose prendra des temps, observera les points et les virgules, afin de rendre l'idée du parolier en faisant sentir l'effet des rimes et des césures. Le musicien est obligé de se régler sur les lois immuables de son art, et, démolissant l'œuvre littéraire, il va chanter avec Méhul :

La Victoire en chantant (*Un, deux trous.*)
Nous ouvre la barrière,
La Liberté guide nos pas; (*Un, deux trous.*)
Et du nord au midi (*Un, deux trous.*)
La trompette guerrière
A sonné l'heure des combats.

Il n'y a plus de vers, si toutefois il y en avait, plus de rimes, et les repos masculins qui foisonnent en ces débris tortus et boiteux, portent la langueur dans la partie vocale en laissant des mesures à moitié vides. Méhul a senti qu'il fallait remplir ces trous, ces lacunes vocales, avec des entrées d'orchestre, des imitations jetées largement dans la partie de basse; mais un air patriotique est fait pour être dit en plein vent et sans l'appui de la symphonie. Les voix sont alors isolées, privées d'un secours précieux, indispensable, et les trous se montrent de nouveau. Le gachis poétique de Chénier aurait pu se diviser en versets d'une dimension plus petite encore, si l'auteur l'avait cadencé. Le défaut de rimes n'aurait point offensé l'oreille.

Il est juste de dire que tout l'hymne de Chénier est fagoté de cette manière.

Sur quel plain-chant, parisien, chinois ou caraïbe, charrierons-nous les mots suivants?

Sur le fer, devant Dieu, nous jurons à nos pères,
À *nos épouses*, à nos sœurs,
À nos *représentants*, à nos fils, à nos mères,
D'anéantir les oppresseurs.

La Chanson de Roland, musique de Méhul, était chantée par l'excellent comédien Michot, dans Guillaume le Conquérant, drame

14

d'Alexandre Duval, 1803. Elle a fait le tour de l'Europe et
d'une partie de l'Afrique avec nos armées.

Duval était aussi maladroit que Chénier en sa prose lyrique.
Méhul s'est vu forcé d'abandonner dès le troisième versicule de
cette chanson, le rhythme énergique, noble et fier qu'il avait
adopté pour les deux premiers. L'ignorance du parolier contraint le musicien à débiter d'une manière ridicule, puisqu'elle
est bouffonne, le second membre de sa phrase, réponse que l'o-
reille voudrait trouver identique avec le premier.

> Où | vŏnt tŏus cĕs | prĕux chĕvă | liĕrs
> L'hŏn | nĕur ĕt l'ăp | pŭi dĕ lă | Frăncĕ? (*Excellent.*)
> | C'ĕst pŏur dĕ | fĕndrĕ | lĕurs fŏ | yĕrs,
> Quĕ lĕurs | brăs | ŏnt rĕ | prĭs lă | lăncĕ. (*Exécrable.*)

Après un début parfait, le parolier s'embourbe, patauge, et
le musicien est obligé de le suivre. Vous voyez qu'il est impossible de rencontrer des éléments prosodiques plus opposés que
ne le sont ceux des deux dernières lignes à ceux des deux premiers vers. Ces distiques inconciliables devaient pourtant concerter ensemble. Un paysan, un gamin, un valet de chiens, un
caniche même n'aurait pas commis cette faute d'académiciens.
Toute la chanson est aussi cruellement estropiée. Pour comble
de misère, le parolier, ayant pris les rimes à contre-mesure,
opère tous ses repos solennels, et le dernier par conséquent, sur
des syllabes muettes, *chevalerie*, *patrie*, ce qui ne conclut pas,
et sonne comme de la mie de pain dans un bonnet de coton.
Péroraison flasque, languissante, pour un hymne de guerre,
dont la fière énergie s'éteint au moment de frapper le grand
coup.

Les chansons faites par les soldats, les ouvriers, ont un
rhythme excellent que la nature dicte; ces compositeurs in-
cultes n'adopteraient jamais un groupe de versicules s'il ne
leur offrait les chutes cadencées et bien sonnantes, le pas symétrique et réglé, qui pour eux sont le premier besoin d'une
oreille sensible; d'une oreille que le prosaïsme atroce de nos
bons poètes n'a pas encore pu corrompre.

Les Français, dès longtemps accoutumés à l'effroyable dé-

ordre de leur musique vocale, s'animent en entendant les airs
accoutumés, que l'orchestre militaire a régularisés en les pri-
vant des paroles qui les dégradaient. La mélodie de ces chants
est pour nous pleine de souvenirs. Mais il faudrait se garder avec
soin de compter sur la puissance de nos airs patriotiques si l'on
voulait faire une révolution en Italie, en Allemagne ; leur effet
serait à l'inverse. Nous chanterions en vain : *Marchez*, *mar-*
chons; les Italiens, les Allemands resteraient en place ou recu-
leraient, parce que dans le fait nos airs ne marchent pas. Voyez
le Hourra des Chasseurs de Lutzow, de Kœrner et Weber, que je con-
fisque au profit de *la Marine française*, et dites-moi si cela file
à pleines voiles, vaux une hélice de mille chevaux.

La seule personne qui, s'étant avisée de la marche boiteuse
de la Marseillaise, ait eu recours au vrai moyen de faire comprendre la prose rimée de Rouget de l'Isle, c'est Mlle Rachel.
L'éminente comédienne l'a dite comme elle disait la prose de
nos tragédies, en ayant soin pourtant d'y mêler des intonations
musicales. Sa mélopée énergiquement expressive, son récitatif
bien pensé, bien conduit, gouvernant le discours d'après le
sens grammatical, évitant les ressauts, les cacophonies, et mé-
prisant tout ce qui pouvait rappeler que l'auteur s'était proposé
d'écrire des vers, cette mélopée obtint un succès prodigieux. Le
public saisit l'intention de la virtuose et l'applaudit avec enthousiasme. Mlle Rachel s'éloignait de la diction de Talma, de
Mlle Dumesnil, pour s'emparer du chant récité des acteurs de
notre ancien opéra. Tous les vers devenaient réguliers quand ils
étaient modulés *ad libitum*, *a piacere*, à volonté par Jéliotte,
Chassé, Mlle de Fel ou Mlle Le Maure. Plus de rhythme, plus
de mesure, n'ayant pour chef d'orchestre que l'inspiration du
moment; avec de pareilles concessions, l'acteur a le temps de
mettre d'aplomb la rimaille estropiée des Sedaine, des Duval,
des Planard et de leurs émules. C'est ainsi qu'il faudrait réciter
nos opéras, nos cantates, nos romances, nos cantiques; tout
serait compris à merveille. Désaugiers ne disait pas autrement
ses chansons.

Lorsque les Français auront accepté les bienfaits de la civilisation poétique, sera-t-il possible de leur faire croire que les deux vers suivants d'une combinaison de pieds, de rhythme, de mesure si différente, que ces deux vers antipathiques s'il en fût jamais! aient été composés pour être chantés sur un même début mélodique ?

Al | lŏns, ĕn | fănts dĕ | lă pă | trĭĕ,
Qŭel | le ĕst cĕttĕ | hŏrdĕ d'ĕs | clăvĕs?

Et c'est un musicien, armé de son violon, chantant et s'accompagnant pour ajuster sa prose rimée sur un magnifique *lied* allemand qu'il avait sous les yeux; c'est un musicien qui n'a pas reculé d'horreur en écrivant la réponse du sujet qu'il venait de noter, type choisi dont il ne devait pas s'écarter. Si la chanterelle de son violon était aussi fausse que son oreille, on devait s'apitoyer sur le sort de ses auditeurs.

Ces mots *chăntŏns*, *mărchŏns*, *cĕlĕbrŏns*, tant de fois employés dans nos opéras, nos chansons, et tour à tour estropiés (1) ou présentés avec leur notation régulière, prouvent que nos paroliers sont d'une insensibilité complète à l'égard de la mesure et de la cadence des vers. Frapper d'aplomb ou bien toucher à faux est pour leur oreille une seule et même chose. Vous ignorez le mécanisme, l'anatomie de notre langue française, on doit vous le pardonner, indulgence plénière, nos académistes n'en savent pas plus que vous sur ce point capital; et dans nos collèges aucun professeur n'a reçu la mission de vous en instruire. Vous êtes des routiniers, je le sais, on le voit; mais un routinier intelligent et malin fait souvent aussi bien que les plus instruits. Il voit, il entend, il saisit et copie.

Après avoir entendu six cent mille fois le refrain de la Marseillaise, est-il possible que vous preniez à contre-poil, à contre-mesure *mărchŏns* si bien prosodié, lancé victorieusement avec

---

(1) Voyez, pages 130 et 152 de ce livre. L'emploi le plus grotesque et le plus réjouissant que l'on ait fait du mot *chantons* se trouve dans le superbe chœur en ut, *La terre, le ciel*, de la Création, oratoire de Haydn, traduit par le comte de Ségur. Cette misérable version jouit de la faveur de nos virtuoses, on la chante au Conservatoire! La traduction de Desriaux, édition de Pleyel, doit être préférée.

ant d'énergie par l'hymne de Rouget de l'Isle? Copiez, sachez
opier, et dites-nous ce mot comme vous l'avez entendu pro-
oncer. Les couplets de la Marseillaise sont pitoyables à l'égard
lu rhythme et de la mesure : c'est de la prose dissonante, ram-
ante et grimaçante; mais les iambes du refrain doivent être
idmirés, aussi tout l'effet de cette chanson célèbre était-il dans
on refrain. Elle marchait alors et d'un pas ferme et vibrant,
lle chantait en vers et frappait fort et juste. Si l'accord parfait
le la musique et des paroles arrivait un peu tard, il éclatait du
noins au bon moment.

Aûx | ārmĕs, | cĭ-tŏy | ēns, fŏr | mĕz vŏs | bātăil | ōns;
Măr | chōns, qŭ'un | săng ĭm | pūr ă | brēuvĕ | nŏs sĭl | lōns.

Sillons est une de ces drôleries que la rime commande et ne
ustifie point. *Mărchōns*, répété par la musique, devait être plus
acilement remarqué; son excellente prosodie aurait dù laisser
ine empreinte ineffaçable dans la mémoire de nos paroliers.

De toutes nos chansons républicaines, impériales, royalistes,
t pro secundâ vice, républicaines, impériales, une seule est en
ers mesurés! c'est vous dire qu'elle est l'œuvre d'un homme
lu peuple. Ladret, chansonnier du pont Neuf, l'écrivit sur un
hème donné par Franklin, apporté d'Amérique par La Fayette,
t fidèlement! ajusta, calqua ses paroles sur une contredanse
le Bécourt, *le Carillon national* : contredanse que la reine Marie-
intoinette se plaisait à jouer sur son clavecin. Voici, pardonnez-
noi l'exhibition, voici les trop fameux couplets.

Ah! çă ĭ | ră, çă ĭ | ră, çă ĭ | ră!
Lĕs ărĭstŏ | crăt' ā | lă lăn | tĕrne;
Ah! çă ĭ | ră, çă ĭ | ră, çă ĭ | ră!
Lĕs ărĭstŏ | crăt' ŏn | lĕs pĕn | dră.
Si ŏn n' lĕs pĕnd | păs,
On lĕs rŏm | pră;
Si ŏn n' lĕs rŏmp | păs
On lĕs brūl' | ră.
Ah! çă ĭ | ră, çă ĭ | ră, çă ĭ | ră, etc. (1)

_____

(1) Pour les faits curieux relatifs à nos chansons historiques, voyez Mo-
lère musicien, tome II, pages 430 à 469.

Ladret se moque effrontément de l'hiatus, et se permet une
licence accordée à nos anciens poètes ; ils élidaient les pluriels
lorsqu'il leur convenait d'en agir ainsi. Témoin les couplets
suivants, où les pluriels, mis *in extenso* dans le premier, sont
supprimés dans le second.

> Adieu le champ, adieu les armes
> Adieu les archers et gendarmes,
> Adieu sourdines (1) et clairons,
> Puisqu'en paix nous en retournons.
> Adieu tabourins et trompettes,
> Adieu-z-enseignes et cornettes,
> Adieu pistol' et pistolets,
> Adieu cuirass' et corselets. 1578.

Pistoles et, cuirasses et. J'écris la lettre euphonique *z, adieu-
z-enseignes.* Le poète ne l'indiquait pas toujours ; il se fiait à
l'intelligence du lecteur, du chanteur surtout, prompt à l'ajouter
afin d'éviter l'hiatus. Voltaire reproche à nos anciens des
milliers d'hiatus, qui n'existaient pas, grâce à l'artifice des
lettres euphoniques. *Feu après fumée* dans la **Complainte de la
belle de Limeuil**, 1558, se prononçait *feu-z-après fumée ;* comme
on disait *le Pré-z-aux-Clercs.* Ces lettres euphoniques sont un
des trésors poétiques de la langue provençale. Le populaire provençal évite, sauve l'hiatus même dans la simple conversation,
au moyen de ces lettres.

> Soldats de Charité,
> Cessez votre rudesse ;
> Le cano' est préparé,
> Et la fleur de noblesse ;
> Il n'y a plus d'adresse
> D'avoir rémission ;
> Car il faut faire escampe,
> Quitter le bastion.
> **Chanson du siége de la Charité-sur-Loire, 1577.**

Comme les Latins, nos poètes élidaient alors les terminaisons
en *on. Le canon est*, devenait en chantant, *le canoest.* La mu-

---

(2) Trompettes à voix douce.

sique doit nécessairement briser les syllabes qui s'opposent à la marche du rhythme adopté.

Vous voyez à quelles sources il m'a fallu puiser, pour vous donner quelque chose qui ressemblât au moins prosodiquement à des chansons.

Vous connaissez l'effet immense des battements rhythmiques du tambour, et leur pouvoir sur l'ame des soldats. Une troupe est-elle fatiguée à l'excès, son chef ordonne aux tambours de battre la charge, et tout le monde se met au pas réglé par une mesure qui charme l'oreille, ranime la force et fait oublier la fatigue. Je citerai d'autres exemples, que mes observations sur l'anatomie de la musique m'ont fait recueillir.

Allez vous promener dans la rue des Lombards, où le *Berger fidèle* et son ancien, le *Fidèle Berger*, préparent les douceurs et les devises du jour de l'an : écoutez ces pilons qui frappent en cadence ; faites attention à ces droguistes qui tamisent le su- mac et le safran ; écoutez les chocs multipliés des tamis frap- pant sur une table ou sur un mortier. Chaque garçon a sa marche choisie, adoptée, son dessin rhythmique, et ce dessin sera conservé tant qu'il restera deux grains de poudre à pas- ser. Ce jeu musical, cette batterie réglée, cadencée, amuse l'oreille et vient occuper l'esprit, que l'uniformité fastidieuse d'un pareil labeur laisse dans un calme plat. Les forgerons battent le fer en cadence, mais ils y sont obligés, afin que chaque marteau frappe juste et se relève pour faire place à celui qui va le suivre ; tandis que l'épicier n'a recours au rhythme que pour se procurer une distraction, un vrai plaisir de dilettante.

Isaac Vossius, 1673, propose d'adjoindre des tambours maîtres à nos professeurs de versification française, pour leur apprendre enfin ce que c'est que la mesure, le rhythme, la cadence des vers. Il me semble qu'une commission, formée de garçons épi- ciers, suffirait ; du moins, elle procéderait à ses enseignements avec moins de fracas.

Permettez-moi de vous offrir une chanson de soldats, écrite pour le 10ᵉ régiment d'infanterie de ligne, dédiée à son colonel,

M. le comte de La Serre, et publiée à quatre voix, deux ténors et deux basses. Vous savez que les chansons de soldats veulent être marchées. Celle-ci fait aujourd'hui sonner les échos du Luxembourg, où ce régiment est en garnison.

CHANSON DE ROLAND.

Première chanson écrite en vers français depuis sept cents ans.

Vĕ | nēz, ă | mĭs, dĭ | saĭt Rŏ | lănd,
Courons, volons à la victoire;
Pensez toujours à votre gloire,
Bravant la mort, allons chantant :

    | Tērrĕ chĕ | rĭĕ
    | O mă pă | trĭĕ!
  A | tŏi, mă | vĭĕ;
  A | tŏi, mŏn | cœŭr.
    | Hĕurĕusĕ | Frăncĕ!
Noble alliance
De la vaillance
Et de l'honneur!
Vive la France,
Et l'empereur!

Un traître insulte à notre honneur,
Roland soudain punit l'offense;
Comme un éclair, il part, s'élance,
Il voit, il frappe, il est vainqueur.
    Terre chérie, etc.

— Combien sont-ils? — Pourquoi douter?
Le nombre ici n'importe guère;
Quand ils seront couchés par terre,
Chacun de nous les va compter.
    Terre chérie, etc.

Au champ fatal de Roncevaux,
Roland termine sa carrière;
Déjà privé de la lumière,
Sa faible voix disait ces mots :
    Terre chérie, etc.

Tremblez, perfides Sarrasins!
Viendra le jour de la vengeance;

Roland, tu veilles sur la France!
Ton glaive reste dans nos mains.

> Terre chérie,
> O ma patrie!
> A toi ma vie,
> A toi mon cœur.
> Heureuse France!
> Noble alliance
> De la vaillance
> Et de l'honneur.
> Vive la France,
> Et l'empereur!

Dans le troisième et le quatrième vers du refrain, j'ai recours au spondée pour donner à la pensée plus d'ampleur et de solennité; ces deux vers concertent ensemble, ainsi le rhythme est changé sans être rompu.

Maintenant, sur vos dix-huit cent mille chansons, prenez la plus belle, un chef-d'œuvre scintillant de pensées nobles, ingénieuses, charmantes, d'une élégance exquise. Choisissez un air qui lui convienne ou faites-en écrire un nouveau par le premier musicien de la terre; qu'un Duprez le chante *fidèlement*, sans en altérer, dégrader la mélodie par des variantes, des mutilations, des entorses déplorables; je dirai ma *Chanson de Roland*, et nous verrons qui saura l'emporter. Dès le premier couplet, votre chef-d'œuvre littéraire sera torturé, fracassé, démoli; plus de sens, d'harmonie, d'esprit, de forme, et partant plus de poésie, un mélange de syllabes inintelligible. La musique vous aura terrassés, aplatis; la musique va m'élever sur son pavois : elle m'a chanté, me voilà devenu poète : Goethe vous l'a dit. Toutes mes paroles, frappant d'aplomb, sonnant à merveille, l'auditoire surpris, enchanté de comprendre enfin le texte d'un air français, applaudira cette nouveauté, ce prodige, hélas! bien vulgaire et pourtant inouï jusqu'à ce jour : *la première chanson française écrite en vers, depuis sept cents ans!*

Voyez, cherchez, feuilletez, et soyez assez aimables pour me dire si vous en connaissez une autre, dont la date soit anté-

rieure au 10 juillet 1856, jour du dépot de ma *Chanson de Roland* fait au ministère.

Nos opéras contiennent beaucoup de chansons, de romances,
dont les airs ont été composés pour leurs paroles, ce qui ne veut
pas dire qu'on puisse chanter ces mots ou les comprendre lorsqu'on les entend chanter. Le Pré-z-aux-Cleres est représenté depuis vingt-six ans, tout le monde connaît cet ouvrage charmant,
et je défie le monde entier de me dire deux mots de la chanson
à boire du troisième acte. Il faut nécessairement recourir à la
partition si l'on veut avoir enfin l'explication de l'énigme. On
voit alors ces deux versicules ébouriffants :

> Ils vont *jou*.....*er* leur vie,
> *Nous jou*.....*ons* leur argent.

Quand on a fourré cet hiatus régulier *jouer* dans un vers,
comment ose-t-on le reproduire à l'instant? Et ces paroles devaient être musiquées, chantées, ou du moins bredouillées !
Une chanson doit pouvoir être dite sans accompagnement ;
celle-ci ne vous permet pas cette licence. Au bout de l'aune
faut le drap ; n'ayant point assez de paroles pour sa mélodie,
Hérold en a fait exécuter les premiers temps par l'orchestre.
S'il avait supprimé toute l'incommode rimaille, sa musique
instrumentale ne serait plus offusquée, assourdie, étouffée par
les hoquets, les bâillements convulsifs des choristes forcés de
mettre en pièces des mots pris à contre-mesure et devenus iroquois. Cette chanson de soldats est d'une originalité parfaite,
d'un rhythme victorieux au point d'écraser les paroles, de nous
en dérober l'atroce discordance ; brutalement pittoresques, les
harpèges des violonars renversent tout ce qui voudrait s'opposer
à leur passage. Ces harpèges frappent à faux plus d'une fois,
n'importe, la puissance du son générateur régularise tout.

Lorsqu'un air parolièrement barbare me plait, me séduit par
le charme, la beauté de sa musique, je me hate de le dépouiller
de ses haillons, afin de lui donner des vers bien sonnants écrits
pour mon usage particulier. Voici comment la jolie chanson du
Pré-z-aux-Cleres figure sur mon répertoire :

Bŭ | vŏns ă | tĭrĕ- | lărĭ | gŏt,
Plaisir, gaité, bombance,
Est-il gaillard qui puisse en France
Autant que nous humer le piot?
        Au choc de la bouteille,
        Nouveau desir s'éveille.
    Buvons à tire-larigot,
    Plaisir, gaité, bombance,
        Vit-on jamais en France
        Fluter ainsi le piot?
Dans le verre comme il brille,
C'est la mousse qui pétille,
Tourbillon délicieux!
Dans ce verre l'on se mire,
Quel délire! il ya séduire
L'odorat, le gout, les yeux.
Buvons, etc.

Cette dernière partie est empruntée au trait des premiers violons.

Si je quitte un jour l'emploi de ténor pour celui de Betzy, de Dugazon-Corset, je m'ajusterai la chanson de soprane du même Pré-z-aux-Clercs, mélodie charmante, affublée de mots discordants, véritable machefer prosodique.

Le public est intelligent; s'il n'a pu comprendre encore ce que les buveurs du Pré-z-aux-Clercs lui chantent depuis vingt-cinq ans, c'est aux versicules du parolier qu'il faut l'attribuer. Aussi condamne-t-il ce galimatias pour exalter les couplets suivants des Mousquetaires de la Reine. Il les applaudit et les croit réguliers parce qu'il en saisit le sens, et que son oreille est trop dure pour en remarquer les dissonances. L'auteur y montre l'intention de faire bien, ses couplets ont une apparence de régularité qui séduit l'auditoire tellement ami du rhythme, qu'il accepte sans réflexion les informes essais tentés pour lui plaire. Critiquer les ordures des traducteurs ne mènerait à rien; mais l'examen raisonné d'une pièce que plusieurs acceptent comme bonne parce qu'elle semble l'être, ne sera point inutile à nos paroliers aspirant au titre de *poète*.

Păr | mĭ lĕs guĕr | rĭers
Et | lĕs chĕvă | lĭērs
Dŭ | brĭl..... lănt tŏur | nŏi.

Le rhythme, si bien établi par les deux premiers vers, est
brisé par le troisième. Les chevaliers *du bril* sont inconnus en
France. Les chevaliers du Gril ont peut-être existé du temps de
Philippe II à l'Escorial. *Brillant* est un iambe qui porte l'accent sur sa dernière syllabe, mettre cet accent sur la première,
c'est couper en deux, ralentir un mot qui doit être vivement
expédié. Le rhythme adopté demandait un trokée, tel que *rŭdĕ*,
rĭchĕ, *nŏblĕ*. Ce dernier mot peut être admis.

> Du noble tournoi,
> Pour suivre la loi.

Pour suivre est une locution dangereuse en musique. Le
chanteur ne saurait modérer son allure afin de marquer la
nuance qui distingue ces deux mots du verbe *poursuivre*. *Pour
suivre* est d'ailleurs très dur à l'oreille; essayons de l'adoucir,
d'enlever l'amphibologie.

> Du noble tournoi,
> Soumis à la loi,
> Nous al..... lons choisir...

Faute déjà signalée. *Allons,* autre iambe qui ne peut être
coupé sans déchirer le sens auditif. On n'a jamais dit: *Nous
al.....lons au bril.....lant tournoi.* Rentrons dans le droit chemin en écrivant :

> Allons-y choisir.

Halte-là ! je vois poindre un hiatus de vers à vers, le rhythme
est ternaire, pressant, *loi allons* nous jouerait certainement un
mauvais tour; doublons le pas afin d'éviter l'écueil,

> Courons-y choisir.

Armée d'un triple acier, une oreille universitaire, académique, ne s'alarme pas du tout de l'hiatus le plus fracassant,
lorsque les deux voyelles, prêtes à se donner l'accolade, sont
séparées pour l'œil! et fictivement, par les deux marges blanches
de la page. O musiciens de mares et de jonquiers, tritons bour-

beux d'eau douce, vous qui rimez pour l'œil, qui jugez à l'œil
d'abominables hiatus, on devrait bien vous payer *à l'œil !* Mille
pardons si je me sers d'une expression vulgaire et non encore
enregistrée dans le bulletin des lois académiques.

— Le roi est mort, vive le roi?

« Cette phrase est consacrée, vous ne pouvez la mettre en vers
avec cet hiatus. Comment ferez-vous? Imaginerez-vous, comme
Casimir Delavigne, d'écrire :

« Le roi n'est plus, vive le roi?

« Vous changez une phrase à laquelle on ne peut toucher, et,
qui pis est, vous détruisez l'antithèse. Il faut donc absolument :

. . . . « Le roi
                  Est mort, vive le roi!. . . »

Et c'est la *Prosodie de l'École moderne* qui nous propose cet
expédient ! Une facétie en appelle une autre. Le prince Talley-
rand dit : — Je viens de chez le bailli de Ferrette (maigre et
fluet de sa nature), il était dans sa chambre, où je le cherchais
en vain depuis un quart-d'heure. — Où diable s'était-il caché?
— Derrière sa canne. »

Mais revenons au tournoi des Mousquetaires.

> Courons y choisir,
> Au nom du plaisir,
> Celui qui desire
> Nous aimer, nous servir,

Cette dernière ligne est tellement antipathique à ce qui la précède, que le musicien n'a pu conclure sa phrase d'aplomb ; il
s'est vu forcé de rejeter hors du cadre ce personnage bossu,
tortu qui dégradait l'harmonie de son tableau. Ce malencontreux versicule reste le pied en l'air, quand tous les ballérins
sont revenus à leur place.

> Celui qui desire
> Aimer et servir.

eut complété la période à la grande satisfaction de l'œil et de
l'oreille. Continuons, en attaquant le second couplet.

> Toũt | dēpēnd sõu | vēnt,

est abominable, effroyable, exécrable, c'est à faire dresser les cheveux d'un Apollon de marbre, et pourtant l'auteur a trouvé les mots, ils y sont, mais il ne les a pas mis à leurs places.

Tout dé pend au fil qui l'attache.

Tout dé ne sert pas également pour broder, coudre, piquer ou border un feutre, des souliers.

Tout dé pipé ne sert pas le fripon sans erreur.

Tout dais n'est pas conforme aux lois de l'étiquette. Celui d'un souverain sera plus riche que le dais élevé dans le salon d'une duchesse ou d'un poète.

Tout dé....biteur peut être conduit à Clichy, etc.

Déplacez l'accent et vous tomberez dans un abîme d'erreurs, d'équivoques, de contre-petteries, de cuirs, de pataquès, inimaginable. Vous pourrez même arranger vos couplets de telle sorte, qu'un Laubardemont vous fera condamner au feu sans autre preuve que vos chansons.

Une infinité de couplets drôlatiques et satiriques n'ont d'autre résultat malicieux que la séparation d'une syllabe lancée isolément avant de la joindre au reste du mot dont elle fait partie.

> C'est un grand so, c'est un grand so,
> C'est un grand solitaire.
>
> Sur la rou, sur la rou,
> Sur la route de Chatou.

Ce jeu de mots, que l'accent frappé sur la syllabe détachée et formant un sens particulier rend incisif, viendra se glisser dans vos phrases les plus sérieuses; il y sera produit par une raison tout à fait opposée, le déplacement de l'accent.

On dira que je m'attache à des bagatelles; ne vous ai-je pas montré que ces minuties devenaient des colosses, et qu'elles seules marquaient l'immensurable distance qui nous sépare des nations poétiquement civilisées? c'est-à-dire du monde entier. Toutes ces nations, les sauvages mêmes! chantent d'aplomb, et les Français bredouillent au point de n'être pas compris de leurs parents, amis et connaissances.

Tout | dé..... pěnd sŏu | vēnt

est horrible à l'œil comme à l'oreille ; en faisant un chassé-
croisé, nous devenons à l'instant clair, limpide, énergique, harmonieux au suprême degré. Chantons :

> Sŏu | vēnt toŭt dě | pěnd
> D'ŭn | coŭp. .... d'œĭl sǎ | vǎnt.

Ici le rhythme choisi nous force de séparer deux mots, boulets ramés ne formant qu'un seul vocable. La mesure voudrait

> Souvent tout dépend
> D'un œil attrayant,
> Ou bien *de deux* mots
> *Qu'on lance* à propos.

Rhythme parfait, j'en conviens, mais *de deux* est dur, *qu'on
lance* est d'une sonorité peu satisfaisante. Si nos amants parlaient italien ou provençal, deux mots suffiraient : *V'amo* ou
t'amo, *v'ame* ou *t'ame*. Comme ils s'expriment en français,
trois mots sont nécessaires : *Je vous aime* ou *je t'aime*, et nous
en profiterons afin d'éloigner *de deux*. Nous chanterons plus
lestement, avec plus de grace :

> Souvent tout dépend
> D'un œil attrayant,
> Ou bien de trois mots
> Lancés à propos ;
> Sachons avec art
> Et comme un hasard
> Surprendre un sourire,
> Un regard.

Même irrégularité de cadence, même trouble dans la conclusion de ce couplet ; il fraternise avec le premier, ce sont deux
jumeaux tortus et boiteux. Malgré ma répugnance pour les mots
surprendre, *entreprendre*, *comprendre*, etc., que je voudrais
bannir de toute poésie chantée, n'ayant pas le temps de trouver
mieux que *saisir* ou *gagner*, je proposerai cette finale :

> Surprendre un sourire,
> Un mot, un regard.

Sept vers se mêlent à neuf lignes rimées dans ces deux couplets, c'est un progrès sans doute; mais nous sommes encore trop loin du but. Un vers bien sonnant frappe de ridicule ou de mort les lignes barbares qui le suivent ou le précèdent. Il faut absolument que tout marche au pas. C'est la *partie à suivre* que nous jouions au billard, et dont les vingt-quatre points devaient être pris d'un seul coup de queue ou du moins sans quitter cet instrument. Interrompue sur le vingt-troisième point, la série était annulée, on recommençait par un. Tout ou rien, et ce tout est bien facile quand on veut se tirer du bourbier académique.

Alignons nos iambes, nos anapestes impatients de s'élancer au pas accéléré sur le six-huit allègre d'Halévy. Comme *surprendre* est inchantable et que *saisir* s'accommoderait mal avec *sourire*, nous aurons recours provisoirement à *gagner*. *Fiat jus et pereat mundus*, il faut absolument que la musique du chant puisse être chantée.

> Păr | mĭ lĕs guĕr | rĭers
> Et les chevaliers
> Du noble tournoi,
> Soumis à la loi,
> Courons y choisir,
> Au nom du plaisir,
> Celui qui desire
> Aimer et servir.
>
> Souvent tout dépend
> D'un œil attrayant,
> Ou bien de trois mots
> Lancés à propos;
> Sachons avec art,
> Et comme un hasard,
> Gagner un sourire,
> Un mot, un regard.

Vous voyez que je ne prends aucun souci de la rime, accroc nuisible ou meuble parfaitement inutile dans les vers mesurés. Les amateurs de cette consonnance trouveront l'objet de leur affection casé régulièrement à la fin du septième vers du premier couplet, où *desire* prépare l'arrivée un peu tardive de *sourire.*

Les vers privés de rimes, qu'on appelle *vers blancs* et dont nos voisins font un fréquent usage, n'ont pu s'accréditer en France parce qu'on n'a pas eu soin de les rhythmer. Privés de rimes et de mesure, ces vers ne peuvent être que de la prose sans harmonie et sans mouvement.

ORPHÉON MILITAIRE,

PAROLES DE CASTIL-BLAZE, MUSIQUE DE DIVERS AUTEURS.

PREMIERS CHANTS FRANÇAIS ÉCRITS EN VERS DEPUIS SEPT CENTS ANS.

1. *L'Armée française*, musique de Weber, chœur de Robin-des-Bois.
2. *La Marine française*, Weber, Hourra des Chasseurs de Lutzow.
3. *Notre-Dame-de-la-Garde*, prière des marins, Weber, Obéron.
4. *Chanson de Roland*, Castil-Blaze.
5. *Du Guesclin*, Guis, dit *Guy*, troubadour du xie siècle.
6. *Turenne*, Lulli, Marche du régiment de Turenne, 1660.
7. *Chant de victoire*, Rossini, la Donna del Lago, chœur des Bardes.
8. *Actions de grâces*, Méhul, Uthal, hymne des Bardes.
9. *Bonne garde*, Beethoven, marche de Léonore.
10. *Nos humbles concerts*, cantique, Gluck, Écho et Narcisse.
11. *France chérie!* Händel, Fête d'Alexandre.
12. AVE VERUM, Mozart, marche religieuse de Il Flauto magico.
13. *Les Conscrits*, Sacchini, chœur d'OEdipe à Colone.
14. *L'Embuscade et le Combat*, Castil-Blaze.
15. *La Trompette*, Rossini, la Donna del Lago.
16. *Le Cor*, Weber, Preciosa, Euriante.
17. *L'Attente de l'ennemi*, Castil-Blaze.
18. *Les Philistins sont là*, air basque du xve siècle.
19. *Le Drapeau*, air ancien du Drapeau.
20. *La Charge*, air ancien du Pas redoublé.
21. *Après boire, à la rescousse!* Grétry, Anacréon, *Laisse en paix*, etc.
22. *A l'Aventure*, Castil-Blaze.
23. *Il file doux*, air ancien.
24. *Dieu que j'adore*, Castil-Blaze, Belzébuth.
25. *Le Vin de l'étrier*,   id.   id.
26. *L'Harmonica*,   id.   id.
27. *Aimons, buvons, chantons*, joyeuseté de Marsolier et Méhul.
28. *Triomphe*, Beethoven, V^e symphonie en *Ut mineur*.
29. *La Chasse*, Castil-Blaze.
30. *Les Croisés*, Weber.

XV

DE LA ROMANCE.

La romance ne diffère de la chanson que par les sujets qu'elle traite, par les sentiments affectueux et tendres qu'elle exprime. Elle se compose parfois d'un récit dont les détails servent à l'exposition du drame lyrique. Les romances de Joseph, de Cendrillon, de Zampa, de Guido et Ginevra, les couplets de la Dame blanche, de Fra-Diavolo, placés dans les premières scènes de ces opéras, n'ont pas d'autre destination. Une pensée philosophique présentée avec art, et qui ne tient point à l'action scénique, donne le sujet d'une romance chantée au repos dans une fête ou placée dans le dialogue; par exemple : *Femme sensible*, d'Ariodant (Méhul); *Voyez dans mon champêtre asile*, d'Épicure (Cherubini). D'autres fois la romance raconte une aventure, touchante, tragique même; telles sont les romances *Quand les moutons sont dans la bergerie*, de Florian, *Près de Barca, sur le nuage*, d'Uthal (Méhul). Dans cette dernière le poète reproduit, sous d'autres noms, l'épisode tragique de la Henriade, où d'Ailly tue son fils dans une bataille pendant la guerre civile.

Six cent mille romances ont été composées en français, et, pour en citer une dont les vers soient mesurés, dont les couplets, s'accordant entre eux, s'unissent parfaitement à la musique; pour en trouver une seule! il faut que j'aie recours à

l'ancien répertoire de l'Opéra-Comique. Tout le reste est un mélange affreux de mots discordants, assemblés au hasard, aussi
maladroitement fagotés, entassés que ceux de la délicieuse ro-
mance de **Richard-Cœur-de-Lion**, *U | nĕu fĭĕ | vrĕu brŭ | länte,* que
ceux de **la Marseillaise**, du **Chant du Départ**, de **la Parisienne**, etc.

Voici donc la romance du **Secret**, opéra comique d'Hoffman
et Solié (1796), tant de fois citée parce qu'elle était unique dans
son genre.

> Jĕ tĕ | pĕrds fŭgĭ | tive ĕspĕ | rănce,
> L'infidèle a brisé tous nos nœuds;
> Pour calmer, s'il se peut, ma souffrance,
> Oublions que je fus trop heureux.

> Toi qui perds un amant si sensible,
> Ne crains rien de son cœur généreux;
> Te haïr, ce serait trop pénible,
> T'oublier est encor plus affreux.

> Qu'ai-je dit? Non, jamais de mes chaînes
> Nul effort ne saurait m'affranchir :
> Ah! plutot, au milieu de mes peines,
> Conservons un si doux souvenir.

Avec les vers de neuf syllabes, dont la cadence est charmante,
il faut nécessairement aller au pas, suivre le rail; si l'une des
trois césures vient à manquer, tout l'édifice ébranlé s'écroule.
Voilà pourquoi nos paroliers n'usent point de ce rhythme élégant et lyrique par excellence.

L'auteur des *Djins* aurait dû placer les vers de neuf dans
le *crescendo* si bien conduit, partant d'une syllabe pour arriver
à huit. Le mètre de neuf manque à la gamme ascendante et
descendante de Victor Hugo, qui saute de tierce, et n'est plus
diatonique lorsqu'elle prend et quitte le nombre dix.

Le vers de onze syllabes existe, j'en ai reproduit plusieurs
exemples notables dans MOLIÈRE MUSICIEN, tome I, page 129.
M. Wilhem Ténint a cru le rencontrer à triple exemplaire dans
La Fontaine, et voici comme il présente cette moralité de **la Cour
du Lion**, fable :

Soyez à la cour, | si vous voulez y plaire,
Fade adulateur, | ni parleur trop sincère;
Tâchez quelquefois | de répondre en Normand.

Il est évident que le *ni* du deuxième vers signale au moins l'absence d'une première négation, si ce n'est de deux. Un accident typographique aura fait tomber les têtes de ces vers, privés chacun d'une syllabe. L'édition de Paris, Denis Thierry, 1678, ramasse, met en ordre les caractères perdus, égarés, et complète ainsi les alexandrins de l'illustre poète :

Ne soyez à la cour, si vous voulez y plaire,
Ni fade adulateur, ni parleur trop sincère,
Et tâchez quelquefois de répondre en Normand.

Cette moralité n'a-t-elle pas un air de famille avec le quatrain de Pibrac mis au jour en 1555?

Ne voise (vienne) au bal qui n'aimera la danse;
Ni au banquet qui ne voudra manger;
Ni sur la mer qui craindra le danger;
Ni à la cour qui dira ce qu'il pense.

Prosodie de l'École moderne, par Wilhem Ténint, ce titre me faisait espérer beaucoup; l'ouvrage qu'il annonce contient un chapitre bien raisonné sur la rime, et des préceptes ayant pour but le dérèglement de la prose rimée afin de lui donner une allure moins lourde. L'école moderne s'applaudit, je ne sais pourquoi, d'avoir inventé le vers brisé. Pour constater et s'approprier cette découverte précieuse, elle cite une infinité d'exemples tirés des œuvres de Racine, de Corneille, de La Fontaine, de Marot, de Molière, etc., autorités respectées, il est vrai, mais peu modernes. Le vers rompu, n'ayant pas de cadence intérieure, est de la prose trainante que l'acteur, que le lecteur doit pulvériser avec plus de facilité, voilà tout. Rendre la césure mobile, vagabonde, n'est-ce pas se plonger dans l'abîme de la prose? Pareil au mât d'un vaisseau, le vers rhythmé peut être impunément brisé, démonté sur toutes ses articulations. Les fragments de la prose rimée, dispersés à la suite de leurs césures fugitives, resteront dans leur inertie accoutumée;

aucun principe de vie ne sera prêt à rassembler ces membres
épars. Toutes vos brisures de vers offensent l'oreille parce
qu'elles n'ont aucun dessin, aucune symétrie. C'est de la prose
élégante, énergique, sonore quelquefois, mais toujours grimaçante. Vous parlez sans cesse de mètre, de cadence, de
rhythme, d'harmonie, de musique du style, et vous négligez de
mesurer votre discours! Savez-vous bien que la mélodie privée
de cadence, de rhythme, de mesure, est du récitatif; et que le
récitatif est de la musique en prose?

Vous scandez parfaitement ces anapestes de Racine :

Il sŭi | vāit toŭt pĕn | sīf lĕ chĕ | mĭn dĕ My | cĕnĕs;

et vous prêtez ensuite la même cadence à l'hexamètre de La
Fontaine :

Deŭx bĕ | lĕttĕs ă | pĕine aŭrăient | păs. . . sé dĕ | frŏnt.

Si les poètes disent : *aŭrăient | păssé*, les musiciens chantent
aŭrăient păssé. L'accent, déplacé brutalement sur ce point, et
sans observation qui justifie ou vienne excuser une pareille
dissonance, ne serait-il pas une précaution oratoire jetée en
avant pour nous faire adopter les éloges donnés à la prose superbe, charmante, d'Alfred de Musset, de Victor Hugo, de Lamartine, de Béranger, de J.-B. Rousseau même? poètes qui
semblent ne pas se douter de l'existence de l'accent. De l'accent,
pierre angulaire, base solide, unique de la poésie française, sans
laquelle nos vers ne sauraient où reposer leur tête.

Voici la notation musicale, vraie et seule admissible du vers
de La Fontaine :

| Dĕux bĕ | lĕttĕs ă | pĕine ău | răient păs | sĕ dĕ | frŏnt.

Les anapestes de Racine ont à moitié disparu.

M. Ténint emploie le mot *pied* quand il devrait écrire *syllabe*. Un pied est composé de deux syllabes; les vers qu'il range
parmi ceux de dix, de douze pieds, auraient donc vingt et vingt-
quatre syllabes. D'ailleurs, la prose rimée n'ayant pas de mesure,
ne saurait que faire des pieds métriques; purement syllabique
elle se compose de syllabes que le poète compte avec ses doigts;
le nombre voulu mis au point, l'auteur dit, sur un *ta* de poi-

trine; *complet!* en avant! et l'omnibus roule, boîte, verse ou
s'embourbe.

Citons, avec l'auteur de la *Prosodie de l'École moderne,* ce
fagot de versicules estimés de J.-B. Rousseau.

> J'ăĭ | vū mĕs | trĭstĕs jŏur | nĕĕs
> | Dēclĭ | nĕr vĕrs | lēur pĕn | chănt ;
> | Aū mĭ | dĭ dĕ | mĕs ăn | nĕĕs
> Jĕ tŏu | chāis ă | mŏn cŏu | chānt.
> Lă | mŏrt dĕplŏy | ănt sĕs | aĭlĕs,
> Cŏu | vrăit | d'ōmbrĕs | ētĕr | nĕllĕs
> | Lă clăr | tĕ | dŏnt jĕ jŏu | ĭs;
> Et | dāns cĕttĕ | nŭit fŭ | nĕstĕ,
> Jĕ chĕr | chāis ĕn | vaĭn lĕ | rĕstĕ
> Dĕ mĕs | jŏurs ĕ | vānoŭ | ĭs.

—Modèle admirable de rhythme et de rime!» s'écrie M. Ténint. De rime, j'en conviens; mais où diable trouver et choisir
un rhythme parmi les sept qui se croisent, se mêlent en dix
vers! La césure ne se borne pas à s'y montrer mobile, on la voit
courir, danser la polka, la valse, le cancan. A cet affreux mélange de cadences fausses, de mètres brisés, à ce désordre qui,
certes, n'est point un effet de l'art, on reconnaîtrait volontiers
une de ces cantates que l'Institut couronne pour les infliger à
ses lauréats musiciens, un de ces fascicules de mots que le ministère de 1848 donnait à débrouiller aux jeunes compositeurs.

Et, cependant, M. Wilhem Ténint est un maître en gaie
science, un digne successeur de Guis, seigneur de Cavaillon,
digne surtout de n'être pas de l'Académie. Je voudrais assem-
bler toutes les trompettes de Paris et les faire sonner huit fois
pour célébrer sa gloire. M. Ténint nous a donné huit vers;
bien mieux! en les faisant il a voulu les faire, tandis que la
troupe nombreuse et brillante de ses rivaux n'en a produit que
quatre, et par hasard, sans y songer le moins du monde. M. Ténint serait-il un vrai prosodiste de l'École nouvelle. Son huitain le voici :

> Păr săc | cădĕ, |
> Sŏus l'ăl | lĕe ĕn ăr | cădĕ,

Cŏmme ŭn | brŭit ĕlŏi | gné dĕ căs | cādĕ,
On ĕn | tēnd tŏut ău | lŏīn tŏn gă | lōp, căvăl | cādĕ;
Lĕs dĕ | tŏūrs dŭ chĕ | mīn qu'ŏn nĕ | pĕut dĕcŏu | vrir
Cŏmmĕ | l'eău quī viĕn | drăit ă tă | rīr,
Fŏnt cĕ | brŭit s'ămŏīn [drĭr
Et mŏu | rĭr.

Lorsque vous écrirez des vers ainsi mesurés, cadencés, il vous sera permis de mobiliser vos césures, de les faire valser comme des moines turcs, de briser les vers, de brouiller cartes et dominos, vous arriverez toujours d'aplomb sur vos pieds, et ne compterez plus vos syllabes.

Lorsque nos poètes alignent deux bons vers de suite, c'est, le plus souvent, parce qu'ils n'en ont fait qu'un : le second est l'écho du premier, l'auteur double de la même étoffe.

Je sais ce que je fus, je sais ce que je suis,
Je fais ce que je dois, je dois ce que je puis.

Ce distique en monosyllabes est de Guérin du Bouscal; il figure dans Cléomène, tragédie, et mérite d'être cité. 1639.

Me peut-il bien quitter après tant de bienfaits?
M'ose-t-il bien quitter après tant de forfaits?

CORNEILLE, **Médée.**

O ciel! quelle est la main par qui j'allais périr!
O ciel! quelle est la main qui vient me secourir!

LAGRANGE-CHANCEL, **Amasis.**

Je n'ai plus qu'un desir, c'est celui de te plaire,
Je n'ai plus qu'un besoin, c'est celui de t'aimer.

JOUY, ESMÉNARD, **Fernand Cortez.**

Si rien n'est moins rond qu'un arrondissement, moins utile qu'un nécessaire, moins commode qu'une commode, moins varié que des variations, rien n'est moins iambe que les iambes de nos poètes. Ils leur ont donné ce nom à cause du caractère acerbe, passionné, violent, d'une satire énergique, vivement colorée, faite à l'imitation d'Arkiloque, et d'après ce vers d'Horace :

Archilochum proprio rabies armavit iambo.

Écrits en prose rimée, ces prétendus iambes se dérobent à toute espèce d'analyse prosodique.

Le Roi René, romance que je vais citer est écrit en iambes purs.

Aŭ | tĕmps hĕu | rĕux ŏŭ | lă Prŏ | vēnce, etc.

La Flore d'un amoureux, est en iambes, ayant le premier pied libre :

Sŏŭs lă plŭs | frāichĕ | dĕs cŏŭ | lēurs,

rhythme de la XIXᵉ ode d'Anacréon.

Les poésies de Dante, de Boccace, étaient ordinairement accompagnées de musique et de danse. Telle est l'origine des noms de *sonnetto, canzone, ballata*. Cet accompagnement s'appliquait même aux pièces lyriques de métaphysique amoureuse et mystique. On le voit par la belle *canzone* du Convito que l'ami, le maître de musique de Dante, Casella, lui chante, sur son invitation, dans le purgatoire, et dont il est si charmé :

> *Amor che nella mente mi ragiona,*
> *Cominciò egli allor sì dolcemente*
> *Che la dolcezza ancor dentro mi suona.*
>
> CANTO II, 112-115.

Pétrarque avait de la voix, il chantait ses vers en s'accompagnant du luth qu'il légua par testament à maître Thomas Bombasius, de Ferrare, son ami ; sa triste Africa même était chantée à Vérone.

Hésiode, Dante, Arioste, brisèrent les pots où les outils des ouvriers qui gataient leurs vers en les chantant : — Je t'ai brisé des pots, des outils pour deux sous, et mes vers, qui sont mes outils, valent beaucoup plus, sans comparaison, » dirent-ils.

Un muletier de Florence chantait la Divina Commedia, et, de temps en temps, mêlait à ses vers quelques *arri* pour exciter ses mules à marcher plus vite. Dante, qui le suivait, ne put retenir sa colère. — Brigand ! lui dit-il, ces *arri*, qui viennent à chaque instant rompre la mesure de mes vers, ces *arri* je ne les ai pas mis ! *Ma quell' arri non celo posi io!* » SACCHETTI, *Novella CXV*.

De *sonnetto*, que la poésie s'était réservé, les musiciens firent *sonata*, **sonuerle**, pièce devant être *sonnée*, jouée sur les instruments.

De *sonate* à *romance* la transition n'est pas difficile; sans recourir à l'enharmonie, je reprendrai le fil de mon discours en vous disant que je ne puis vous donner d'autres exemples de romance qu'en les tirant de mon sac. Applaudissons-nous d'avoir découvert une romance présentable, le répertoire français, dans son immensité prodigieuse, n'ayant pu fournir un seul couplet de chanson, de cantique!

LA FLORE D'UN AMOUREUX.

Soûs là plûs | fraîchë | dës côu | lëurs
Je vous peindrai, ma belle amie;
Elle a revu s'ouvrir les fleurs
Au moins vingt fois pendant sa vie.
A la blancheur d'un front de lis
S'unit la rose à teinte vive;
Ses yeux ressemblent à l'iris
Et son cœur à la sensitive.

Ce fier palmier, qu'aux plus beaux jours,
Un vent léger plie et balance,
De sa taille et de ses contours
A la noblesse et l'élégance.
L'amour compare, dans mes chants,
Sa douce haleine à la rosée,
L'immortelle à ses sentiments
Et son esprit à la pensée.

Simple et naïve en ses atours,
Fuyant le luxe et la toilette,
L'aimable objet de mes amours
Imite l'humble violette.
Mais ce qu'elle a de plus charmant,
Que tout le monde ici m'envie :
Comme le lierre, à son amant,
Elle s'attache pour la vie.

LE ROI RENÉ,

ROMANCE HISTORIQUE.

Aŭ | tĕmps jă | dĭs ŏù | lā Prŏ | vĕnce
Du bon René suivait les lois,
Régnaient la paix et l'abondance;
Heureux le peuple d'autrefois!
Chacun, auprès de son amie,
Sans trop songer à l'avenir,
En grand soulas passait sa vie
A | bānquĕ | tēr, dăn | 'sĕr, rĭre | ĕt dŏr | mĭr.

Aux doctes nymphes du Permesse
René consacre ses loisirs;
Il chante dans sa douce ivresse
Et les héros et les plaisirs.
Ami constant de la nature,
Des rois il quitte l'appareil,
Et, quand arrive la froidure,
Se va mirer, chauffer au grand soleil.

René préside à la justice,
Mais il y règle des couplets
Que, pour un amoureux caprice,
Un page audacieux a faits.
S'il tient sa noble cour plénière
Et s'il convoque les États,
C'est qu'aux gourmands il cherche à plaire
En leur offrant délicieux repas.

Deux voiles s'élevant sur l'onde,
Le phare en a donné signal;
René, de dire à tout le monde :
— Ma flotte vient de Portugal.
Dieu soit loué, bonheur extrême!
J'aurai, par l'expédition,
Pruneaux, raisins pour mon carême
Et du vin blanc pour ma collation.

Le fier clairon s'est fait entendre,
Aux armes! vive les combats!

Au champ d'honneur on va se rendre,
René harangue ses soldats :
— Enfants chéris de la victoire,
Prêts à venger la nation,
Songez encore à votre gloire,
Marchons, amis,... à la procession. »

Sans attaquer chateaux, murailles,
René, pourtant, s'est fait un nom;
Il n'est point mort dans les batailles,
Mais bien d'une indigestion.
On a gardé la souvenance
D'un roi qui fut cher aux humains;
Le galoubet de la Provence
Redit encor ses chants, joyeux refrains.

––––––––––

Le beau berger Tircis,
Près de sa chère Annette,
Sur le bord du Loir assis,
Chantait dessus sa musette :
— Ah! petite brunette,
Ah! tu me fais mourir. »

Tel est le début d'une romance mise au jour vers 1585, dont
le succès fut si grand, si populaire, que l'on donna le nom de
brunette à toutes les chansons rimées sur un sujet plein de
tendresse et de sentiment. Je dois faire connaître que les deux
derniers vers, dont le final est sans rime, formaient le refrain
de tous les couplets. Le mot *brunette*, ayant cette signification,
est venu presque jusqu'à nous.

Nous avons en France un menu peuple dilettante pour qui
les chansons, les romances, les vaudevilles, sont la musique
entière et par excellence. Il ne broute que cette herbe, et,
comme sa pature est peu substantielle, il est vorace et con-
somme beaucoup. Ce populaire nombreux est exploité par des
fabricants et fournisseurs qui le servent selon ses gouts modestes et vulgaires. Ils le servent en conscience, et font l'étalage
de leur marchandise avant de la livrer aux chalands. Aussi les
journalistes ne craignent-ils pas de convoquer solennellement

la gent chante-menu, le troupeau des serins, des serinettes à voix de basse, de faucet, (1) ou de soprano à l'exposition publique d'un album de romances nouvelles, et rien n'est moins nouveau que les méfaits de ce genre. N'importe, on ne paye pas, la foule se presse autour des roucoulants, et déguste les prémices de ces vieilleries replâtrées. Chaque dilettante fait son choix, étudie sa chanson et la colporte dans le monde. Si quelques parents, amis ou galants, applaudissent la virtuose grasseyante ou coassante, et disent : — Comme un ange! délicieux! » que d'angoisses ne fait-elle pas éprouver au reste de la société? C'est à Paris seulement que j'ai vu lacérer avec autant d'aplomb et de succès les plus minces cantilènes. Les provinciaux ne souffriraient pas une telle injure. Ils sont en voie de civilisation.

Et les chanteurs auteurs de romances, campés devant un clavier qu'ils n'abandonnent pas sans avoir dégoisé toute leur broutille, sans vous faire grâce des cinquièmes et sixièmes couplets! Braves provinciaux, qui n'avez jamais goûté les douceurs d'une soirée parisienne, serez-vous capables de prendre votre mal en patience? Ne direz-vous pas comme Phèdre :

O douleur non encore éprouvée?

Les couplets de romance, n'ayant point de mesure, ne peuvent s'adapter à l'air fait pour le premier groupe de vers, type offert au musicien et sur lequel il a dû régler sa mélodie. Une infinité de cacophonies, de contre-sens, d'équivoques, naissent de cette discordance. On s'efforce de les prévenir, en écrivant une mu-

---

(1) En musique rien de faux n'est et ne peut être admis. Faucet, *vox formata inter fauces*, tel est le nom que les musiciens donnent à la voix mixte, voix de tête, qui succède au registre de poitrine. L'orthographe de faucet a pour fondement l'origine de ce mot, ayant figuré dans une infinité de vers épiques : *vox faucibus hæsit*. Lorsqu'elle écrit *fausset*, l'Académie se trompe d'une manière aussi lourde qu'en écrivant *arpège* au lieu de *harpège*, trait favori que les *harpistes* exécutent sur la *harpe*; en écrivant *faisan* au lieu de *phaisan*, oiseau du *Phase*, etc., etc. Libre aux poètes de suivre la gamme fausse de l'Académie. On a pu voir aux pages 3 et 47 de ce livre que nous respectons leur orthographe en les citant.

sique différente pour chacun des couplets, et l'on n'y réussit
pas toujours. On a chanté pendant un demi-siècle :

> O ma Zélie, à l'amant qui t'adore,
> Donne un regard, un sou. . . pir, un baiser!

De fort jolies dilettantes se plaisaient à moduler :

> Lise chantait dans la prairie,
> En faisant *pétrir* son troupeau.

> Près de trois *paniers* solitaires
> J'adressais mes vœux au Seigneur.

Ces variantes fort originales ne me semblaient pas aussi ridicules, aussi stupides que le galimatias de nos chanteurs de
romances.

Dans les petits concerts, j'ai soin de me caser dans la région
des parapluies, où la retraite est facile. J'abandonne les honneurs de la stalle où je pourrais être impunément flagellé par
des romances dont une musique, niaisement brutale, brise,
tiraille, fracasse les mots. Je n'ose m'exposer à ce double supplice. Dès le premier vers estropié d'une romance, apparaît à
mon esprit un malheureux gisant sur la roue, tête, jambes et
bras pendants après l'effroyable opération qui vient de lui briser
les os. Jugez de l'horreur que m'inspirent ces productions de
la barbarie française !

— Il n'y a pas moins d'éloquence dans le ton de la voix, dans les
yeux et dans l'air de la personne que dans le choix des paroles. » LA
ROCHEFOUCAULD, **Maximes**, 249.

— Dis-moi ce que tu manges et je te dirai ce que tu es. » Cet
apophtegme du gastronome Brillat-Savarin dicte le compliment
que l'on droit adresser aux mangeurs de romances.

— Les Français ont-ils une musique? Le plus élégant des para-
doxistes a prétendu que non : cette négation équivalait à celle qui nous
refuserait la faculté d'exprimer nos passions. Toutes les nations,
toutes les langues ont un accent, une musique. Il fallait que J. J. Rousseau fût de mauvaise humeur ou de mauvaise foi, peut-être l'une et
l'autre, pour nous refuser un accent et une expression musicale. Mais
quelle est cette expression pour les Français? — C'est le vaudeville

dans toutes ses nuances, qui sont infinies. » Rétif de la Bretonne, *les Contemporaines*, *les Arietteuse*, *Opéradienne-comique et dramiste*, tome XXXXI, 1785.

Le vaudeville corrige maintenant le thème de nos théâtres lyriques, et semble les pousser vers la bonne voie. Plusieurs de ses drôleries, de ses chansonnettes veulent courir à grande vitesse, et cette agilité ne peut s'obtenir qu'au moyen des vers. La prose rimée a toujours entravé l'allure de nos airs d'opéras comiques. Ces airs se trainent péniblement; ils marchent par fois, mais nos paroliers leur ont interdit la course. Voici des vers que j'ai saisis au passage, bien qu'ils fussent lancés à toute vapeur dans le salon de Mme Fodor, en présence de Rossini.

> Vôi | là Pail | ässê!
> Passant qui passe,
> Troupier cocasse,
> Arrêtez-vous;
> Et qu'une masse
> De populace
> Coure et s'amasse
> Autour de nous.

— Voilà du français qui galope à fond de train, s'est écrié le maître; il s'émancipe. — Oui, sire, il n'en fait jamais d'autres quand on a soin de le mesurer en vers. Croyez qu'une seule petite faute de prosodie eût coupé le sifflet à son joyeux et rapide vaticinateur Maurice Lévy. »

Si nous avons maintenant beaucoup de musiciens instruits, dont le style est irréprochable, élégant même, c'est au Conservatoire que nous devons cet avantage. Mais aussi que de praticiens stériles, d'aligneurs de notes insipides, cette école n'a-t-elle pas jeté vers nos théâtres? Que d'honnêtes couturiers, maçons, doreurs ou perruquiers ont abandonné leur état pour se livrer à la fabrication de la musique! s'imaginant que l'on alignait des notes avec autant de facilité que les points d'une couture ou les moellons d'un mur. Voltaire leur aurait dit : — Faites des perruques, *et iterum* des perruques. » Des musiciens privés d'une éducation littéraire suffisante doivent se montrer peu difficiles à l'égard de la rimaille de nos paroliers. Ils l'acceptent avec reconnaissance, heureux de pouvoir l'éparpiller sous leurs cantilènes vulgaires. Tout leur paraît excellent, admirable; pourquoi demanderaient-ils une réforme dont ils ne comprennent pas la nécessité?

Autrefois la fièvre du génie, l'impérieux besoin de produire, l'affluence des mélodies qui voulaient s'échapper, jaillir d'un jeune cerveau, poussaient vers la science de rares disciples, êtres privilégiés ayant reçu du ciel la secrète influence, musiciens créateurs, nés pour inventer, qui, souvent, n'attendaient pas l'avis du maître; et, guidés seulement par leur instinct heureux, donnaient un libre cours au torrent de leurs pensées. Achille saisit, brandit l'épée qui vint briller à ses yeux, son instinct en fit un héros. Le Conservatoire apprend la charge en dix ou douze temps à des centaines de tourlourous, qui seraient d'excellents fusiliers, mais qui, malheureusement pour nous et pour eux, veulent tous commander une armée.

Monsigny, Grétry, Dalayrac, de Zède, Boieldieu, Bellini, Rossini même, ont commencé par écrire de la musique sans savoir ce qu'ils faisaient, mais ils savaient fort bien ce qu'ils voulaient faire. Le génie pressent, devine ce que le praticien n'apprend qu'à force d'attention, de soins, de labeur opiniâtre. Ces compositeurs façonnés, guillochés à la mécanique, ces bœufs à qui la nature a refusé la faculté de créer, de rossignoler comme les virtuoses de nos bois, entasseront de bizarres mais réguliers accords sur des lambeaux de phrases déjà connues, sur une lourde et triviale psalmodie, et croiront avoir fait un opéra quand ils auront dessiné correctement les pages d'une longue partition. Quarante-sept ans ont défilé, presque un demi-siècle, depuis que Boieldieu mit sur jeu quatre airs charmants et complets dans un petit opéra, Jean de Paris; tous nos conservatoriens réunis ont-ils, depuis lors, doublé cet enjeu? Ces jeunes maîtres ont-ils produit quatre airs dont on ait conservé la mémoire? Et pourtant que de succès proclamés! succès de piècettes obtenus à la faveur d'un gosier rossignolant, de superbes décors, mais dont le génie musical n'avait aucun droit de tirer vanité.

Serait-il plus mal aisé de faire un bon acte d'opéra que d'élire huit membres de l'Institut? Le Conservatoire inonde la France de compositeurs médiocres ou mauvais, d'ouvriers sans imagination, et cette majorité formidable par ses intrigues se coalise, s'empare de tous les postes éminents, hélas! trop peu nombreux chez nous, et s'y maintient, grâce au pouvoir discrétionnaire de ces inhabiles fabricants de livrets.

Si nos paroliers n'avaient pas en tous temps, en tous lieux, donné des preuves de leur insigne maladresse, de leur ignorance profonde et miraculeuse du rhythme et de la mesure; si nous ne les avions vus, académistes et beaux-esprits, reculer, briser leur plume et mettre bas les armes devant les sept versicules anglais du God save the Queen, nous croirions qu'ils affectent de rompre leurs mots, de les rendre inintelligibles pour faire passer dans l'ombre, incognito, des sottises que le public sifflerait s'il pouvait les entendre; des platitudes qu'un homme d'esprit, trop indulgent de sa nature, s'est vu forcé de livrer aux lecteurs de son feuilleton. S'il les a recueillies, croyez que c'est sur le drame imprimé, le diable en personne tenterait vainement de saisir au vol ces inepties couvertes de l'égide impénétrable du charabia. Pourquoi n'a-t-on pas mis en ballet un Cheval de Bronze qui méritait cette faveur aussi bien que Marco Spada? Nos oreilles n'auraient pas été cruellement affligées par les rimes suivantes :

> Je respire, et de la terre
> Enfin j'ai touché le sol.

Ce *sol* de poitrine ou de tête avait déjà sonné dans un air de la Fiancée.

> Hélas! en fait d'image,
> Il suffisait à ma douleur
> De *celle gravée* en mon cœur.

> Quand on est femme,
> On parle, et je parlerai,
> Sans que je réclame
> Yanko que je charmerai.

Yanko que d'œuf, de noix, de navire, etc.

16

O divin Jo-Li-Fo,
Des amours porte-falot,
De nos vœux sois l'écho
Près du mandarin d'en haut.
Oui, ne nous fais jamais défaut,
Et si pour toi je fus dévot,
Sur ton céleste chariot
Emporte mon ame là-haut.

Ce livre est écrit pour enseigner le mécanisme des vers, et non pas l'art de les nourrir de pensées nobles, comiques ou spirituelles. Aussi voit-on que je cite peu de ces bêtises mémorables, exemplaires, qui, depuis cent ans, ont affublé nos paroliers d'une célébrité grotesque. Mille pages ne suffiraient point si je voulais rapporter ici les plus piquantes de ces naïvetés. Journalistes qui n'avez jamais rien lu, qui même ne sauriez pas lire une partition, et n'en brossez pas moins de longues pages sur nos opéras sans les connaître, s'il vous prenait la fantaisie de feuilleter les œuvres de nos paroliers et traducteurs de l'ancien régime, tels que Ducongé-Dubreuil, Lebœuf, Lescène-Desmaisons et sa femme, Dubuisson, Parisau, Dercy, Fillette-Loraux, Desmaillots, Bouquier, Audoin, Bralle, Gourbillon, Lépidor, Boissel, et vingt autres ; si vous examiniez cet effroyable galimatias avec attention, vous verriez que nous sommes en progrès sensible..... de sottise et de stupidité. Rien, dans tout le fumier de ces barbouilleurs, rien n'approche des traductions que vous applaudissez journellement au théâtre, sans les entendre, il est vrai ; mais que vous repoussez avec indignation quand elles sont offertes à vos yeux.

— Il n'y a pas bien longtemps que les poètes français ont compris la coupe musicale des vers, et c'est un contemporain, M. Castil-Blaze, qui, le premier, leur a ouvert cette voie. » ADOLPHE ADAM, Souvenirs d'un Musicien, in-18, 1857, page 207.

Ont compris est d'un musicien qui veut flatter ses paroliers ; je vous ai montré, page 79 de ce livre, la manière dont ils avaient profité de mes leçons. Sourds de naissance comment pourraient-ils comprendre l'harmonie des vers ? Un aveugle juge-t-il des couleurs ?

Hier, 4 octobre 1857, Rossini s'est mis au clavier et m'a joué..... quoi? le chaos de la Création du monde, de Haydn, et chanté les quatre premiers morceaux de ce chef-d'œuvre. Il le sait par cœur, et son répertoire mnémonique est prodigieux. Après m'avoir régalé du Contrabandista, de Garcia, de fragments italiens, allemands, espagnols, la société s'étant réunie au salon, il nous a dit l'air du Philtre

> Jeu suis sergent brave et galant,
> Et jeu mèneu tambour battant
> Et la gloire et le sentiment.

en appuyant sur les eu qui foisonnent en cette cavatine et l'amusent beaucoup. Il en aime la musique tout en riant des versicules dont elle est empétrée. La réplique était donnée, je l'ai saisie pour exécuter un chœur de Robert-le-Diable orné des apartés que les suivantes d'Isabelle improvisent afin de remplir les trous, les silences trop longs pendant lesquels on peut se livrer au plaisir de la critique.

> O prin-

— C'est décidément le vieux du balcon.

> cesseu

— Vois, comme il la tient dans son télescope.

> chérie

— Et ce mantelet de dentelles, mis au jour ce matin, etc.

Blessé par un éclat d'obus au combat naval d'Ouessant, patron Polycar était rentré dans sa famille aux Martigues. Il voulut y reprendre son métier de pêcheur; mais, n'ayant qu'une jambe valide, incommodé par sa blessure, Polycar voyait son habileté, son audace enchaînées au rivage. Comme il ne pouvait aller chercher au large le poisson, il fallait bien se résigner à l'attendre, à gouverner près du bord, à se contenter de rares mais belles captures. Le patron s'empressait de les offrir au chirurgien Toutare, qui lui promettait une guérison prochaine, complète, et lui donnait des soins constants, affectueux. Depuis dix

mois, tous les onguents, caustiques et liniments de la pharma-
copée attaquaient en vain la désespérante inertie du mal. S'il
empirait un peu, Toutare savait le remettre au degré qu'il venait de perdre, et qu'il ne dépasserait point. Absence de progrès, calme plat, équilibre peu consolant. Les *tron de l'air* que
le patient faisait sonner avec toute l'énergie provençale, amélio-
raient peu son état. Polycar les redouble en apprenant que son
docteur est obligé de se rendre à Marseille.

— Quoi ! vous m'abandonnez !
— Pour quelques jours seulement.
— Que vais-je devenir ?
— Sois tranquille, je te confie à mon neveu Séroun ; j'ai réglé
le traitement qu'il doit te faire suivre, tout ira bien. D'ailleurs,
j'apporterai de Marseille un remède nouveau que l'on dit excellent. »

Toutare parti, le jeune praticien examiné la blessure, voit que
son oncle s'est grossièrement trompé, se réjouit d'une pareille
découverte, et, sans avoir égard à l'ordre prescrit, change de
remède et guérit en deux jours le boiteux. Polycar enchanté
s'empare de la haute mer, et va jeter ses filets sur les côtes
d'Espagne.

Retour de l'oncle. Destinant sa première visite à Polycar, il
se dirige vers la maison du pêcheur, lorsque Séroun l'arrête,
disant : — Vous ne le trouverez pas.

— Il est donc mort ?
— Bien au contraire, il tend ses filets dans les eaux de Mi-
norque.
— L'imprudent ! et tu ne l'as pas retenu !
— Pas nécessaire, puisque je l'ai guéri.
— Guéri ?
— Radicalement, en deux jours ! et je n'ose vous dire que
vous vous étiez trompé.
— Je m'étais trompé ! comme si c'était possible ! Je m'étais
trompé ! butor, imbécile, triple sot ! tu l'as guéri ce malade
précieux qui versait dans notre cuisine tous les fruits de sa
pêche ! Un client, vache à lait que j'entretenais avec le plus

grand soin! Ces dorades exquises, ces larges soles, ces mer-
lans, ces loups de taille colossale, va-t'en voir s'ils viennent,
Jean? Un siccatif administré par un niais vient de mettre à sec
notre vivier, de ruiner à jamais notre cantine! Gouverné par
un fou, l'élixir de vie se change en instrument de mort. Va-
t'en, je te déshérite, sors de ma présence, et que je n'aie plus le
chagrin de voir un indigne réformateur de mes ordonnances. »

C'est ainsi que l'on traite, en France! tout Français généreux
qui veut guérir ses compatriotes de l'abrutissement où nos paroliers s'efforcent de les retenir, disant : — La prose rimée s'accro-
chant à la musique en dépit de la mesure, de la raison et du
goût, ne peut être supportée que par un peuple barbare, en
dehors de toute civilisation poétique. Par un bonheur inouï,
sans autre exemple dans le monde, la corruption existe chez
nous; il ne s'agit que de l'entretenir. Source honteuse, mais
opulente de nos profits, redoublons d'ardeur et d'efforts pour
que cette corruption précieuse ne reçoive aucune atteinte : notre
intérêt l'exige impérieusement. Qu'importe l'honneur national
pourvu que sa ruine ajoute à nos deniers. »

Laissez faire la bande noire, elle démolira la colonne Trajane;
des clous de bronze y sont cachés sous le marbre, et le bronze
se vend assez bien par le temps qui court.

XVI

DU CANTIQUE.

Rien au monde n'est plus indécent, plus grotesque, plus effroyable que les cantiques dépécés par tout un peuple de fidèles. C'est l'abomination de la désolation lancée innocemment, il est vrai, mais à pleins tuyaux dans le temple du Seigneur. Imaginez-vous un chœur nombreux coupant, taillant, pilant des mots qui sont en divorce constant avec la musique, et dont les lambeaux épars, frappant à tors, à travers, n'offrent plus aucun sens, forment de grossières équivoques, et même des hérésies, un indéchiffrable argot! A la seconde strophe, les mots seront retaillés d'une façon nouvelle; à la troisième, le couperet agira d'une autre manière; et le supplice des oreilles chrétiennes se prolongera jusqu'au moment où ces bizarres clameurs auront cessé.

Les chanteurs de théâtre et de salon peuvent quelquefois atténuer, adoucir les aspérités cruelles de la prose rimée; à l'église il faut qu'elle éclate dans toute sa splendeur acerbe et ridicule. Rien ne peut être adouci, déguisé, masqué par une troupe indisciplinée. Toutes les infirmités du texte seront étalées en plein jour, avec une franchise, un aplomb de fakir, de mendiant qui montre ses plaies, ses difformités rebutantes afin d'exciter la pitié des passants.

Le résultat sera plus vicieux encore si l'on exécute ces can-

tiques à quatre parties. Quatre groupes seront alors occupés à
lacérer, estropier des paroles de quatre manières différentes.
Les nombreuses strophes d'un chant religieux à quatre parties,
ne sauraient être dites à la file sans inconvénient. Il faut en
choisir une, en rectifier l'air d'abord, afin de l'ajuster parfaitement sur les paroles, et la dire deux fois à quatre parties : cela
suffit. Il est impossible que l'auditoire découvre, suive le sens
des autres couplets, si vous les exécutez en chœur avec croise-
ment de parties. Des solos, succédant aux ensembles, pourraient
varier le discours, et venir en aide à l'intelligence des auditeurs.

Esprit scindé, pourriez-vous bien me dire ce que c'est qu'un
esprit scindé? — Rien n'est plus facile; attendez un moment,
le chanteur, achevant sa phrase stupidement coupée, scindée,
ajoutera les syllabes, les mots qu'il est contraint de vous refuser, disant :

> Esprit-Saint des. . . . . . . cendez en nous!

Dix volumes suffiraient à peine pour vous présenter les drôleries, les cacophonies, les équivoques burlesques provenant
des faux accents qui foisonnent en ces cantiques. Je dois être
bref en mes citations.

> Près | dĕ mŏn | dī-vĭn | māitre   (20 *mètres.*)
> Mon | cœur a | senti | naître.

Les plus nombreux se plaisent à dire : *Mon cœur en senti-
nelle.*

> Dĕ | Sĭnă | cĕt aŭ | tĕl
> N'of | *freu* plus | *leu* spec | tacle.

Sinacet est sans doute un mot hébreu.

> Et | mĕlĕz- | voŭs ă | nŏs căn | tĭques
> En | *di*-sant | vos hym | *neux* di | vins.

Ici tout frappe à faux; on entend *Aimez-les vous.*

> Păr lĕs | chănts lĕs | plŭs măgnĭ | fĭques.

Croirez-vous que ce versicule ait pour correspondant, à
l'entrée de la deuxième strophe, les mots suivants, destinés à
s'accrocher sur le début musical émis précédemment?

ë. ... . Oûvrĕ | *ton* cœŭr | *à* l'ällĕ | grĕsse. ... ...

— On frappe à la porte ; *ouvre-t-on ?* — *Cœur à,* me semble
assez plaisant. »

... ... Dŭ | Dĭeŭ dĕ | Sĭ-ŏn | l'ällĕ | grĕsse. ... ...

Croirait-on que ce versicule ait été fabriqué, cadencé ! par un
musicien élève de Listz? Ce diamant ne brillerait-il pas au milieu des turlupinades religieuses du père Lambillotte et de ses
émules infiniment burlesques?

Bon pasteur, aux.	meilleurs herbages.
Il conduit ses	jeunes agneaux ;
Il les mène aux	plus frais ombrages,
Il les mène aux	plus claires eaux.

Voici quelques versicules empruntés au cantique où la passion de N. S. Jésus-Christ est racontée dans un style parfaitement convenable au sujet ; mais que les accrocs, les ressauts
des mots, séparés ou brisés par de fausses cadences, frappent
de ridicule. On attribue ce cantique à Fénélon ; il est chanté
sur l'air d'une chanson décemment lubrique de Riboutté, musique d'Albanèse ; air qui n'en est pas moins touchant, noble
et dévotieux quand on a perdu le souvenir de ses paroles infiniment profanes.

Quĕ nĕ | suĭs- | jĕ là foŭ | gĕrĕ?

Ajustez, s'il vous plaît, la prose rimée suivante sur ce rhythme
choisi, noté dans le **Recueil de Saint-Sulpice.**

Au sang qu'un	Dieu va répandre...
Chrétiens qui	venez entendre...
Vivez et	mourez pour lui...
Dans un jar.	din solitaire,
Il sent *deu*	rudes combats ;
Il prie, il	craint, il espère...
Tantot la	crainte est plus forte,
Tantot l'a.	mour est plus fort.

Que dites-vous de ces *tantola*, ne croirait-on pas que l'auteur
veut nous donner de l'italien? En voici de plus ridicules où l'on
verra des *bis* drôlement placés. (Chemin de la Croix).

Venez et dé. . . . . . ployez vos ailes.

Ce qui nous dit : *Venez aider, ployez vos ailes.*

Voilez ces bles. . . . sures cruelles.

Les *blés* étaient en mauvais état cette année.

Et ce corps na-, et ce corps na- vré de douleur.
Le soleil à. . . . . . ce crime horrible...
S'émeut à, s'émeut à   ce spectacle affreux.
Et sa créa. . . . . ture insensible...
Moi seul digne ob. . . . . . jet de vengeance...
Jésus, puisse ain. . . . . . si votre image...

Après ce que j'ai dit des saletés, des infamies prosodiques dont nos opéras, nos chansons, nos romances, une seule exceptée! sont outrageusement dégradés, il semble qu'il soit impossible de trouver un prétendu lyrisme plus mauvais, une prose rimaillée plus discordante et plus vile. Oui, nos cantiques sont encore plus mal batis que nos romances, nos chansons, nos opéras, et cela devait être ainsi. L'ignorance des paroliers, comptant avec les doigts au lieu de compter avec l'oreille, cette seule raison a corrompu les trois genres de composition que je viens de nommer. Et nos cantiques ont trois raisons à nous opposer pour justifier leur discordance inouïe, phénoménale.

I. Ils sont calqués sur des airs d'opéras, de chansons, de romances, modèles vicieux dont on a reproduit les fautes prosodiques avec une désespérante fidélité.

II. Le rimeur de cantiques, en reproduisant les fautes qu'il n'a point remarquées, ajoute ses propres fautes, et double au moins le total de ces aberrations. Encore est-il nécessaire qu'il ne soit pas plus ignorant que son prédécesseur.

III. Plusieurs de ces cantiques sont parodiés sur des airs de violon, où les notes se présentent sans paroles. Les vers musicaux de ces airs seraient prêts à tracer, marquer le dessin, la mesure des vers prosodiques; mais ces vers musicaux, il faut les apercevoir, et c'est ce que notre parodiste ne peut faire. Plongé dans une mare d'incertitudes, il va compter les notes par ses

doigts, afin de nous donner juste un nombre de syllabes égal à
celui des notes. Le pauvre homme ne se doute pas que la voix
a ses coups d'archet comme le violon, coups d'archet qui lui
servent à lier deux, trois ou quatre notes sous un coulé. Voyez
quelle abondance de syllabes parasites lui donneront toutes ces
notes détachées de leur commune ligature. Dès son début, l'air
est pris à contre-temps, ce qui le met aussitôt à contre sens: le
vers, privé de sa rime féminine, est trop court, qu'importe si
l'ouvrier maladroit prend sur le vers suivant la syllabe supplé-
mentaire que la musique réclame.

Aucune mélodie au monde n'est rhythmée plus énergiquement, avec plus de franchise, de clarté que l'Air du Drapeau, les
tambours le jouent et tous le comprennent. Son rhythme dénué
de mélodie suffit pour le signaler à des milliers d'écoutants.
Oui sans doute, mais ces écoutants ont des oreilles et le parodiste est privé du sens auditif; il compte par ses doigts. Voici
comment il arrange des mots sur cet air afin d'en briser le
rhythme d'un bout à l'autre. Je vais écrire le cantique de la
manière dont il est noté dans les recueils de Saint-Sulpice, version que l'on chante dans nos églises. Effroyable charivari qui
met en fuite les chats de tout un quartier; aussi les rats se
promènent-ils en paix dans les temples chrétiens.

| Tŏut n'ĕst quĕ vănï | té, Mĕn- |
songe fragili | té, Dans
tous ces objets di | vers Qu'offre à nos re |
| gards l'uni | vers.
| Tous ces brillants de | hors, Cette pom |
| peu, Ces biens, ces tré | sors, Tout nous trom |
| peu, Tout nous éblou | it,
Mais tout nous é | chappe et s'en | fuit.

Je rends cet air à sa destination primitive, à son *Drapeau*,
je vous en fais connaître le dessin mélodique, la mesure, en lui
donnant place dans mon **Orphéon militaire**.

| Vive à jămăis lă | Frăncĕ, |
| Terre de la vail | lance ! |
| C'est à sa confi | ance

Que nous dé | vons ce dra | peau.
| Gage de la vic | toire, |
| Tous, dignes de mé | moire, |
| Vont soutenir sa | gloire,
Est-il un des | tin aussi | beau?

Dans le cantique, il s'agit seulement de quatre syllabes de trop dans un air de seize mesures, et cela suffit pour désorganiser de fond en comble sa mélodie. Il n'en faudrait pas tant pour atteindre ce but et frapper toujours à faux. Je remets cet air sur ses pieds en liant trois notes sur *victoi... re* et sur *mémoi... re;* la position des accents musicaux indiquait cette forme gracieuse qui doit amener si bien leur chute énergique et même un peu brutale.

Deux syllabes répétées à dessein par le niais, dans un couplet de la Suite du comte Albert, de Sedaine et Grétry, produisaient un effet analogue à celui que nous offre le cantique précité.

De vous aimer comme une tourterelle,
Qui toujours fidèle,
devenait
De vous, de vous aimer comme une tourterelle, qui toujours fi...

L'Opéra-Comique en goguettes se moquait ainsi de lui-même. Il aurait aujourd'hui plus beau jeu, s'il lui prenait cette fantaisie.

Vous souvient-il d'une traduction du Freyschütz où les chasseurs entonnaient leur chant de triomphe par cette ligne trop longue de deux syllabes :

Est-il un sort préférable?

Mais le chef-d'œuvre le plus réjouissant de ce genre, c'est une parodie de la Romanesca, dont chaque note porte une syllabe, sans que son auteur ait eu le moindre égard aux notes que le violon coule de deux en deux. La Romanesca devient ainsi guillerette et bouffonne de mélancolique et gracieuse qu'elle était, en bredouillant :

Aux échos des bois,
Aux soupirs du feuillage,

Mêlez, charmants hautbois,
Un doux ramage;
Et par vos accords,
Sur la verte fougère
Attirez la bergère
Qu'appellent mes transports.

Il est certain que si *ramage* est bien placé pour la cadence du premier quatrain, celle du second ne saurait tomber d'aplomb sur *transports*. Tous ces mots jetés au hasard sur une mélodie charmante, la défigurent au point de la rendre méconnaissable, et d'un ridicule inouï. Voici le mètre, la coupe des vers musicaux de la Romanesca :

D'un amour tendre et fidèle
Pour Isabelle
Je brûlerai.

Voilà bien **17** syllabes en trois vers, qu'un parodiste remplace naïvement par quatre versicules formant ensemble **23** syllabes; et le second quatrain, qui devrait être rigoureusement semblable au premier, en offre **25**. 23 et 25 font **48**; 17 et 17 ne nous donnent que **34**, qui de 48 ôte 34, obtient un reste de **14**. Quatorze syllabes de trop dans la première phrase d'une romance! quelle fécondité malencontreuse! il faut pourtant qu'un chanteur emballe toute cette bourre, ce tas d'inepties sur une des cantilènes les plus gracieusement limpides que l'on puisse trouver. Et les Parisiens ne se révoltent pas, leurs journalistes ne fulminent point l'anathême, lorsqu'on les traite comme des brutes en leur offrant une pature que les marcassins domestiques refuseraient. Ne faut-il pas être à Paris, dans cette métropole de la civilisation pour avoir à signaler de pareilles énormités!

Plus d'un idiot doit avoir essayé de bredouiller cette Romanesca si burlesquement travestie. C'est à ne pas y croire même en la voyant gravée, imprimée, publiée et signée! Achetez-la, vous la mettrez sous verre, c'est une pièce curieuse et digne d'être conservée.

L'Égérie mystique de Fénelon, la muse du quiétisme, la belle

et rêveuse Mme Guyon, enfermée à Vincennes comme si elle eût
été dangereuse pour l'État, y composa des cantiques parodiés
sur des airs d'opéras. Elle chantait souvent :

> L'amour pur et parfait va plus loin qu'on ne pense :
> On ne sait pas, lorsqu'il commence,
> Tout ce qu'il doit couter un jour.
> Mon cœur n'aurait connu Vincenne et la souffrance,
> S'il n'eût connu le pur amour.

Mme Gillot de Sainctonge, auteur des livrets de *Didon*, de
Circé, tragédies lyriques, 1693, 94, composait des hymnes à
Bacchus, c'est elle qui, la première, ajusta les paroles d'une
chanson à boire sur le prélude exécuté par les violons avant le
chœur *des Trembleurs d'Isis*, opéra de Lulli.

> Non, il *ne* m'importe guère, etc.

Comme la parodiste débute par un accent faux, j'abandon-
nerai ses couplets pour vous en donner d'autres écrits sous la
dictée d'une oreille plus délicate, plus exercée, et cependant
sujette à se tromper.

> Ces trois grands coquins de frères,
> Perf*ides* dépositaires
> Du diné de leurs confrères
> S'en *mirent* jusqu'au menton.
> Puis, ronds comme des futailles,
> Du corps *battant* les murailles,
> Escortés de cent canailles,
> Ils regagnent la maison.
>
> Le portier, qui les voit ivres,
> Leur demande où sont les vivres;
> — Bon, dit l'autre, avec ses livres,
> Nous prend-il pour des savants?
> Je m'en passe bien de lire,
> Mais, pour *chanter*, boire et rire,
> Et tricher la tire-lire,
> Oh! pour cela *je* m'entends. »

Voyez-vous un air de violon fait par Lulli depuis deux siècles,

révélant, prescrivant la cadence et la triple rime féminine à
Mme de Sainctonge, à Collé, comme à tous nos vaudevillistes.
Douterez-vous encore du pouvoir des vers musicaux réglant la
marche des vers poétiques? Il serait bien facile de mettre au
point les vers de Collé, de leur donner ce rhythme parfait dont
nos poètes ont toujours ignoré la nécessité. Rhythme dont nos
airs de ballet offrent seuls des exemples.

   Si le roi Louis XV chantait avec la voix la plus fausse de son
royaume, Jéliotte et J.-J. Rousseau nous l'ont affirmé. Sa
Majesté ne devait pas toucher juste en mesurant ses vers. Le
couplet suivant est pris dans une chanson spirituelle et joyeuse
qu'elle rima sur nos premiers parents.

> Il buvait de l'eau tristement
> Auprès de sa compagne,
> Nous autres nous chantons gaiment
> En sablant le champagne.
> Il n'eut qu'une femme avec lui, ·
> Encor c'était la sienne;
> *Ici je vois celles d'autrui*
> *Et ne vois pas la mienne.*

   L'air étant celui du **pas redoublé**, les 2e, 3e et 6e vers sont
parfaits. Trois sur huit, c'est bien assez pour un roi, ses
rivaux en poésie ne faisaient pas toujours aussi bien.

   Revenons à la raison n° II.

   Comment voulez-vous qu'un rimeur de pieux cantiques écrive
des strophes régulières, quand il choisit des patrons viciés,
ridicules, et c'est d'autant plus aisé qu'ils le sont tous, sans la
moindre exception; comment arriver à faire des vers lorsqu'on
les calque sur une prose dissonante, inerte, sourde, telle que
celle-ci?

>   O ma ten | *dreu* mu | sette!
>   LA HARPE.
>
> Que ne | suis- | *jeu* la fou | gère?
>   RIBOUTTÉ.
>
> Dans le | sein d'u | *neu* cru- | elle.
>   DESFONTAINES, l'Amant statue.

Ne | savons- | *nous* | pas que Ti | ton
Ra | jeunit | *au* | . . . . près de l'Au | rore?

DUVAL, le Prisonnier.

Rien n'est plus clair : le bonhomme allait paître au pré de
l'Aurore.

Rien, | *ten*. . . . . dre a | mour, ne ré | siste à tes | armes.

MARSOLIER, Guinare.

Tous ces cantiques français que vous voyez imprimés, annon-
cés, affichés, en feuilles, en recueils surtout, en recueils! sont
également défectueux, mauvais, détestables. Un des fabricants
de cette marchandise pousse la naïveté, la bonhomie, jusqu'à
faire l'aveu de son ignorance complète, en nommant le professeur qui lui fait ses accompagnements! comme s'il était possible de produire autre chose que des banalités, des misères,
des platitudes, quand on s'avise de créer une mélodie et de la
conduire sans inventer et pressentir en même temps l'harmonie
qui doit la colorer et la soutenir!

Il existe chez nous une infinité de barbouilleurs, de profanateurs du service divin, de blasphémateurs rimants ou croque-
notes, dont le zèle stupide ou l'esprit mercantile empoisonne
sans cesse les fidèles en leur donnant des cantiques d'une plati-
tude phénoménale, et qu'il est impossible de chanter juste et
d'aplomb, parce qu'ils sont notés faux, et qu'ils sont boiteux.
Le dirai-je? Le croira-t-on? La plupart de ces profanateurs sont
des ecclésiastiques, et l'on en voit qui font acte d'humilité chrétienne jusqu'au point de publier et de signer de semblables
inepties, qu'ils enrichissent de leur portrait ridiculement buriné. Ce n'est pas tout, ils vont user du crédit immense qu'ils
ont sur leurs ouailles, pour leur prescrire de chanter et par
conséquent d'acheter ces caricatures poétiques, musicales et
religieuses.

La majesté, la décence de notre culte ne permettent plus que
l'on appende aux murs des temples chrétiens de pieuses images
grotesquement figurées, lesquelles, bien loin d'être un objet
d'édification, prêtaient à rire aux fidèles eux-mêmes. Des can-

tiques pitoyablement écrits, disloqués de telle sorte en leur prose barbare que les exécutants sont forcés de les massacrer en les chantant, ne sont-ils pas des caricatures aussi burlesques ? Ne devrait-on pas les cacher, les enfouir dans les sombres demeures où l'on a relégué les *ex-voto ?*

Mais non.

La fièvre de plain-chant qui brûle, qui dévore tant de *zelanti* furibonds, suant à froid, se battant les flancs en attendant de s'escrimer à coups de missels, dont l'avidité mercantile fabrique de trop nombreuses éditions. Cette fièvre de psalmodie sera bientot calmée par l'homœopathie. Une bonne et plantureuse ventrée de plain-chant guérira *subitò* de la plainchanomanie, et les cantiques ne seront pas démonétisés, bien au contraire ! l'ennui causé par la psalmodie va les ragaillardir. Si je vois des flots de bouillon, *brodo lungo*, à boire dans ces éditions de chant grégorien établies à grands frais, j'aperçois les avantages prompts, lucratifs et presque sans dépense d'une édition de cantiques choisis et mis en vers bien ajustés à la musique. Tous nos ecclésiastiques ont fait des vers latins ; je leur donne la gamme du travail qu'ils pourraient exécuter sans peine. En les avertissant néanmoins de n'entreprendre la correction des paroles qu'après avoir rectifié l'air, trop souvent dégradé sur plusieurs points, afin de le faire cadrer avec le texte littéraire primitif et profane. Comme j'ai fait pour les romances d'Héléna, de Gulnare, et les airs de Zémire et Azor, d'Anacréon chez Polycrate, cités parmi les exemples donnés à la fin de ce livre.

Je n'ai pu découvrir qu'une seule romance dans tout le fatras spirituel, mais anti prosodique, inchantable de nos paroliers. Cette unité précieuse, que je n'ai pu trouver pour la chanson, va me faire défaut pour le cantique. Procès-verbal de carence qui doit me servir d'excuse ; veuillez bien me pardonner l'exhibition de quelques exemples de ma façon.

VENI SANCTE-SPIRITUS.

Air de la romance de Gulnare, *Rien, tendre amour.*

Dï | vïn Es | prît, vïĕns rĕ | gnĕr ĕn nŏs | ămes,
Descends sur nous, daigne entendre nos vœux !

> Que notre amour, épuré par tes flammes,
> Nous ouvre un jour le royaume des cieux!

Cette invocation, devant être brève, n'a qu'une seule strophe.

La psalmodie, ce chant grégorien, objet de tant de vœux non sincères, de tant de vaines recherches, de graves dithyrambes dont le public ne prend aucun souci, plain-chant que vous prétendez ressusciter bien qu'il ne soit pas mort, si j'étais assez érudit, assez heureux, assez malin pour vous le rendre frais et gaillard, dans sa vigueur et pureté natives, qu'en feriez-vous? Car, en toutes choses, il faut considérer la cadence finale.

Où trouverait-on les fonds nécessaires pour rémunérer soixante mille professeurs capables d'endoctriner quelques millions de routiniers indociles, munis, à vos frais, de livres nouveaux, qu'ils ne liraient point; vous en savez la raison. Et lorsque, dans une paroisse opulente, vous auriez réuni vingt psalmodistes réglés sur votre nouvelle gamme, ne vous faudrait-il pas disséminer autant d'huissiers dans les nefs pour imposer silence aux fidèles, prêts à mêler indiscrètement leurs voix dissidentes à celles des chantres savants? En supposant que vous puissiez réunir un chœur complet, toute une assemblée de chrétiens exécutant vos psalmodies réformées, croyez-vous qu'elles produiraient un effet assez remarquable, assez incisif pour être senti par un nombreux auditoire, au point de lui faire distinguer l'église où l'on chante *vrai* de celles où l'on chante *faux?*

Laissez aller, comme disaient les hérauts en ouvrant la carrière dans les tournois; laissez aller, ne tentez pas une réforme à peu près impraticable, et dont le résultat heureux serait nul ou du moins resterait inaperçu.

LA FOI, L'ESPÉRANCE ET LA CHARITÉ,

Pour chanter avant le Sermon. — Mots et notes de Castil-Blaze.

> | Viĕns à | nōus pă | rōlĕ cĕ | lĕste!
> Et répands ici tes bienfaits;
> Vierge sainte fais qu'elle reste
> Dans nos cœurs gravée à jamais!

17

Fais tomber la manne divine
En des ames dignes de toi;
Flamme pure nous illumine,
Et vient ranimer notre foi.

Guide-nous au but du voyage,
Vive étoile, éclair du matin;
Sauve-nous d'un triste naufrage,
Montre-nous des cieux le chemin.
Du Très-Haut qui venge l'offense,
Éloignant de nous les rigueurs,
Fais qu'un doux rayon d'espérance
Porte ses clartés dans nos cœurs.

Mère tendre, mère admirable,
Daigne encore nous protéger!
Prête-nous ta main secourable
Quand viendra l'instant du danger.
L'univers bénit ton empire,
Source d'éternelle bonté,
Ton exemple heureux nous inspire
Pour nos frères la charité.

ALLELUIA.

Air : *Chasseur diligent*, chœur de **Robin-des-Bois.**

Trĭ | ōmphĕ, vĭc | tōire!
Du Christ, roi de gloire,
Gardons la mémoire
 D'ŭn | joŭr sĭ | beāu.
Lă | mōrt; lă şōuf | frănce
Cède à sa puissance;
Vainqueur, Dieu s'élance
Du fond du tombeau.
Brulant de ses flammes,
Trésor de vos ames,
Venez, saintes femmes,
L'époux n'est plus là.
Ăllĕlŭĭ', ăllĕlŭĭ', āllĕlŭĭ', āllĕlŭi | ā!
Chăn | tōns, chăū | tōns ăl | lĕlŭi | a.

Pour nous plus de peine,
Disait Madeleine;
Parole certaine,
  Resurrexit.
O sainte allégresse!
Divine tendresse!
Dieu tient sa promesse
Comme il l'avait dit.
Brillant de lumière,
Un ange en prière,
Assis sur la pierre,
Joyeux, vous dira :
Allelui', allelui', allelui', alleluia!
Chantons, chantons *alleluia.*

A ces mots : *Chœur de* Robin-des-Bois, je vois des nerfs se cris-
per, des poils se hérisser ; j'entends des cris d'indignation
frapper d'anathème l'audacieux qui vient faire éclater dans nos
temples un chœur déjà chanté mille fois sur les théâtres.
Croyez-vous, gens de bien, que je me plaise à produire cet air,
que vous dites profane, avec des paroles sacrées, afin d'exciter
votre colère, afin d'accaparer vos critiques pour m'en faire honneur? Croyez-vous que je vienne tout exprès vous offrir une
occasion nouvelle de répéter vos phrases faites, vos refrains,
vos poncifs stéréotypés? Non sans doute. Ce n'est pas pour vous
que je travaille, et me soucie infiniment peu du *qu'en écrira-
t-on?* Les opéras s'en vont à tire d'aile, ils s'évaporent, s'évanouissent comme la brume aux rayons du soleil, mais l'Église
reste, *Sacerdos in æternum!* Moïse s'empara des vases d'or bien
profanes! des Égyptiens, et les rendit sacrés en les posant sur
l'autel du Tout-Puissant. Oserai-je vous dire que la statue de
saint Pierre, dont les fidèles ont usé l'orteil à force de le baiser,
était la statue, tout aussi profane! de Jupiter-Olympien, avant
de figurer dans l'admirable et somptueuse basilique de Rome,
dans la métropole de l'univers chrétien? Lisez les pères de
l'Église, lisez surtout saint François de Sales... Non, je préfère
vous retenir dans les sentiers mieux connus des critiques littéraires, en vous disant, avec le comte de Tufière :

Monsieur le garde-note, oui, l'argent nous soutient;
Mais nous purifions la source dont il vient.

DESTOUCHES, le Glorieux.

Dans vingt, trente ou quarante ans, Robin-des-Bois sera complétement oublié; les érudits seulement conserveront le précieux souvenir de ce chef-d'œuvre, et l'Église aura fait la conquête d'un chant joyeux pour les fêtes qu'elle doit célébrer avec une sainte et vive allégresse. Qui vous a dit que l'hymne *O filii et filiæ*, que la sublime préface de la messe n'étaient pas des chants empruntés aux tragédies d'Euripide et de Sophocle? Mettons sur table les nombreux recueils de cantiques de Saint-Sulpice, etc., etc., etc. Je les chanterai tous, et vous me signalerez à l'instant, si vous le pouvez, l'origine des airs, des timbres sur lesquels ils ont été rimés, disant à propos! — Chœur de la Belle Arsène, du Déserteur; trio de Félix, d'OEdipe à Colone; quatuor de Lucile; duo des Visitandines, entendez-vous? des Visitandines! romance, de Lodoïska, de Paul et Virginie, de Blaise et Babet, de Renaud d'Ast, de Camille, d'Azémia, de Guinare, de la Rosière de Salency, de l'Amant jaloux, du Prisonnier, d'Ariodant, de Joseph, de l'Amant statue, de Gulistan, du Barbier de Séville, il y en a deux, celle de Beaumarchais et celle de Paisiello, deux cantiques, etc., etc.; chanson d'ivrogne de maître Adam, chansons galantes, d'Albanèse, de Monsigny, de Plantade, de Martini, de Berton, de d'Alvimare, de Catruffo, de Blangini, d'Amédée de Beauplan, de Romagnési, de Masini, de Castil-Blaze même, et cent autres, sans compter les airs patriotiques et les voix-de-ville. Tous ces airs, ou du moins presque tous, nous les trouverons estampés dans *la Clé du Caveau*, recueil peu religieux.

Ces chants, jadis profanes, aujourd'hui purifiés par des flots d'encens et de myrrhe, ces airs sont acquis à l'Église. Le chœur de Robin-des-Bois, allègre et franchement cadencé, rhythmé, doit avoir son tour; il l'a même déjà dans le midi de la France. Il y est exécuté d'une manière flambante, entraînante, à six voix: deux sopranes, deux ténors et deux basses, avec le secours fugitif d'un diapason; il y est exécuté par un peuple de fidèles.

— Avec cet air on fonderait une religion. » Ce n'est pas moi qui parle, mais un ecclésiastique, membre de nos académies, l'abbé Arnaud, en citant un air d'Iphigénie en Aulide.

Si je n'avais l'honneur de vous dire que *Sainte cité, demeure permanente,* l'un des cantiques les plus religieusement suaves de notre répertoire, n'est autre que la Suissesse au bord du Lac, brunette de Goulé, musicien de Rouen, le sauriez-vous?

Tout n'est que vanité, fragilité, tout lasse, tout passe, tel est le sort des œuvres lyriques mondaines; elles acquièrent un brevet de longue vie, une espèce d'éternité lorsque l'Église les adopte. Les titres des chansons, des romances, des opéras, les noms mêmes de leurs auteurs sont oubliés; *diffugere nives,* les cantiques survivent; ils sont coulés en bronze dans la mémoire des nations. Tels ces vases étrusques sur lesquels on voit le dessin de tableaux dévorés par le temps, et dont il nous est impossible de connaître les auteurs.

XVII

DE LA MUSIQUE RELIGIEUSE POPULAIRE.

A son retour de Vienne, Cherubini est atteint d'une maladie nerveuse qui met son existence dans un tel danger, que les journaux annoncent sa mort. A Varsovie, un service funèbre pompeux et solennel est célébré pour le repos de l'ame de Cherubini. On rendait à notre musicien ce qu'il avait fait pour son confrère en écrivant le Chant sur la mort de Haydn, un an avant le décès de l'auteur des *Symphonies* et de la Création. Les gazettes allemandes l'avaient annoncé, notre Conservatoire s'apprêtait à gémir en *ut mineur* sur ce funeste événement, quand on démentit là nouvelle. Mais, hélas! le chant de mort ne resta pas longtemps en portefeuille.

Après deux ans de souffrances, Cherubini, se trouvant un peu mieux, alla passer quelque temps à Chimay, chez M. de Caraman; Auber était de la partie. Depuis deux ans, l'auteur de Lodoïska, des Deux Journées, de Faniska n'avait écrit une note; c'était en 1808. Auber lui conseilla d'essayer de composer pour se distraire et voir si la maladie n'avait point affaibli sa verve et son talent : — Vous n'avez pas de livret d'opéra, faites une messe, lui dit M. de Caraman, nous l'essayerons ici. »

En effet, Cherubini se mit à l'ouvrage et réduisit à trois le nombre des voix récitantes et chorales, pour se conformer aux moyens d'exécution dont il pouvait disposer. Il écrivit le *Kyrie,*

le *Gloria* de sa messe à trois voix ; ils furent chantés avec orchestre à Chimay ; madame Duchambge, à qui nous devons de
jolies romances, tenait la partie de soprane. A son retour à Paris,
Cherubini termina cette messe.

Le maître n'avait que trois voix à sa disposition ; il voulait
écrire une messe, il fallait bien qu'il réduisît le nombre de ses
parties vocales à trois. C'était augmenter les difficultés du travail ; chanter noblement, avec grace et former une bonne harmonie vocale, trop souvent incomplète, dans les conditions que
l'auteur avait acceptées, demandait toute l'adresse du savant
compositeur. Cette messe, nous la chantions au Conservatoire
dans les classes, avec accompagnement de piano, la mode l'avait
introduite dans les salons ; c'était à merveille, trois ou six voix
l'exécutaient à ravir ; mais à l'église elle ne pouvait conserver
tous ses avantages. Il fallait renoncer au secours des contraltes
et des seconds sopranes ou lancer toute cette compagnie de
trente ou quarante voix dans les hautes régions du premier
soprane, et lui faire attaquer et soutenir les *la* de *in excelsis
Deo*.

Presque toutes les messes avec chœur et symphonie sont
écrites à quatre parties : premier et second soprane, ténor et
basse. Les sopranes sont bien classés, mais il reste un vide entre
le ténor et la basse, l'échelle vocale est interrompue sur ce point.
Votre ténor doit être franc, loyal, et fournir au moins des *la*
sonores et limpides. En trouve-t-on beaucoup de ce genre ?
Pourriez-vous en mettre une trentaine sur le front de bandière ?
Votre basse doit être nécessairement profonde et faire vibrer
au moins le *sol* grave. Possédez-vous cinquante de ces basses
prêtes à soutenir les ténors et les sopranes qui les dominent ?
A toutes ces questions, vous me répondrez que l'orchestre est là
pour boucher les trous que les ténors et les basses peuvent laisser remarquer dans leur domaine sonore , que les bassons, les
cors, les clarinettes, en leur diapason grave, les violoncelles
fourniront de riches suppléments, un secours utile aux ténors
comme aux basses vocales. D'accord, mais en parlant ainsi vous
supposez que l'orchestre existe, qu'il est prêt à manœuvrer

dans nos temples avec une armée de chanteurs. L'orchestre a
donné sa démission, il n'apparaît à l'église qu'une ou deux fois
par année, s'il n'y a dans la capitale du monde civilisé quelque
compositeur prêt à sacrifier huit ou neuf mille francs pour
l'exécution toujours faible d'une messe... — Pourquoi faible ?
n'avons-nous pas des chanteurs, des symphonistes admirables ?
— Sans doute, mais comme une répétition coûte deux mille
francs, l'auteur, peu satisfait de la première épreuve, s'arrête
en gémissant, consulte sa bourse, et veut bien se contenter
de l'espoir que tout ira correctement au jour solennel de l'exécution. Cette espérance, hélas! est sans cesse brisée.

Pour qu'une musique à grande troupe soit bien dite, il faut
qu'on ait battu le fer avec une ardeur brulante, et pourtant
calme, raisonnée, opiniâtre. Pourquoi l'exécution de la Société
des Concerts est-elle si parfaite? d'où vient cet ensemble prodigieux, magique? Du talent des virtuoses d'abord, mais surtout
des répétitions faites avec zèle, avec un soin prudent et minu-
tieux. Vous me direz : — C'est bien étonnant! ils savent toutes
les symphonies par cœur, ils les joueraient en dormant. « Erreur! la symphonie que l'on exécute au Conservatoire, quoique
déjà dite cent fois précédemment, n'en est pas moins répétée
avec un soin extrême ; et si quelque artiste n'a pu manœuvrer à
cet essai, que plusieurs croiraient inutile, cet artiste, malgré
son habileté reconnue, éprouvée, ne sera point admis à figurer
au concert.

L'exécution, avec chœur et symphonie, d'une messe pour célébrer la fête de sainte Cécile, du *Stabat Mater* de Rossini dans
quelques villes des départements, cette exhibition faite une fois
par an, quand on la fait du moins, signale sans doute la présence
de l'orchestre dans nos églises, mais comme un accident, un cas
fortuit, un secours sur lequel on ne peut compter. L'orchestre
a donc aussi donné sa démission pour le service des églises de
la province. Reste l'orgue, trésor d'harmonie religieuse, mais
cet orgue est-il partout un orgue? N'est-il pas remplacé par un
physharmonica plus ou moins asthmatique, propre à donner le
ton sans pouvoir le soutenir, puisque l'éclat d'une vingtaine de

voix le condamne au silence? S'il continue de parler, on ne peut plus l'entendre; ce qui ne veut pas dire qu'il soit inutile. Cependant, comme l'orgue réel et bien sonnant, l'orgue fictif même ne figure pas dans toutes nos églises, sachons nous passer d'un secours précieux, afin que nul obstacle ne puisse arrêter nos chants. Un diapason, tel est le seul instrument que nous aurons pour régler l'intonation des voix. Elles doivent se suffire à elles-mêmes, nous les disposerons de telle sorte que l'édifice harmonique sera complet et bien échelonné.

Premier et second soprane.

Premier et second ténor.

Baryton et basse.

Au moyen des seconds ténors et des barytons, j'emploie toutes les voix masculines qui ne peuvent pas monter et celles qui n'ont pas la faculté de descendre. Ma conscription frappe sur un peuple entier, tout organe devient propre à figurer dans le chœur. Les diapasons de ces voix étant rapprochés, les chanteurs exécutent sans peine leurs parties, dont le nombre est assez grand pour que le compositeur évite les sauts, les croisements inévitables à trois comme à quatre parties. Ces croisements seront pratiqués, si le dessin mélodique les rend nécessaires pour certains effets. Le défaut capital de la musique vocale privée du secours des instruments, c'est la langueur, une sorte de monotonie amenée par l'abus des *adagio*, des *andante*. On ose peu se lancer dans un *allegro*, de peur de culbuter; d'ailleurs, si quelque trait en grosses notes arrive dans cet *allegro*, son caractère se perd, l'*allegro* devient *adagio* pour un instant, parce que sous ces notes larges il n'y a point un bourdonnement animé de violes, de violoncelles, de violonars qui maintienne le rhythme, le mouvement de l'*allegro*, et prévienne ainsi toute méprise de l'auditoire.

Mes six voix classées de cette manière, je traite leurs parties comme on traite celles d'un orchestre. Un solo trouvera son accompagnement dans trois, quatre ou cinq voix qui soutiennent la voix principale sans l'offusquer et la couvrir. Dans un récit énergique et brillant, un ténor, un soprane pose sa mélodie sur les accords plaqués du chœur figurant un rhythme bien caractérisé. D'autres fois un chant de cigale, un monotone battement, pédale intérieure, vient animer des traits en grosses notes que les sopranes et les basses font descendre ou monter en s'appuyant sur ces milieux d'une agile mais opiniâtre immobilité. Les basses, les barytons formant deux groupes séparés; imitent parfaitement les violonars, les violoncelles. Divisant une ronde en huit croches, ils se renvoient la balle d'une mesure à l'autre, reprenant haleine sur des pauses ménagées adroitement, et les sopranes, les ténors manœuvrent dans les hautes régions, comme le feraient des hautbois, des bassons, posant leurs tierces ou leurs sixtes sur le bourdonnement rhythmique des violonars, des violoncelles de l'orchestre.

C'est afin de rendre l'ensemble vocal tout à fait complet, et la musique d'une exécution infiniment plus facile, que j'écris une messe à six parties, réelles quelquefois grâce aux croisements. Les voix se coudoient, se tiennent par la main, elles s'égarent difficilement; chacune reste dans sa portée et peut soutenir longtemps le discours sans fatigue. Toutes les voix sonnantes viennent figurer dans un chœur où deux genres de basses et de ténors sont admis comme les deux sopranes.

Les glorieux fondateurs de la sublime et vraie musique d'église, n'écrivant que pour les voix, ont toujours donné cinq ou six parties au moins à leurs compositions. Je pourrais en citer dont le nombre de voix s'élève jusqu'à seize et plus encore. Lalande écrivait à cinq parties vocales, et pourtant ses motets étaient soutenus par la symphonie. Nos chœurs d'opéras sont aujourd'hui presque tous disposés pour cinq et même pour six voix, bien que l'orchestre leur prête son appui. Nos maîtres ont adopté ce système dont l'excellence est démontrée. En effet, si vous possédez seulement quatre chanteurs, il est tout simple que vous ne donniez qu'un pareil nombre de parties à votre chœur, mais si trente, cinquante, cent voix sont à votre disposition, ayez soin de les grouper de la manière la plus favorable pour l'émission libre du son et la plénitude si précieuse de l'harmonie. Dans une armée, que dis-je? dans un régiment vous avez des grenadiers, des compagnies du centre, des voltigeurs, des sapeurs ; et, pour compléter la symphonie, un escadron de hussards, une batterie de campagne viennent faire leur partie dans l'occasion. Chacun manœuvre avec énergie et prestesse, parce que chacun doit exécuter les notes qui sont dans sa voix et les traits qu'il a vivement travaillés à douze comme à dix temps.

Les chœurs disposés pour quatre voix masculines, chœurs bien écrits et d'une exécution parfaite, admirable, ne peuvent charmer longtemps leur auditoire. Il faut nécessairement que l'exhibition de ces quatuors soit brève. Le premier nous enchante, le second nous paraît moins agréable, le troisième commence à fatiguer notre oreille ; et si les exécutants ne font pas retraite après le quatrième, ils seront abandonnés par leurs écoutants. Vous me direz que ces chanteurs s'amusent et prennent peu de souci de l'assistance. Ils s'amusent, il est vrai, mais non pas tous. Le diapason des voix masculines est trop resserré; n'embrassant que deux octaves, il faut réserver au moins une sixte au ténor, afin que la mélodie, dont il est presque toujours l'unique possesseur, ait un espace libre pour se dessiner. Les autres voix se trouvent ainsi retenues au rez-de-chaussée, à la cave, pour y murmurer trop souvent des accords plaqués qui soutiennent le motif ténorisé. Les chanteurs condamnés à cette œuvre insipide et servile s'amusent à peu près comme les Indiens qui marchent en mesure sous le palanquin d'un nabab.

Un chœur privé des voix incisives, argentines des sopranes semble couvert d'un voile sombre : tel serait un orchestre composé seulement de violoncelles et de bassons. Il nous charmerait, sans doute, pendant cinq minutes ; mais quelles jouissances nous seraient préparées si l'orage, les trompettes, le *presto* furibond de Guillaume Tell ne succédaient point à ce prélude tranquille et vaporeux de l'ouverture de cet opéra sublime. Le quatuor de voix mâles est d'un très bon effet dans une chapelle, ou bien au dessert d'un joyeux festin, à l'improviste dans un bosquet, sous les fenêtres de quelque dilettante ; il ne saurait figurer sans désavantage dans une église, même avec le

secours de l'orchestre, témoin le *Requiem* de Cherubini. On sait
que ce maître fut de nouveau forcé de restreindre son chœur
vocal pour obéir à des règlements absurdes.

J'ai composé beaucoup de quatuors pour des voix masculines.
Ce genre me plaisait à cause des tuyaux admirables que j'avais
à ma disposition : deux premiers ténors brillants et *sfogati*,
deux basses dont une faisait vibrer le *si bémol* grave du basson
et montait au *fa*, l'autre ne commençait qu'au *ré*, succédant
à l'*ut* profond du violoncelle. Le chœur de la Forêt de Sénart :
Au signal soyons prêts, que j'ai fait applaudir à l'Odéon, au
Conservatoire de Paris, était une facétie écrite pour mes virtuoses ; le bourdonnement des voix graves imitait le son des
cloches, et le ténor faisait un appel aux bergers.

> *L'armit' a souná la campana,*
> *L'aub' a dóurá lou Leberoun,*
> *Li cabr' an picá de la baña,*
> *Fóut li menar dins lou valoun.*

Avec des extrêmes si bien avitaillés, il était facile de trouver
deux seconds ténors, deux barytons excellents pour tenir les
parties médiaires. *Douce magie*, du premier duo de Ma Tante
Aurore, avec des paroles ajoutées aux parties de violons, l'*andante* de l'ouverture du Calife de Bagdad, parodié ; le ténor, la
basse disant les parties du premier et du second cor en *ré*, produisaient un effet charmant.

Le quatuor masculin, déjà riche d'harmonie en ses deux
octaves, va former un clavier splendide avec les sopranes qui
viennent poser une octave brillante sur cette base précieuse,
et doubler une quinte au grave. Le compositeur peut alors
disposer de trois chœurs, il peut les combiner avec adresse,
obtenir des contrastes en opposant un chœur médiaire à chacun
des chœurs formés avec les voix extrêmes, réunir ces trois
chœurs pour les séparer de nouveau, passer d'une combinaison à l'autre jusqu'à l'ensemble général.

Cette manière de traiter les voix comme des instruments d'orchestre, de maintenir le rhythme, la vie dans les milieux, lorsque les sopranes, les basses restent immobiles, et *vice versâ*,

m'a fait obtenir des résultats surprenants. Les masses chorales
ainsi disposées, se tenant par la main comme six personnes qui
traversent un gué, formant des groupes diversement caractérisés, des ensembles, et ne pouvant perdre le ton, qu'une ou
deux voix conservent toujours, afin que la troupe entière vienne
saisir le fil d'Ariane, et s'attacher au repère qui sonne à son
oreille. Cette manière d'écrire, que le hasard me fit trouver,
assure l'aplomb, l'ensemble d'une armée de chanteurs, rend le
secours de l'orchestre inutile et permet de considérer l'orgue
comme un objet de luxe. Je me garde bien de proscrire cet instrument admirable; au contraire, et j'ai soin d'ajouter un accompagnement d'orgue aux compositions que je publie, quoique
les parties vocales ne le réclament point. Cet accompagnement
sert au moins pour les répétitions au clavier. Il est des circonstances où l'orgue ne saurait marcher avec le chœur : dans une
procession, par exemple, un pèlerinage à quelque chapelle de
campagne.

Il faut pourtant que je vous dise comme quoi je fus lancé dans
la musique religieuse, pour composer, arranger, parodier tout
un répertoire immense, flambant, ravissant. Ces épithètes vont
trouver bientôt leur justification. En 1840, je pris un congé de
vingt mois, j'avais besoin de repos et j'allai m'établir à-n-Avignon. J'habitais mon hotel de Cluny, voisin du petit séminaire.
A peine installé, je reçus la visite des professeurs du séminaire,
état-major musicien commandé par M. l'abbé Peytié, le Choron
de notre époque, ayant la foi qui fait marcher les montagnes et
chanter les caniches. Quelques jours avant les solennités que le
calendrier amenait, ces dilettantes religieux venaient me demander un motet spécial pour la fête annoncée. Après en avoir
composé quelques dizaines, j'imaginai de parodier en latin, en
français, des fragments de symphonie, de sonates et même des
airs, des chœurs d'opéras. J'avais à ma disposition cent cinquante voix de toute espèce, manœuvrant admirablement sous
la direction de M. l'abbé Peytié. MM. les abbés Pinatel, Nicolas
et Baret, lieutenants, commandaient une escouade chacun et
surveillaient, retenaient les groupes exécutants dans un ordre

parfait. Beaucoup de ces virtuoses n'étaient pas musiciens, mais ils savaient lire à merveille le plain-chant et connaissaient le mécanisme de ses tons. Ils transposaient leurs parties et les notaient en musique, il est vrai, mais avec les suppressions d'accidents que permet le plain-chant. Moyen ingénieux qui range à l'instant les plain-chanistes parmi les musiciens.

Un grand nombre des morceaux que je leur donnai furent distingués, goûtés, applaudis *in petto ;* mais une mélodie de Goulé, musicien de Rouen, **la Suissesse au bord du Lac**, romance adoptée par l'Église et devenue cantique avec ces paroles : *Sainte cité, demeure permanente*, obtint un succès prodigieux. J'en avais refait les stances pour les rhythmer et les amener d'aplomb sous les notes. Sur un chœur en accords plaqués et d'un rhythme régulier, chœur d'une extrême douceur, où les cent cinquante voix d'accompagnement semblaient sortir des caveaux de l'église, se posait un soprane enfantin délicieux, qui disait la première phrase jusqu'au repos de dominante. Divers dessins confiés aux basses, aux ténors, amenaient l'explosion du chœur et la cadence finale. A la dernière stance, un ténor, un baryton, une basse concertaient avec le soprane récitant. J'ai donné ce morceau dans un recueil publié sous le titre de **Mois de Marie.**

Après une longue suite de motets, mes chanteurs ambitieux me dirent : — *Majora canamus*, faites-nous une messe. » Je n'osais pas entreprendre cette œuvre immense, tout un drame en cinq actes, que des voix devaient exécuter sans fatigue, n'ayant pour soutien qu'un diapason. C'est alors que j'eus recours à tous les artifices du métier pour attaquer sans péril les rapides mouvements du *Christe eleison*, du *Cum Sancto Spiritu*, du *Resurrexit*, de l'*Et vitam venturi sæculi*, du *Benedictus* final du *Sanctus*, en suivant la tradition donnée par les grands maîtres modernes, tels que Haydn, Mozart, Beethoven, Cherubini. J'écrivis le *Kyrie*, le *Gloria* d'une messe; on chanta ces fragments, ils produisirent un très bon effet. Obligé de rentrer à Paris, j'abandonnai ce travail, dont je ne gardai pas le manuscrit.

Huit ans après, en 1849, je vins prendre mon quartier d'été près du mont Ventour, à Mormoiron, où le hasard me fit arriver juste pour assister à l'installation de M. l'abbé Peytié, nommé doyen de ce chef-lieu de canton. Ce général avait perdu son armée de chanteurs, il ne lui restait pas même un aide-de-camp. *Quid non sanctus amor!* dit Santeul dans une de ses hymnes pour la fête de sainte Cécile. Un mois suffit à M. Peytié pour se former tout un nouveau régiment; ces recrues manœuvrèrent bientôt assez bien, se comportèrent de telle sorte que la conclusion de la messe commencée à-n-Avignon me fut demandée. On l'exécuta; je la fis graver et l'ai déposée à la bibliothèque du Conservatoire comme une curiosité, montrant ce que peuvent chanter correctement des virtuoses champêtres n'ayant, la plus grande part, un sur dix, aucune des premières notions du solfège. Une rare sensibilité d'oreille, un instinct, une mémoire qui tiennent du prodige, tels sont les moyens qui rendent cette troupe sans cesse prête à chanter six messes et deux cents motets, répertoire opulent, d'une riche variété, dans lequel figure le sublime, l'immense chœur final du *Fidelio* de Beethoven, armé de six voix récitantes.

La Banti, qui fut la première cantatrice de son époque, n'a jamais su lire la musique; Ronconi, Dabadie, Massol, se réglant sur ce modèle, n'ont pas moins tenu leur emploi vaillamment sur nos grandes scènes lyriques.

Qu'un premier soprane, un premier ténor, une basse même retiennent leur partie d'un ensemble, cela se conçoit; la mélodie s'y présente souvent, et la marche de la basse a des formes bien arrêtées qui se gravent dans la mémoire; tout cela procède avec plus ou moins de régularité. Mais les notes de remplissage, ces milieux, privés de mouvement, confiés aux seconds ténors ou sopranes, aux barytons, que tout cela reste imprimé dans le cerveau du routinier, de l'*orecchiante*, voilà ce qui doit surprendre, étonner. Une Thestilis de Mormoiron, sarclant les blés et la garance, chantait je ne sais quel refrain; lorsque je lui dis:

—Marion, pourquoi ne figurez-vous plus dans le chœur?

—Monsieur le curé m'a congédiée, parce que je bégaie.

— On ne bégaie point en chantant, votre voix est bonne, je vous ferai rentrer au bercail ; mais après six mois de repos...

— Deux ans, monsieur, deux ans!

— Vous aurez oublié...

— Rien, tout est là. »

Marion attaque et poursuit la partie de second soprane de ma messe, et, suivant le système de la basse continue, fait un chant continu, grâce aux fragments qu'elle emprunte aux autres parties, à ses répliques. Elle aurait dit toute la messe et vingt motets encore, si je n'avais mis un terme à cette épreuve.

Parmi les chœurs exécutés à quatre voix sans le secours des instruments, il en est de fort beaux, tels que celui de Joseph, en *ut*, celui des chasseurs d'Euriante, en *mi bémol*, dont l'harmonie est incomplète et le dessin brisé, tronqué par la suppression des cors. Si l'on veut chanter sans aucun accompagnement d'orchestre, il faut absolument que les quatre parties de cors de Joseph, d'Euriante surtout, soient munies de paroles, afin que la mélodie suive son cours, afin que l'harmonie soit remplie sur tous les points. L'absence des quatre cors obligés laisse des trous que les voix ne sauraient boucher, puisque trois de ces voix (dans le chœur d'Euriante) viennent se réunir sur de mêmes notes, chantent à l'unisson et ne trouvent plus la base, le complément de leur harmonie ; les réponses que leurs attaques sollicitent étant réduites au néant par le silence des cors.

Ces deux chœurs admirables figurent dans l'Orphéon religieux à grand chœur de Mormoiron avec toute la richesse et la pompe de leur harmonie. Dans cette collection, les dilettantes seront charmés de rencontrer la Prière de Moïse, dont tous les sopranes disent la dernière strophe à l'unisson, tandis que toutes les voix masculines les soutiennent par des accords plaqués rapidement ; rhythme de triolets que j'emprunte aux violons de Rossini, effet puissant, victorieux.

Les ecclésiastiques abondant aux solennités nombreuses du Stabat Mater de Rossini, plusieurs me disaient : — Après ce Stabat, il nous faudrait une messe du même auteur. En a-t-il jamais fait?

— Non, et voici comment je le sais. Un soir, au théâtre Favart, tandis que l'on disait en scène l'admirable quintette en *la bémol*, de *la Donna del Lago* : *Crudele sospetto!* cet ensemble vocal me parut convenir si bien à ces paroles de la messe : *Qui tollis peccata mundi,* que je les chantai dans le petit foyer en présence de Rossini, lui disant : — Vous avez sans doute emprunté ce fragment précieux à quelque messe de votre composition.

— Point du tout, c'est un effet du hasard. Je n'ai jamais rien écrit pour l'église.

— Avec une vingtaine de ces hasards on pourrait compléter une messe admirable.

— Complétez, cela vous regarde. »

Je n'en fis rien pourtant ; mais je poursuivis mon Rossini, lui chantant : *Qui tollis, qui tollis peccata mundi,* sur l'air de *la Donna del Lago.* Si la plaisanterie n'avait rien de neuf, de piquant, les répliques du maître étaient fort originales, et notre auditoire m'encourageait à les provoquer ainsi.

Dix-sept ans après, en 1854, je vais faire encore un pèlerinage à Mormoiron, villette du département de Vaucluse, où je possède une infinité de rejetons, *miei rampolli.* Je retrouve en ce benoît pays l'Orphéon religieux à grand chœur, dont M. l'abbé Peytié, Choron de notre époque, est le fondateur et le chef : quatre-vingts chanteurs, animés d'un saint zèle, exécutant Hændel, Haydn, Beethoven et Cimarosa, Gluck, Weber, Salieri, Cherubini, Mozart et Rossini. Orchestre vocal dominé par de nombreux sopranes féminins, auxiliaire tellement précieux qu'il est indispensable. J'assistais à l'une des répétitions de la société, lorsque le fameux *Qui tollis peccata mundi* se présente à ma mémoire, et je le dis au clavier en nommant son auteur.

— Comment ! une messe de Rossini ? » s'écria le doyen maître de chapelle.

— Oui, la messe de *la Donna del Lago.*

— Qu'importe ! ce chant n'est-il pas solennel, religieux au suprême degré ? Voyons, voyons ! continuez, en avant !

— Impossible, je n'en sais pas davantage.

— Répétez-nous dix, vingt fois cet admirable fragment, ce

18

Qui tollis délicieux à qui vous allez donner tête et queue, pour en former une messe flambante, solennelle, ravissante, digne sœur du Stabat Mater. »

Je le redis tant de fois qu'ils l'apprirent; mais il était nuit close quand j'eus terminé tous ces *da capo*. — Les loups, rossignols du Ventour, se sont mis en campagne, dit le premier baryton, *ducit Cytherea choros*, quel dommage s'ils vous mangeaient avant que notre messe de Rossini fût achevée! Après, je ne dis pas... En attendant, nous allons protéger votre retraite. » Et le chœur m'accompagne, chantant *Qui tollis peccata mundi* jusqu'au manoir de Pavoyère : trois kilomètres et la *coda*.

Parodier un air est déjà chose assez difficile, bien qu'il soit permis de tourner *a piacere* les paroles nouvelles que l'on ajuste à la musique donnée. Mais adapter le texte immuable de la messe à des mélodies qu'il faut conserver dans toute leur pureté; maintenir un parfait accord de sentiment, de couleur, d'expression entre les éléments épars que vous réunissez; maintenir cet accord au point de faire croire que ces chants dépaysés ont été composés pour leurs paroles nouvelles, *hoc opus, hic labor est*. C'est ainsi que Gluck arrangea ses opéras français. J'arrivai cependant au but, et ce ne fut pas sans peine et sans bonheur. J'avais terminé la Messe de Rossini lorsque je me vis forcé de rentrer à Paris. Ne pouvant assister à l'exécution que l'on en fit le jour de Noël, on me rendit compte de cette solennité, de la seconde plus satisfaisante encore que la première. Des centaines de pélerins se rendent à ces fêtes religieuses, musicales; et, dans aucune ville de France, le service divin n'est célébré mélodieusement avec autant de fréquence, de soin et surtout de variété qu'à Mormoiron. C'est de là que la Messe de Rossini est partie, elle achève son tour de France.

Le 14 mars 1856, dans une longue promenade faite avec Rossini sur le boulevard, je lui remémorai ce *Qui tollis peccata mundi*, et lui dis : — Notre messe est terminée, bien mieux on l'a chantée deux fois. » Et voilà *subito* l'illustre maître de chapelle faisant l'appel nominal de tous les morceaux que je lui chantais *sotto voce*.

— *Bravo! bravissimo!* me dit-il, c'est un vrai tour de force, heureusement accompli, je vous réponds du succès, peut-être vous fallait-il encore celui-là. »

Trois chevaliers nous arrêtent, et Rossini me présente à leurs seigneuries, disant : — Ce vénérable et saint patriarche est mon second père, c'est lui m'a traduit en français, en provençal, en latin, et m'a fait prendre possession d'un empire nouveau. Ce n'est pas tout, le gaillard veut à présent me conduire au paradis. Je m'en alarme peu ; je crois qu'il n'est pas bien pressé de se mettre en route.

» Il n'est pour moi que deux poètes, Dante et Castil-Blaze. »

Permis à tous de voir la moitié d'une facétie dans cet apophtegme du prince des musiciens ; mais il faut alors supposer que cet empereur se rit de son barde élu, de son *poeta cesareo* ; de celui qui, bien loin d'offrir, d'imposer ses couplets au maître, accepte avec amour des mélodies, simples vocalises, dont il saisit à l'instant le caractère, les effets de sonorité, la cadence, pour ajuster des paroles sous les vers musicaux d'un rhythme toujours parfait. Les orphéonistes ont déjà le gros lot dans les productions nouvelles du compositeur par excellence. Il a travaillé pour eux à quatre voix, de première intention.

ORPHÉON RELIGIEUX A GRAND CHŒUR

DE MORMOIRON (Vaucluse),

POUR DEUX SOPRANES, DEUX TÉNORS, BARYTON ET BASSE,

Paroles françaises de Castil-Blaze, musique de divers auteurs.

* *Messe de Rossini*, orgue obligé, partition et parties.
* *Messe de Castil-Blaze*, orgue si l'on veut, partition et parties.

MOTETS AU SAINT-SACREMENT.

Lauda, Sion, salvatorem.	Gluck, **Iphigénie en Aulide**.
Panis angelicus.	id. id.
Tantum ergo.	id. **Alceste**, marche religieuse.
Ecce panis angelorum.	id. **Iphigénie en Tauride**.
Adoro te, supplex.	Piccinni, **Didon**.
Tantum ergo.	Haydn.
Ave verum.	Mozart, **la Flûte enchantée**, marche religieuse.
	id. id.
* *Verbum caro, panem verum.*	Spontini, **la Vestale**.
* *Panis angelicus.*	Rossini, **Semiramide**.
Te, trina deitas.	Donizetti, **Anne de Boulen**.
Benedictus Dominus.	Bellini, **Norma**.
Verbum supernum prodiens.	Castil-Blaze.
Pange lingua.	id.
O salutaris hostia.	id.
Tantum ergo.	id.
Lauda, Sion, salvatorem.	id.
* *Sacris solemniis.*	id.
Laudate Dominum.	id.
Benedicite Domini omnia opera.	id.

Cantate Domino.   Castil-Blaze.
In te, Domine, speravi.   id.
O crux, ave.   id.
Lœtatus sum in his.   id.
Domine, Deus noster.   id.

CANTIQUES AU SAINT-SACREMENT.

Nos humbles concerts.   Gluck, **Écho et Narcisse.**
Venez dans la sainte retraite.   id.   **Armide.**
Présent du ciel.   id.   id.   Ces trois cantiques
                                     sont réunis.
Cet asile aimable et tranquille.   id.   **Orphée.**
Au pied de cet autel.   Piccinni, **Atys.**
Tout l'univers est plein.   Mozart, Perrin, Gaveaux.
Gloire au roi des cieux!   Beethoven, **Fidelio,** grand finale.
Du Dieu d'Israël.   Rossini, **la Donna del Lago.**
Triomphe, victoire.   Weber, **Freyschütz.**
Allons au temple du Seigneur.   id.   **Euriante.**
Le Dieu de la guerre.   id.   **Chant de guerre.**
* Jésus, mon bien suprême.   Grétry, **Richard-Cœur-de-Lion.**
Dieu que j'adore.   Castil-Blaze.
Entends ma voix, divine Providence.   id.
Fais, ô mon Dieu, que ton divin amour.   id.
Notre père des cieux.   id.
Sion tressaille et chante.   id.

MOTET AU SAINT-ESPRIT.

Veni, Sancte-Spiritus.   Méhul, **Joseph.**

CANTIQUE AU SAINT-ESPRIT.

Divin Esprit.   Dalayrac, **Gulnare.**

MOTETS À LA SAINTE-VIERGE.

O sancta Dei genitrix.   Mozart, **Don Juan.**
Ave, Maria.   Méhul, **Joseph.**
Alma redemptoris mater.   Castil-Blaze.
Ave, regina cœlorum.   id.

Regina cœli lœtare. Castil-Blaze.
Salve, regina. id.
Sub tuum præsidium. id.
Ave; maris stella. id.
Angelus Domini. id.

CANTIQUES A LA SAINTE-VIERGE.

Au jour de la justice. Gluck, **Iphigénie en Tauride.**
*Gloire à Marie. Salieri, **les Danaïdes.**
O Vierge, espérance. Lulli, brunette.
Plaisirs mondains. Martini, romance.
Mère du Seigneur. Paisiello et Cimarosa.
* Si, dans les pleurs. Goulé, mélodie.
*Grâce, pitié de nous. Rossini, prière de **Moïse.**
* Grande reine, ô Marie. id. **Tancredi.**
O Vierge glorieuse, id. **la Donna del Lago.**
Marie, entends ma plainte. id. **Semiramide.**
Entends nos vœux, divine mère. Weber, **Freyschütz.**
La cloche nous appelle. id. **Euriante,** premier finale.
Notre-Dame-de-la-Garde. id. **Obéron,** barcarole.
Viens à nous, parole céleste. Castil-Blaze.
Le Mois de Marie. id.
Notre-Dame-des-Anges. id.

NOËLS.

Le sommeil de l'Enfant Jésus. Castil-Blaze.
Gran joya, gran festa! id.
De matin n'ai rescountra lou trin. Lulli.
La Bòumian. Puech.
Un ange a fa la crida. Saboly.
Li Casaaire de fila. id.

CANTIQUES DIVERS.

Un rayon de vive espérance. Händel, **Judas Macchabée.**
*Gloire éclatante à Judas vainqueur. id. id.
Super flumina Babylonis. Castil-Blaze.

PRIÈRES POUR LES MORTS.

Requiem æternam.	Méhul, **Uthal.**
Te decet hymnus.	Cimarosa, **Orazi e Curiazi.**
Lacrymosa.	Sacchini, **Œdipe à Colone.**
Quid sum miser.	Gluck, **Orphée.**
Ingemisco.	id. **Iphigénie en Tauride.**
Pie Jesu.	Mozart, **Le Nozze.**

CANTIQUES pour une, deux ou trois voix, avec accompagnement d'orgue.

*Mon Dieu, mon père!	Air d'église, Stradella, une voix.
* O bonheur, quelle grâce!	Grétry, **Zémire et Azor,** id.
*Rogations.	Méhul, **Héléna,** id.
*Entends nos vœux.	Castil-Blaze, à deux voix.
*Reçois ces fleurs.	Mozart, **la Flûte enchantée,** à trois voix.
* Jésus, mon bien suprême.	Grétry, **Richard-Cœur-de-Lion,** id.
*Auguste souveraine.	Donizetti, **Anne de Boulen,** id.
Divin Esprit.	Dalayrac, **Gulnare,** id.
*Quels flots d'encens.	Méhul, **le Prince troubadour.** id.
*Viens à nous, parole céleste.	Castil-Blaze, id.
*Notre-Dame-de-Lumières.	id. id.
O sancta Dei genitrix.	Mozart, **Don Juan,** id.
Mater inviolata.	Guglielmi, **Debora,** id.
Inviolata, casta es, Maria.	Donizetti, **Anne de Boulen,** id.
*Benedictus.	Castil-Blaze. id.
Tantum ergo.	id. id.

*LE MOIS DE MARIE, antiennes et cantiques à une, deux, quatre et six voix, par Castil-Blaze, 72 pages in-8. Prix net : 5 fr.

Les chants marqués d'un * sont publiés.

Je ne signale ici que les chants sortis de mon atelier ; le répertoire de Mormoiron possède en outre une centaine de compositions de maîtres différents, parmi lesquelles on remarque plusieurs messes de Haydn, de Mozart, de Cherubini, etc.

EN LA CAUSE DES FRANÇAIS

CONTRE LEURS ACADÉMIES,

MÉMOIRE A CONSULTER.

Peuple, écoute ma voix ; France, prête l'oreille !

— Si j'étais dans un endroit où l'on eût des oreilles et un cœur, quelque connaissance de la musique et un peu de gout, je rirais volontiers des intrigues qui se forment contre moi ; mais je me trouve dans un monde *uniquement* composé *d'animaux et de brutes*, musicalement parlant. Et comment en serait-il autrement ? C'est ainsi qu'ils sont tous dans leurs faits, gestes et passions. *Il n'y a pas dans l'univers un endroit comme Paris.* Ne croyez pas que j'exagère quand je parle ainsi de leur musique. Adressez-vous à qui vous voudrez, pourvu que ce ne soit pas un Français natif, il vous répondra comme moi. Enfin, je suis ici, je dois tout supporter, mon père, pour l'amour de vous. Je remercierai Dieu tout-puissant si j'en reviens avec le gout sauf ! Je le prie chaque jour de m'accorder la force de persévérer à Paris, afin que je puisse faire honneur à la nation allemande et à moi-même....

« Si l'on me fait écrire un opéra, je trouverai des ennemis de reste, cela m'inquiète peu ; j'y suis habitué déjà. Cette maudite langue française est si chienne (*hunds fôttisch*) pour la musique ! C'est vraiment une pitié ! L'allemand serait divin en comparaison. Et les chanteurs, bon Dieu, les chanteurs ! ils ne méritent pas ce nom, car ils ne chantent point ; ils crient, hurlent de toute la force de leurs poumons, du nez et du gosier. »

Voilà ce que Mozart, le grand Mozart, écrivait à son père en 1778. Le jeune maître répète naïvement les calomnies que nos paroliers ont lancées à toutes les époques sur le français, afin d'excuser, de justifier même l'impuissance honteuse qu'ils n'osaient avouer. Notre langue française n'était pas plus chienne du temps de Mozart qu'elle ne l'est aujourd'hui ; mais elle était jappée, inhumainement fracassée par des chiens qui se croyaient poètes, et bien mieux, poètes lyriques ! Les mauvaises coutumes se transmettent, se perpétuent avec plus de facilité que les bonnes. Rien n'est changé chez nous à l'égard des vers et de la musique vocale ; faut-il s'étonner que les étrangers nous traitent de *brutes*, en redisant en chœur ce que notre brave Mozart se contentait d'écrire en solo, confidentiellement à son père.

Ah! ne voulez-vous pas les forcer à se taire ?

Et pourquoi sommes-nous encore plongés dans un abrutissement dont tous les peuples de l'univers se sont affranchis ? pourquoi sommes-nous encore aveuglés par les ténèbres intérieures, lorsque le jour le plus pur, le plus éclatant inonde l'horizon, brille de toutes parts hors de nos frontières? Moïse nous a-t-il légué ce nuage obscur ou lumineux selon qu'il était dirigé vers les Égyptiens ou du coté des Israélites? Serons-nous Égyptiens jusqu'à la fin des siècles ? Comment se fait-il qu'un peuple ingénieux, spirituel, intelligent au suprême degré, possédant une langue qui se plie à tous les effets de la mélodie et de l'harmonie, qu'un peuple admiré pour ses chefs-d'œuvre d'éloquence et des arts du dessin, qui tient le rang suprême dans la musique instrumentale, soit un objet de constante et juste dérision lorsqu'il veut unir la musique de la parole à la poésie du musicien ? Comment se fait-il que ces deux sœurs jumelles, que les anciens ne séparaient jamais, ne puissent être réunies dans nos concerts et sur nos théâtres, sans montrer leur mutuelle antipathie, sans se quereller, se battre, se déchirer, s'arracher les yeux et les oreilles?

Une raison suffirait pour justifier la nation française, et nous en avons deux. Plaignez, déplorez son infortune, et gardez-vous de l'accuser. On s'est proposé de la corrompre, de l'abrutir ; mais il a fallu deux siècles et deux académies pour en arriver à ce but et consommer l'œuvre d'iniquité. Par les soins que l'on a pris, l'argent que l'on a dépensé, la persévérance deux fois sécu-

laire des oppresseurs, des tortionnaires, on jugera de la résistance héroïque de la victime.

> La vertu peut lutter longtemps,
> Mais enfin sa force s'épuise.

a dit un noble parolier.

Instituée en 1635 et composée de prosateurs rimants, l'Académie française établit et proclame les stupides lois de la versification française; Boileau se plait à les consacrer en prose
rimée. Musique finie, les Français compteront des syllabes par
leurs doigts, s'arrêteront au nombre 12, donnant des chutes
unissonnes à chaque paire de lignes, sans avoir le moindre souci
de la mesure, du rhythme, de la cadence; et la nation voudra
bien accepter comme des vers, ces lignes boiteuses, discordantes et filandreuses. C'est ainsi que plus tard se comporta
notre république n° 1, disant à ses amés et féaux : — Ceci vaut
dix mille francs ou la mort. » Les Français prenaient pour deux
cents, soixante ou vingt francs le chiffon de papier dont les
étrangers n'auraient pas voulu pour six liards.

Et voilà ces dominateurs intellectuels du monde, s'il faut en
croire les académiciens A. Jay, de Carné, vingt autres encore ;
voilà ces législateurs en poésie, comme Voltaire se plaisait à
l'écrire, en exaltant le code rimé de Boileau-Despréaux ; voilà
ces dominateurs dont l'univers a constamment repoussé, refusé,
méprisé les assignats, les cauris, en se moquant de leurs syllabes comptées, rimées et non mesurées. Ne devaient-ils pas lui
rendre mépris pour mépris.

Établis pour la culture de notre langue française, les académistes l'ont massacrée, avilie, et fort innocemment : ils ne la
connaissaient pas; ils en ignoraient l'ingénieux mécanisme, secret qui seul pouvait les conduire à l'harmonie du style. Témoin,
non pas les vers, ils n'en ont jamais fait; mais leur prose rocailleuse et cacophonique, où de belles périodes précèdent ou
suivent les pages dissonantes, noyaux de pêches que leurs
adeptes avalent dévotement. L'auteur qui, tour à tour, fait bien,
fait mal, prouve qu'il marche en aveugle, au hasard, et ne s'appuye sur aucune règle solide. L'inspiration peut lui manquer,

le *dicendi modus* jamais. Citez, si vous l'osez, citez un de vos illustres anciens ou modernes dont la prose n'offre pas ces choquantes disparates. Ce n'était point assez d'avoir faussé l'oreille et le gout d'un peuple intelligent, vous l'entretenez dans cette corruption afin qu'il ne sente pas la gravité de son mal; le ridicule immense dont vous l'avez enduit, crépi, recrépi. Vous distribuez des prix, des couronnes à la sottise, aux infortunés que vous avez leurrés, trompés, innocemment encore. Et je ne dis rien du trop fameux *Dictionnaire académique*, criblé de fautes, bien que non achevé. Travail plusieurs fois terminé depuis 221 ans ! à diverses époques, par un seul écrivain !

Admirer les vers de Pindare, d'Horace, de Métastase, de Klopstock, de Gleim, de Kœrner, de Dryden, et couvrir des mêmes lauriers la prose consonnante de nos rimeurs, n'est-ce pas démontrer que l'on a l'oreille dure au point de ne pouvoir distinguer la musique leste et cadencée du lourd et soporifique plain-chant? Si, par une illusion d'amour-propre à nulle autre seconde, vous en arrivez à croire que vos lignes rimées sont des vers, il faut absolument proclamer du haut de la chaire doctorale que Pindare, Horace, Métastase, Klopstock, Kœrner, Dryden, etc., n'ont jamais fait que de la prose. Vous ne pouvez unir deux ennemis inconciliables ; Guelfes et Gibelins se rangeaient-ils sous la même bannière?

— Le Basque ne goute pas volontiers ce que l'on appelle *la poésie en prose;* dès qu'on rime les vers en mesure, pour le plaisir de l'oreille, il veut qu'on les chante ; du moment qu'il entend chanter, il a toujours envie de danser. C'est des bardes euskariens qu'il est vrai de dire, avec les poètes de l'antiquité classique : *Je chante l'amour, les combats*, etc. Augustin Chaho, Biarritz, *Itinéraire pittoresque*, tome II, page 14, in-18, 1857.

Quoi qu'en ait dit Louis XIV, il existe encore des Pyrénées, cordon sanitaire qui préserve une partie de la France du typhus de ses académies. Témoin Chaho, témoin les autres bardes euskariens.

Et de qui les Français tiennent-ils ces lois ridicules qui, depuis deux siècles et plus, les contraignent

A proser de la rime ou rimer de la prose?

Quel est le divin Solon, l'austère Lycurgue que nous voyons en tête de nos burlesques législateurs en poésie?

> C'est Chapelain, lui, dont le violon,
> De discordante et gothique mémoire,

a faussé l'oreille de ses compatriotes, secondé qu'il était par une légion de crapauds coassant à plaisir de gorge, sirènes du Préz-aux-Clercs, du marais des Arcans. Et Corneille, Racine, admirateurs des poètes grecs, latins, espagnols, italiens, ont accepté sans la moindre réclamation l'arrêt qui les séparait à jamais de leurs modèles favoris, en les condamnant à compter des syllabes au lieu de mesurer des vers! Et Boileau s'est incliné devant la règle imposée par ce même Chapelain, qu'il accablait de ses traits satiriques; bien mieux! il a rimé la prose du législateur!

— Chapelain régnait au Parnasse, et désignait les poètes à la libéralité de Louis XIV. Ainsi les modèles, les succès, les récompenses, tout favorisait l'influence du mauvais goût, tout conspirait à assurer son empire. » Auger, Éloge de Boileau.

— Boileau s'était exprimé avec trop de liberté sur les poètes ridicules qui, de son temps, abondaient à l'Académie française, pour espérer d'en être jamais; il s'était abstenu de toute démarche à ce sujet; mais Louis XIV voulut qu'on l'y admît, et l'ordre fut exécuté.» Notice sur Boileau, édition de ses œuvres, Didot, 1815.

Ces académistes ne devaient-ils pas le recevoir à bras ouverts? Comme eux il comptait des syllabes, et rimait sa prose, dignus erat, il se conformait aux lois, à l'exemple de Chapelain.

Corneille, Racine, Molière, Boileau pouvaient fort bien accepter la prose rimée. Si l'acteur et le lecteur savent la briser, la détruire avec intelligence, elle ne causera qu'un faible dommage à la tragédie, la comédie, la satire et l'épître. Mais que deviendront les œuvres lyriques, l'ode, la cantate, la chanson, brutalisées à la manière de Chapelain? Rien de plus simple: elles cesseront d'exister pour nous, et nul au monde ne s'en plaindra. Si les odes, les cantates, les chansons de nos prosateurs rimants repoussent avec horreur la musique, elles ne peuvent pas même être lues devant un auditoire civilisé sans le mettre au supplice.

On lit faux comme on chante faux, et ces œuvres, où les ressauts, les cadences brisées, les cacophonies, les rhythmes barbares abondent, ne sauraient être dites autrement.

Qu'est-ce que la poésie? De la musique sans notes. Et la musique? De la poésie sans paroles. Ces deux puissances réclament
donc également la mesure, le rhythme et la cadence. Les en
priver, c'est les frapper de mort ou du moins de paralysie.

—Pourquoi donc les opéras bouffes italiens plaisent-ils partout,
malgré les misères du livret, même à Paris, où je les ai vu représenter? Parce que la musique seule y domine et fait tout oublier; donc
notre opéra plaira d'autant plus que le plan de la pièce est bon et
bien travaillé, que les paroles n'ont été écrites que pour la musique, et
qu'on n'y trouve pas des mots, des strophes entières qui gatent tout à
fait les idées du compositeur, pour l'amour de quelques misérables
rimes qui, pardieu, quelles qu'elles soient, ne font ni chaud ni froid
à une représentation théâtrale. Des vers mesurés, certes la musique
ne peut s'en passer, mais des rimes pour des rimes, rien de plus fatal; la pédanterie des auteurs les perd, eux, leurs drames et la
musique.

« Ce qu'il y a de mieux, c'est quand un bon compositeur, qui comprend le théâtre, qui est capable de donner des indications, rencontre
un poète ayant de l'oreille, un vrai phénix. Alors ils n'ont rien à
craindre de la cabale des ignorants. Les poètes me font presque l'effet
des joueurs de trompette avec leurs fanfares; ils tiennent, comme
ceux-ci, aux farces de leur métier. Si nous autres musiciens nous voulions toujours suivre scrupuleusement nos règles (fort bonnes quand
on n'avait rien de mieux) nous ferions d'aussi mauvaises compositions qu'ils font de mauvais livres. » MOZART, écrivant à son père;
Vienne, 27 septembre 1781.

C'est à propos de l'*Enlèvement au Sérail*, livret allemand,
que Mozart s'exprime de cette manière.

Un brigand étranger, que la favorite Montespan avait tiré des
griffes du bourreau, s'empare de notre Académie royale de Musique après en avoir dépossédé les fondateurs, et, muni d'un
privilége qui lui donne le monopole des théâtres lyriques de la
France entière, étend sa verge de fer, ses ongles rapaces, meur-
trières sur notre belle patrie; établit insolemment des lois per-

fides et brutales sur notre nation opprimée, écrasée sous un joug
d'autant plus odieux qu'il était avilissant. Lulli, dictateur en
musique, défend aux comédiens français d'avoir plus de six violons à leur orchestre, et supprime chez eux le chant et la danse;
plus tard, il les chassera de leur théâtre. Il meurt en 1687, et
ses enfants héritent du droit de tyranniser les Français comme
d'un bien de famille, d'une ferme dont l'exploitation leur est
confiée, acquise. Un fermier autocrate peut dire à ses ilotes, à
ses mougiks : — Ici vous planterez des choux, là des orties, là
rien du tout. »

Devenus mougiks de l'hoirie Lulli, nos directeurs de spectacles furent contraints d'accepter les ignobles et dures conditions
qu'on leur imposa. L'un avait la permission de faire parler ses
acteurs et de mêler quelques chansons à leur dialogue; l'autre
devait donner des pièces en vaudevilles d'un bout à l'autre ; un
troisième ne pouvait faire parler ni chanter ses personnages ;
l'un ne devait produire en scène que deux acteurs, l'autre qu'un
seul; si les danseurs de corde avaient l'autorisation de parler,
de jouer quelques intermèdes, il fallait que ce fût sous la corde
tendue et toujours prête à les recevoir ; une gaze en rideau
tombant sur l'ouverture de la scène, devait parfois empêcher le
public de jouir complétement du spectacle, en lui dérobant le
jeu de physionomie des acteurs; quelques Italiens privilégiés
obtenaient la licence d'ajouter des scènes françaises aux comédies italiennes; et ces permissions étaient sans cesse élargies,
restreintes ou supprimées d'après la volonté, le caprice des suprêmes dictateurs, habiles à rançonner leurs victimes. Tous ces
spectacles ne pouvaient être donnés au public que dans des
barraques en planches, démolies, incendiées même à l'instant
lorsqu'elles pouvaient offrir de l'agrément aux spectateurs et
ressembler plus ou moins à des salles un peu régulières.

— Les Marionnettes ont critiqué Romulus, tragédie de La Motte, en
donnant Pierrot Romulus. La critique est plaisante, elle est de LeSage
et Fuzelier qui travaillaient pour les danseurs de corde *quand ils
parlaient.*

« Les comédiens français ont voulu se plaindre de cette critique et

faire taire Polichinelle. Baron fit un beau discours à M. de La Vril-
lière sur cela. Le compère ou voisin de Polichinelle, que l'on avait
appelé, dit qu'il n'avait point l'éloquence nécessaire pour répondre à
ce beau discours, qu'il ne dirait que deux mots; que depuis plus de
cinq cents ans Polichinelle était en possession de péter et de parler,
et qu'il demandait d'y être conservé. Cela lui fut accordé sur-le-
champ, et les comédiens se retirèrent avec leur courte honte : *Ridi-
culum acri.* MATTHIEU MARAIS, **Journal de Paris,** février 1722. *Revue
rétrospective,* seconde série, tome VIII.

Opprimée par l'Académie royale de Musique, la Comédie-
Française opprimait à son tour; agréable ricochet !

Nos vaudevilles sont aujourd'hui ridicules, parfaitement indignes d'un peuple qui vise à la civilisation; mais alors c'était
bien autre chose! Imaginez-vous cinq ou trois actes intermina-
bles, dont le dialogue est bredouillé sur des airs de carrefour,
dont chaque ligne est accolée à quelque refrain, à quelques
mesures d'un flon-flon commencé, pris par sa queue ou scindé
par un autre fragment qui doit amener une finale venant on ne
sait d'où ; tout cela dégoisé sans accompagnement d'orchestre,
mais avec le secours d'un violon qui ramène les acteurs au ton
quand ils s'en éloignent un peu trop. Figurez-vous ce tas d'immondices, de saletés ramassées dans les égouts de la ménes-
trandie, des *joueurs d'instruments hauts et bas,* ces atrocités
mélodiques brouillées, cousues à la file et servant à réciter des
paroles quelquefois spirituelles. N'est-ce pas le comble de l'imbécillité? je n'ose dire de la folie.

A coté de ce tableau niaisement grotesque, voyez et retenez
vos larmes, s'il est possible ; sans frémir d'horreur, de douleur,
de pitié, voyez des hommes de savoir, de talent, de génie, de
nobles et généreux Français, tels que Du Fresny, Le Sage, Piron,
Fuzelier, d'Orneval, de Boissy, Favart, obligés, contraints de se
vautrer dans cette fange, car ils devaient posséder en leur mémoire toutes les ordures mélodiques dont il fallait user à chaque
instant; voyez ces auteurs obligés de fausser leur esprit, d'é-
teindre leur génie, pour fausser à leur tour l'oreille, le gout,
l'esprit de leurs compatriotes, de piler des mots, de les estropier

fin de les associer aux rocailles du vaudeville; et tout cela pour gagner leur pain de la semaine! pour enrichir notre pauvre Académie de Musique, orgueilleuse mendiante que la fortune cessa bientôt de favoriser, et qui tomba dans un abîme de misère et de ridicule dont elle n'a pas encore pu se tirer. De riches auxiliaires ont ravitaillé sa bourse et payé ses dettes, mais la somme de ridicule est restée impayable jusqu'à ce jour.

Constamment poursuivis, attaqués, opprimés par l'autorité, les petits théâtres inspiraient le plus vif intérêt au peuple qui les soutenait avec ardeur et leur portait son argent. Doux effet de la sympathie! n'était-il pas aussi cruellement opprimé? Est-il nécessaire de vous dire que notre infortunée langue française était massacrée, forcément outragée dans ces vaudevilles faits à l'impromptu, modelés sur d'ignobles refrains, comme elle l'est maintenant et sans excuse! dans nos opéras. Deux siècles de corruption préméditée ont dû nécessairement produire les résultats que nous déplorons; et, par degrés insensibles, plonge la nation française dans l'apathie, l'atonie, l'abrutissement où nous la voyons à l'égard de la poésie et de la musique vocale. C'est un prodige, il est vrai, mais le tour est fait; nos oppresseurs, dignes légataires du brigand que vous savez, ont accompli victorieusement leur inique mission.

Le Français, né malin, a pu former le vaudeville, chanson durant les rues, *voix de ville*, *pasa calle*, mais il avait trop d'intelligence, de gout, de tact superfin, de judicieuse élégance, pour s'abaisser à la formation du vaudeville dramatique, de l'opéra comique, du mélodrame, de la pantomime dialoguée ou non, etc. Tous ces spectacles absurdes, bizarres, saugrenus, il ne les a point inventés; on l'a forcé, contraint de les subir. *Trabaja, perro!* lui disait insolemment le perfide et rapace Lulli. Deux cents ans de servitude ont rivé ses fers de telle manière, que notre nation a fini par s'accoutumer à toutes ces combinaisons de la sottise opprimante, comme un chien s'accoutume à trotter sans souliers, comme un Robinson dans son île déserte s'accoutume à dévorer des serpents, des rats, des crapauds, sans la moindre sauce piquante.

19

Les héritiers de Lulli cessèrent enfin d'opprimer nos théâtres ;
mais le tour était fait, accompli, la maltote organisée, et des
centaines de voleurs, de forbans, d'escrocs, de filous adminis-
tratifs et leurs aides ! leurs aides ! ! ! vingt bagnes ministériels,
prenant *subito*, *prestissimo* la suite des affaires du brigand, se
jetèrent tour à tour sur une riche proie, et se concertèrent admirablement pour maintenir un désordre favorable à leurs dila-
pidations, au commerce des priviléges ! Jugez si la corruption
du goutpeut s'arrêter en ses progrès lorsque les chefs immédiats
sont gangrenés à ce point ! Toutes ces infamies n'existent plus,
et c'est fort heureux, ne devrions-nous pas songer sérieusement
à réparer les maux causés par le vol et l'escroquerie ?

> Connaissez les sentiers dont le vol a fait choix
> Pour grimper au théâtre et nous donner des lois.

Si la poésie et la musique ont toujours prospéré chez nos
voisins, c'est qu'ils jouissent d'un avantage inappréciable ; rien,
chez eux, rien ne s'oppose à l'exercice des arts, à leurs progrès,
ils n'ont point d'académies !

Les Romains faisaient danser des nains, monstres à grosse
tête, que Suétone désigne sous le nom de *distorti*. Les dames
avaient un gout particulier pour ces êtres hideux. Domitien
s'en servit dans un spectacle d'une effroyable indécence, qu'il
donna sur un théâtre public. D'autres nains, miniatures bien
proportionnées, pygmées remplis de gentillesse, dansant et
jouant des castagnettes, figuraient aussi dans les ballets, mais
avec moins de succès. Leur petitesse était le résultat d'une industrie abominable, d'une sorte de mutilation exercée sur eux
dès l'âge le plus tendre. On arrêtait la croissance des enfants,
on en faisait des nains, en les serrant dans des boites, moules
étroits, inventés pour cet objet. Pline, Longin, parlent de ces
étuis de nains, de bossus, de monstres, de *distori*. Les dames
romaines préféraient les nabots à grosse tête ; Dion en fait connaître la raison.

Les Romains ont voulu fabriquer une collection d'infortunés
distorti, vous voyez qu'ils y ont réussi. Le plus bel enfant com-
primé dans un moule étroit, offrant des concavités, des résis-

tances également pernicieuses, devenait un monstre, s'il échappait aux dangers de l'épreuve. Nos oppresseurs ont voulu jadis frapper d'imbécillité poétique et musicale tout un peuple ingénieux, ils y sont parvenus. Si les Français rampent dans l'abrutissement où nous les voyons, c'est que nos oppresseurs s'étaient résolument proposé de les y précipiter; c'est qu'une opiniâtre persévérance les y retient depuis deux cent vingt-un ans. Oserait-on se moquer de ces infortunés *distorti* deux fois séculaires, beaux garçons que leurs boites, leurs étuis ont déformés, dénaturés ? Ils sont restés superbes hommes, il est vrai, c'est leur esprit, leur oreille que l'on a faussés, et nos académies sont les boîtes, les étuis où s'est opérée une métamorphose à jamais déplorable.

Épiciers de haute gamme, nos académistes ont empilé des millions de Français dans un immense bocal à cornichons, dans une caque, ignoble retraite des harengs; et là, couverts, entourés d'une saumure infecte, immergés dans une lie corrompue et corruptrice, ils les ont laissé croupir, macérer, rouir, pendant une éternité.

> Amenez-moi des saints,
> Amenez-moi, si vous voulez, des anges,
> Je les tiendrai créatures étranges,

si deux cents ans et plus de séjour dans un réceptacle d'ordures ne les a pas crottés de pied en cap; mais non, les anges, les saints braveraient ce danger, et les Français ne sont pas des anges, ni même des saints.

Une académie aurait suffi pour vicier le gout, l'oreille, l'excellent, l'heureux naturel du peuple français, et nous en avons deux! oui, deux qui nous écrasent, nous corrompent, sans pitié comme sans vergogne, de par Chapelain et Lulli !

Le mal que fait une académie est incalculable parce qu'il est inconnu. Songez qu'une majorité vulgaire et souvent imbécile trône dans cette assemblée; qu'elle défend son poste et ses intérêts en propageant, soutenant les doctrines les plus abrutissantes. Vous en avez l'exemple sous les yeux. Renards à queue coupée, ces académistes, frères mineurs en esprit, majeurs en

nombre, savent profiter de l'empire qui leur est accordé sur le
populaire. Ils agissent, non par la force et l'activité de leur
génie, à l'impossible nul n'est tenu, mais par l'inertie de leur
impuissance. Ils agissent directement par eux-mêmes, et, sous
main, par la tourbe médiocre et rampante qui vise aux 3 fr. 50
donnés à l'académiste, afin de récompenser dignement son oisive inutilité. Voilà, certes, le résultat le plus destructeur parce
qu'il devient général, et porte ses ravages sur toute la France.
L'appât des 3 fr. 50 désarme les critiques les plus doctes et les
plus judicieux ; il éteint sur le champ

> Ces haines vigoureuses
> Que doit donner le vice aux ames généreuses.

Les académistes savent compter leurs moutons, et si quelque
bélier s'est permis un coup de corne, croyez qu'il sera pointé,
noté, sans avertissement préalable, et le bélier imprudent ob-
tiendra sans peine un brevet d'exclusion. Que d'ouvrages sont
chatrés et décolorés pour les abaisser au niveau de l'Académie,
pour les adapter au ton des eunuques volontaires ! Que de fes-
tins somptueux, délicats, sont offerts galamment aux heureux
pensionnaires de l'État, possesseurs inamovibles, à peu près du
moins, des 3 fr. 50 ! Dilettante parfaitement étranger aux intrigues, je me suis assis plus d'une fois à ces banquets séducteurs,
où l'amphitryon et ses ayants cause prodiguaient les éloges aux
œuvres de leurs nombreux convives, qu'ils méprisaient, abomi-
naient de toutes les puissances de leur ame. Ce sont les ouvrages
que je veux dire, et non les personnes de tout point honorables,
l'Académie n'en reçoit pas d'autres; ainsi gardez-vous bien de
tomber dans l'amphibologie. Toutes ces largesses en louanges
mensongères n'avaient d'autre but que d'obtenir les voix des
consommateurs friands de truffes et de vin de Champagne.
Aussi les cuisiniers sont-ils académistes dévoués.

Si nos voisins nous ont devancés et nous dictent des lois, s'ils
chantent juste et d'aplomb, c'est que leur prudence les a ga-
rantis d'une lèpre meurtrière pour l'art et les artistes. Seuls
barbares au milieu de l'Europe civilisée, par quel moyen puissant arriverions-nous à conquérir l'unisson desiré ? Rien de

plus facile : fermer deux académies, c'est ouvrir pour nous les portes lumineuses de l'Orient.

L'Académie a maintenant, comme elle a toujours eu, des membres d'un talent réel, littérateurs d'une haute portée qui partagent mon opinion sur la prose faussement décorée du nom de *poésie lyrique française*. Ils veulent bien en faire un aveu confidentiel, mais aucun d'eux n'oserait écrire, imprimer une vérité que l'esprit de corps veut retenir dans l'ombre et condamner au silence. Ils ont l'extrême faiblesse de hurler avec les loups, de clocher devant les boiteux. Leurs œuvres lyriques et celles de leurs sectateurs sont frappées de nullité. Le mal n'est pas grand, on peut se dispenser de les lire; mais comme elles viennent salir et corrompre de sublimes partitions, nous ne saurions trop déplorer l'ignorance de nos académistes paroliers. Le prince des musiciens, Rossini, consent à nous donner des opéras, et ces chefs-d'œuvre sont à l'instant mis à l'index des nations; votre dure, lourde, sourde prose s'est cramponnée à leurs mélodies ravissantes. On ne saurait traduire en vers des opéras batis sur de la prose, ils doivent forcément rester dans le pays qui les a vus naître.

Témoin Guillaume Tell, que l'Italie n'a pu s'approprier, même dans un temps de famine! ses poètes les plus habiles s'étant escrimés en vain pour ajuster des vers sur des cantilènes admirables, des avocats ont eu recours à la prose, et le populaire italien, sensible à la cadence de la poésie comme au rhythme de la musique a sifflé la prose des avocats. *Musica francese!* s'est-il écrié, sans vouloir être juste en séparant les rubis, les diamants de Rossini du sordide fumier qui les entourait, qui les dégradait. Tant, pour un peuple civilisé, les paroles et la mélodie forment un tout indivisible, étroitement uni, dans la musique vocale! (1) Un chef-d'œuvre, le chef-d'œuvre de notre siècle! devient, hélas! votre exclusive propriété, parce que vous

---

(1) — On sait par cœur des scènes entières de Quinault ; c'est un avantage qu'aucun opéra d'Italie ne pourrait obtenir. » Encore une balourdise du même Voltaire! Siècle de Louis XIV.

l'avez gaté, déshonoré par le contact d'une prose rebutante et
nauséabonde. Cette œuvre sublime, délicieuse, immense, reste
dans vos magasins comme une marchandise de rebut! oserez-
vous en tirer vanité, dire que c'est de l'égoïsme? Applaudissez-
vous bien fort, criez tous à la fois, si vous ne craignez d'entendre
les malédictions, les sifflets de l'Europe, de l'univers entier.
  Cet argument vous paraît-il bien assis?

  — Le 23 avril 1776, première représentation d'*Alceste*; deux actes
sont applaudis généralement; le troisième paraît ennuyeux, monotone. Les partisans de Gluck proclament un succès, leurs adversaires
un échec; l'un d'eux va jusqu'à dire que la pièce est tombée. — Tombée du ciel, » réplique Arnaud, (l'abbé). Gluck ne s'alarme point :
ferme comme un roc, il assure que si sa musique ne prend pas aux
premières représentations, elle sera goutée aux suivantes; que si
ce n'est pas cette année, ce sera l'an prochain, dans six ans, dix
ans, parce que c'est la musique la mieux sentie et qu'il n'en connaît
pas de plus vraie. » Castil-Blaze, l'Académie impériale de Musique,
tome 1, page 346.

  Quelques mois suffirent pour que la prédiction de Gluck
s'accomplît. Il faudra plus longtemps pour assainir les oreilles
françaises; nos académies les ont faussées, viciées, corrompues
avec tant de soins, d'affection, de persévérance égoïste! Il faudra plus longtemps pour accoutumer ces oreilles à la mesure, à
la cadence des vers, de telle sorte qu'elles repoussent avec dédain les saletés prosodiques de nos fabricants de prose rimée.
Cette réforme que le bon sens, le gout, l'honneur de la nation
réclament également, doit s'accomplir par la raison qu'il faut
enfin, enfin qu'elle s'accomplisse. Les Français ne peuvent rester
ignorants et barbares sur un seul point, la poésie lyrique, au
milieu de l'univers docte et civilisé complètement.

  Établie sur nos théâtres lyriques, cette réforme y porterait
depuis vingt ans de salutaires fruits, si l'on ne m'avait banni
prudemment de ces théâtres, lorsqu'on a pu connaître le projet
d'un novateur audacieux, Tels, ces moines dissolus, réfractaires
de l'ancien temps, intéressés à maintenir le désordre et la corruption, se révoltaient contre leur sévère réformateur, et se

hataient de fermer les portes, de baisser la herse, pour lui défendre l'entrée du couvent.—Prêche dans le désert !» lui criaient
les suppôts de Satan.

Mais Paris n'est point un désert, je puis y rencontrer plus d'une
assemblée prête à m'écouter. Si j'appelais d'une sentence inique ?

— Au nom de la patrie ! — Un banni n'en a pas.

BALZE, Coriolan.

Et quel est ce banni? l'homme à qui la France avait dit par
la voix de son ministre de Lauriston : —Vous avez régi parfaitement une de mes sous-préfectures, bien inspecté ma librairie,
je rencontre en vous un avocat, un littérateur, un musicien, un
administrateur étranger à tout esprit de coterie; *vous êtes mon
homme*, où pourrais-je en trouver un qui réunit toutes ces qua-
lités précieuses pour un directeur de Conservatoire ? » Hélas ! cet
avocat musicien se crut obligé de refuser l'honneur et les dix
mille francs d'une place éminente. Jeune, pauvre, il ne put se
décider à les échanger contre l'espérance ; et certes, il fit bien,
l'événement l'a prouvé.

Dans un concile que notre république n° 3 improvise en
juin 1849, elle se hâte de confirmer la sentence royale de 1822,
en proclamant cet exilé directeur des Beaux-Arts. Le voilà donc
l'élu des gouvernements les plus antipathiques et toujours sans
la moindre sollicitation de sa part. Le monarque de 1822, le
peuple souverain de 1849, agissant *motu proprio*, comme un
pape infaillible aurait pu se le permettre. Cette unité de pensée
et de suffrages, à des époques si diversement colorées, serait-
elle un préjugé doublement flatteur pour le candidat? Objet des
railleries d'une infinité de prosateurs rimants, de musiciens sans
musique, ce banni posséderait-il un charme, un talisman, une
vertu mystérieuse, absconse, qui lui fît conquérir sans effort
aucun, sans intrigue, à son insu ! les postes les plus éminents,
que tant d'autres desirent et poursuivent en vain ?

Mettre d'accord le royaume et la république, les trois fleurs
de lis et les trois couleurs, le marquis de Lauriston et le tribun
Ledru-Rollin, amener leurs dissidentes voix sur une même note,
les faire chanter à l'unisson, se disant l'un à l'autre :—Je veux

ce que tu veux, et le veux résolument; » ne vous semble-t-il pas
un chef-d'œuvre d'harmoniste consommé? Le banni, le proscrit
aurait-il ainsi résolu victorieusement le problème que propose
Molière, en mariant le Grand-Turc avec la république de Venise?

Je suis exilé, vous le savez, mais fort heureusement je ne le
suis que des théâtres lyriques de Paris, où mon nom seul inspire
une telle épouvante que la herse est baissée, le pont levé, les
fossés remplis jusqu'aux bords, de male peur que je n'intro-
duise enfin dans ces lieux prohibés, les bienfaits de la civilisation poétique, dont les Kabyles jouissent depuis mille ans et
plus. On me donne la clé des champs pour aller promener mes
chagrins, mon joyeux désespoir dans les entours de Paris, visi-
ter les forteresses qui le protègent, et voir si l'on y fait aussi
bonne garde qu'aux portes de nos théâtres lyriques. O surprise!
on y chante à grand chœur! troubadour vagabond, j'ai reconnu
ces airs sortis d'une cervelle proscrite; on m'a vu, le pont est
abaissé, la herse relevée, et le gouverneur du fort de Romain-
ville, M. le comte de La Serre, m'invite de la manière la plus
gracieuse au concert vocal de ses braves, disant :

— Vous avez fait pour le 10° régiment d'infanterie de ligne
cette Chanson de Roland, qu'il exécute depuis dix mois, vous êtes
entré dans la cage, imprudent oiseau, vous n'en sortirez pas
sans nous en donner ou promettre une autre.

— Une autre, mon colonel, une autre! vos soldats musiciens,
habiles conquérants de la médaille d'or, viennent de se com-
porter de telle manière que je leur fournirai tout un Orphéon
militaire, des chants guerriers écrits en vers, phénomène inconnu des Français depuis sept cents ans; des chants de tous
les caractères parodiés sur tout ce que des musiciens tels que
Lulli, Händel, Mozart, Sacchini, Méhul, Grétry, Beethoven,
Rossini, Weber, et même les anciens troubadours, ont produit
jusqu'à présent de plus admirable et de plus admiré, des chansons que vos braves diront et marcheront d'un pas leste et
ferme, des cantiques pour leurs festivités religieuses. Vous avez
un lac à Belleville; bien que les vaisseaux, les frégates n'y
manœuvrent pas, les virtuoses du 10° pourront y faire sonner

la Marine française; la Prière des Marins, de Weber. J'ai mis en œuvre un océan de cantiques pour l'Orphéon religieux, à grand chœur,
de Mormoiron, je vous dois un fleuve de chants guerriers. Vous
l'aurez, de par le roi des preux, le fier Roland, de par son oncle
Charlemagne, de par Du Gueselin, Bayard, Turenne et Napoléon. Vous rangerez ces cantilènes sublimes parmi les effets de
linge et chaussure du régiment. Si vos soldats se battent comme
Achille, croyez qu'ils auront les pieds légers de ce héros, rien
ne les arrêtera, ne les blessera; fermes sur mes vers et sur la
musique, on ne les verra pas broncher, boiter, bredouiller, patauger comme tous les chanteurs de tous nos opéras. »

Voyez à quels artifices, quelles ruses de guerre, on est obligé
de recourir pour infiltrer la civilisation en France!

Et qui s'oppose à ce progrès désiré par la nation?

L'Académie française en protégeant sa fille, une bâtarde, la
prose rimée, qu'elle récompense de son or et de ses lauriers !

L'Académie de Musique, en proscrivant les vers, en fermant
ses portes à double tour au novateur qui, sur-le-champ, l'élève-
rait au rang des théâtres civilisés !

— Allons *voir* l'opéra, » disent les Français.

— Allons *entendre* l'opéra, » diront les Italiens.

Cette habitude, cette manière de s'exprimer générale, sécu-
laire, fait connaître le genre de plaisir que l'une et l'autre nation cherche et trouve au théâtre lyrique. L'opéra, dont les
Italiens savourent les vers et la musique, l'opéra n'a pas encore
cessé d'être pour nous *la comédie des machines*, un spectacle
offert aux yeux, où l'oreille la plus attentive s'efforce en vain de
saisir le moindre contentement.

S'il fallait persuader un petit nombre d'incrédules et leur
prouver que notre Opéra n'est et n'a jamais été qu'un spectacle
ridiculement pompeux ou pompeusement ridicule, d'une ab-
surdité que les bambins et les brutes peuvent seuls ne pas
condamner, je leur montrerais l'innombrable troupe de directeurs qui l'ont administré sans arriver à corriger ses défauts,
mais non, son défaut; car il n'en a qu'un. Faites-le danser,
cabrioler aux sons d'un admirable orchestre, il est excellent,

ravissant. Voulez-vous qu'il chante? *couac!* ses paroliers sont
prêts à l'étrangler, à lui tordre le cou.

— L'Opéra ne marche pas, il se traîne, il ennuye les Français
eux-mêmes ; s'il amuse les étrangers, c'est parce qu'ils s'en
moquent ; il sert de plastron à leurs traits malins. » Voilà ce que
disait tout le monde. — L'Opéra ne marche pas, vite poussons à
la retraite, et richement ! un directeur inhabile. » Notez, s'il
vous plaît, que le successeur élu devait bêtement suivre l'ornière où cahotait son prédécesseur, et mettre en scène les
ouvrages qu'il avait choisis, approuvés, reçus, emmagasinés.

En 57 ans, nous comptons 45 changements d'administration!
— L'Opéra languit, il semble frappé de torpeur, de paralysie ;
il réclame à grands cris un nouveau directeur. »

Tactique stupide et dont je me permettrai de vous présenter
l'image véritable en d'autres lieux. Un serviteur effaré vient
troubler la douce quiétude, le bonheur parfait dont un noble
homme jouit en son château ; ce messager lui dit : — L'orage a
dégradé votre hôtel de la place Vendome, à tel point qu'une
rivière coule à travers les plafonds, inonde vos lambris, vos
tableaux, vos estampes, vos livres, vos meubles, vos tapisseries,
tout est perdu, ravagé.

— Allez, dit le maître en colère, allez, et que l'on chasse à
l'instant le suisse, le concierge. »

Comme si le portier avait tiré le cordon pour ouvrir une entrée à la cascade, aux cataractes du ciel, au déluge. Laissez en
paix cet honnête concierge, et courez avertir le couvreur.

L'Opéra-Comique redevenu Vaudeville pur sang, vers la fin
de l'an VIII de notre république n° 1, moi présent, se permit
de mettre en scène Devismes, directeur du théâtre de la République et des Arts (l'Opéra), mais c'était pour le justifier. Il prit
sa défense, et chanta sur l'air : *J'ons un curé patriote.*

> Notre directeur n'y peut rien,
> Et sur ce point on doit l'absoudre ;
> Ici tout le monde sait bien
> Qu'il n'a pas inventé la poudre.

Une Nuit de Frédéric II, vaudeville non imprimé.

Pauvres gens! ils n'en étaient encore qu'à la poudre, et nous possédons aujourd'hui le gaz et l'électricité. Quels moyens puissants, victorieux pour chauffer, ravigoter une Académie de Musique... ou pour la mettre en sépulture!

> Tristes apprêts, pâles flambeaux,
> Jour plus affreux que les ténèbres!

Vous appelez des musiciens étrangers pour dégrader leurs œuvres au moyen de la prose rimée; vous brisez l'épée de ces chevaliers dix fois vainqueurs en leur pays; vous enclouez leurs canons et trempez leur poudre fulminante dans la fange de vos paroles. Est-ce pour exercer un pareil vandalisme que l'on a formé nos académies? Est-ce pour nous immerger et nous retenir dans les ténèbres de l'ignorance?

Ne vaudrait-il pas mieux donner des vers à vos musiciens, ragaillardir au moins par le rhythme et le charme de la cadence une mélodie privée d'originalité, qui depuis si longtemps implore ce précieux, cet indispensable auxiliaire? Vos musiciens, travaillant sur de la vile prose, contraints d'écorcher les oreilles de leur auditoire, sont obligés d'être admirables, sublimes pour vous forcer à croire qu'ils sont bons. Ils ne peuvent se maintenir, se distinguer même dans cette honnête et lucrative médiocrité qui pour Anfossi, Nasolini, Bianchi, Mosca, Pucitta, Generali, Pavesi, etc., fut *aurea mediocritas.*

L'amour-propre blessé de l'Académie française, qui, sur la foi d'un Sicilien, a condamné sa langue française à se traîner en prose au lieu de piaffer, de galoper fièrement en vers (1); l'amour des piécettes dont nos paroliers font une ample et facile moisson en brossant de la prose stupide, ces deux amours adultères sont les raisons ignobles, mais puissantes, invincibles, puisque nos ministres les plus zélés pour l'honneur de la France ont reculé devant cet obstacle, telles sont, dis-je, les raisons, *mali labes!* qui retiennent encore, en 1858! notre belle patrie dans le bourbier de la sottise et de la barbarie.

---

(1) Voyez l'arrêt de condamnation, page 166 de ce livre.

> Mars, dieu terrible et furieux,
> Tes fruits sont la mort, l'esclavage,

la destruction, le vandalisme, le pillage, la ruine des arts, etc.
Vieux dictons que tout cela, poncifs répétés mille fois en prose
rimée ou non. La civilisation repoussée avec autant d'opiniâtreté
que d'étourderie par nos académies, a porté ses bienfaits dans
nos armées. Chevaliers sans peur et sans reproche, émules de
Bayard comme de Thibaut de Champagne, de Guillaume d'A-
quitaine, guerriers troubadours, nous tirons l'épée lorsqu'il faut
défendre nos droits et soutenir l'honneur de la patrie ; mais une
paix victorieuse et le repos des nations forment la cadence finale
d'une symphonie brillante et bruyante, exécutée avec l'aplomb
des virtuoses français. Jadis on voyait des soldats mercenaires
se débander et courir sur les chemins, faire la guerre aux voyageurs et les détrousser, quand l'armée était licenciée. Les *fruc-
tus belli* par Callot burinés, vous présentent la fidèle image
de ces calamités.

Que les temps sont changés ! nos soldats vainqueurs édifient
ce que d'indignes prédécesseurs renversaient, détruisaient.
Ils savent employer les loisirs de la paix à l'étude précieuse de
la musique. Quatre ou cinq cents orchestres militaires, dirigés
par des harmonistes éprouvés ; des milliers d'orphéonistes guerriers, en attendant qu'on leur permette d'aller répandre en nos
provinces les talents acquis à l'armée, travaillent à réparer les
dommages causés par nos académies. Musiciens civilisateurs,
sensibles à la cadence des vers qu'ils chantent, on les voit prêcher d'exemple et restaurer le gout, l'oreille des populations.
La troupe innombrable, quoique choisie des orphéonistes civils
prend une part active à cette noble mission.

Entrez à l'église Saint-Gervais, à l'église Saint-Eugène, vous
y serez doublement surpris et charmés en écoutant les cantiques
chantés à quatre parties bien ordonnées par des soldats, avec
un ensemble admirable, une onction suave et dévotieuse. Dilettantes voyageurs, allez à Saumur, à Provins, à Vendôme, et là,
protégés par M. le comte de Rochefort, général commandant
l'École de cavalerie, dirigés par M. le comte de Chelloutaines, co-

onel au 8ᵉ régiment de lanciers, par M. de Valabrègue, colonel
u 6ᵉ régiment de hussards, ces chœurs militaires vous mon-
reront avec orgueil leurs officiers devenus simples orphéo-
istes, et se rangeant parmi les ténors ou les basses, pour le
ien du service musical. Est-il un accord plus heureux, une
lus touchante harmonie? Je vous ai parlé du 10ᵉ de ligne, le
7ᵉ et beaucoup d'autres méritent la mention la plus honorable.

Le département de Seine-et-Marne est peuplé d'orphéonistes;
l doit ce bienfait aux soins de M. le baron de Bourgoing, son
igne préfet. Ce frère d'armes de mon frère Elzéar, me dit en sa
ettre du 27 octobre 1857 :

— J'encourage de tous mes efforts l'institution des orphéons comme
ouvant adoucir, policer les mœurs des habitants de nos campagnes,
es détourner du cabaret, et j'ai recueilli déjà d'heureux résultats.
ntervenir dans les délassements de la classe ouvrière, c'est ce que je
omme *la philosophie de l'administration*.

« Le colonel du 8ᵉ régiment de lanciers, longtemps en garnison à
Melun, témoin des résultats de l'institution des orphéons a, le pre-
nier, je pense, créé l'orphéon militaire. Rien de plus émouvant que
les soldats nombreux, disant avec énergie des chants de guerre,
l'amour de la patrie. Les armées grecques et romaines marchaient au
ombat en chantant; et, de nos jours, l'illustre général La Salle char-
geait avec sa division de cavalerie en faisant sonner la **Chanson de
Roland**, et son émotion était si profonde que de grosses larmes tom-
aient de ses yeux en rappelant à ses braves les hauts faits du roi
es preux.

« J'espère que l'**orphéon militaire** se répandra dans nos régiments.
'est un moyen puissant de prévenir la nostalgie, tristesse des jeunes
oldats quittant leurs foyers, et de prêter des charmes à la vie de
arnison. »

Grâce à nos troubadours, à leurs joyeux pèlerinages, aux en-
ouragements qu'ils reçoivent de l'autorité; grâce à l'émulation
nspirée, entretenue par les concours, les croisements de nos so-
iétés chorales avec celles de la Belgique, de l'Allemagne, notre
rance musicienne sera sauvée. Fière et brillante de santé, de
igueur, croyez qu'elle échappera sans peine à la double con-
gion de ses académies. Elle a remporté bien d'autres victoires!

Et lorsque au palais Mazarin on exaltera la prose rimée ; lorsque à la Sorbonne des professeurs naïfs, de bonne foi, comme les médecins de Pourceaugnac, détailleront les sublimités d'une poésie lyrique inconnue à l'Europe, attendu qu'elle est encore à naître ; lorsque à l'Académie de Musique on bredouillera la prose dissonante, outrageante, inintelligible, le charabia que vous savez ; des compagnies, des régiments de soldats, de matelots, d'ouvriers, feront éclater dans les rues, sur les quais, sur les boulevards, des chœurs admirables, rhythmés, cadencés, martelés en vers français énergiques ou suaves, mais toujours bien sonnants. Des chœurs des maîtres les plus célèbres, des symphonies de Haydn, de Mozart, de Beethoven, armés de paroles harmonieuses, et même des chœurs de nos opéras ! oui, de nos opéras, MIS EN VERS AFIN DE LES RENDRE CHANTABLES.

> Il n'est point de serpent ni de monstre odieux,
> Qui par l'art embelli ne puisse plaire aux yeux,
> Comme à l'oreille.

Voyez-vous d'ici, voyez-vous l'art triomphant se promener dans les rues, lorsque la barbarie, le crétinisme, se cachent dans leurs palais somptueux ? lorsque des paroliers maladroits, impuissants, copistes de Servandoni, l'architecte ! s'appliquent uniquement à combiner des effets de costumes, de décors, à donner du feu, de l'éclat à leurs drames boiteux et languissants au moyen du gaz et de l'électricité ; cadavres un instant galvanisés, que le froid de la mort a bientôt ressaisis.

Et nous n'avions pas encore des chants de guerre pour des chanteurs si bien aguerris ! témoin la Marseillaise, le Chant du Départ, Vive le Roi, la Parisienne, etc., discours en prose rimée, que l'on a pu réciter, psalmodier, crier, bredouiller et non pas chanter.

— Il me semble pourtant que cette Marseillaise est en vers.

> Al | lõns, ĕn | fănts dĕ | là pă | trĭe,
> Le | jour de | gloire est | arri | vé.

Ces iambes ne sont-ils pas excellents ?

— D'accord ; mais si l'auteur s'était proposé d'écrire en vers, il aurait aussi mesuré les lignes suivantes :

> Con | *treu* nous | *deu* la | tyran | nie
> L'é | tendard | san. . . . . glant | est le | vé.

Treunoudeu, tendarsan, voilà-t-il pas de jolis mots à rossignoler sur l'air allemand que vous savez ?

> En | tendez- | vous, dans | nos cam | pagnes, (*Bon.*)
> Mu | gir ces | *fa*. . . . . rou. | *cheus* sol | dats? (*Détestable*).

Quoique rien n'empêche les *fa* de mugir en suivant les contours d'un bugle ou d'un ophicléide.

> Ils | viennent | jusque | dans nos | bras (*Parfait.*)
> E | gorger | nos fils | nos com | pagnes. (*Exécrable.*).

Égor, géno, fino, comprenez-vous ?

— Pas du tout, c'est comme à l'Opéra ; triple galimatias, argot indéchiffrable. »

J'ai déjà fait remarquer la régularité, la vigueur du refrain ; ses deux vers bien rhythmés arrivaient fort heureusement pour consoler, électriser même un auditoire que la rimaille des couplets avait mis au supplice.

Un distique bien frappé, bien assis, figure en tête de la Marseillaise, c'est une rareté que je dois signaler à mes lecteurs. Lorsque nos paroliers alignent deux bons vers, c'est qu'ils n'en ont fait qu'un, vous le savez ; ils partagent ce vers comme on fend un roseau, dont les nœuds conservent leurs distances. Ils doublent ce roseau sur lui-même, et la mesure reste identique en l'une et l'autre moitié. Procédé fort ingénieux.

> Vous | m'apprë | nëz à cön | naïtrë l'ä | moûr,
> L'a | mour m'ap | prend à con | naître la | crainte.
>
>   QUINAULT, Armide.
>
> Nön, | rïen n'ä | dû chän | gër sön | âme,
> Non, | rien n'a | dû chan | ger sa | foi.
>
>   LONGCHAMPS, Ma Tante Aurore.

Ne leur en demandez pas davantage ; après cet effort, ce chef-d'œuvre, ils reprennent à l'instant le cours de leurs divagations.

Saint Grégoire de Nazianze raconte qu'un jeune étourdi, lancé vivement heurta, dans sa course, une vieille femme et faillit de la renverser. Raffermie sur ses pieds, la vieille prit sa revanche et l'accabla d'injures débitées avec une vigueur, une volubilité prodigieuses, au point que le brutal, charmé de l'agréable sonorité, de l'agilité surprenante de ce discours en iambes, s'arrêta pour le recueillir, multiplia ce mètre dans ses vers et le mit à la mode, en crédit. Un détachement de sybilles acariâtres mis aux trousses de nos académiciens, pourrait leur donner quelque sentiment de la cadence, de la mesure des vers, et produire le résultat que Vossius se proposait d'obtenir en faisant sonner crotales et tambours à leurs oreilles de corne.

Saint Paul accusait les Crétois d'avoir le ventre paresseux ; nos quarante digèrent à merveille, c'est dans leurs yeux et leur sens auditif que la paresse est venue se nicher. Aussi les voyons-nous compter des syllabes avec leurs doigts ; leur Pégase boiteux et bancal traine, au pas, un cabriolet-compteur.

Nos quarante sont grammairiens exacts, mais la prose rimée ou non des grammairiens ne peut avoir de séductions que pour un peuple non encore poétiquement civilisé, tout à fait insensible à la mélodie, au charme du style.

Aucun professeur de nos colléges n'a reçu la mission d'enseigner l'idiome français, d'en faire connaître la structure, l'anatomie, la quantité, les finesses, la sonorité, les tours harmonieux, les effroyables dissonances, que l'on doit, que l'on peut sauver sans le moindre effort. Aussi nos littérateurs s'embourbent-ils innocemment, à chaque phrase dans ces cacophonies. Ce sont des praticiens ayant étudié le corps humain sur une statue ou l'horlogerie sur un cadran. Ne doit-on pas leur pardonner d'ignorer ce que nul professeur ne leur enseigne ?

Bien qu'elle soit composée de mots et de notes, la musique vocale est une, indivisible chez tous les peuples civilisés. Les deux parties constitutives de cette mélodie sont liées d'une manière si complète par l'exquise régularité des vers poétiques prêts à s'unir aux vers du musicien, qu'elles ne forment qu'un tout, offrant à l'oreille des jouissances ineffables. Le dessin et

le coloris ne montrent pas un ensemble, un accord plus parfait
dans les peintures de Raphaël. En France, il n'en est pas de
même; la prose de nos paroliers, privée de mesure et de rhythme,
est en divorce constant avec la mélodie, toujours mesurée et
rhythmée du musicien. Donner à Rossini la rimaille d'un académicien à musiquer, c'est condamner Raphaël à prêter le
charme de son coloris à quelque image de savetier. Ne pouvant
suivre la rimaille dans le chemin tortueux, rocailleux, les ra-
vins, les abîmes d'une course au clocher, la musique est forcée
d'abandonner l'ennemie qui la conduit au précipice, et prend
une route opposée à la sienne.

Lorsque deux époux se séparent violemment, et que tout
espoir de les remettre en bonne harmonie est perdu, leurs amis
se divisent en deux camps, dévoués chacun à l'objet de son
affection particulière.

Les Français n'ayant jamais joui de l'intime union des paroles
avec la mélodie, union sans laquelle toute musique vocale régulière est impossible, les Français ont pris le parti de se diviser
en deux sectes bien caractérisées. L'une suit la bannière de la
musique, l'autre, et c'est la plus nombreuse, n'a de tendresse
que pour les paroles. En voulez-vous la preuve sonnante, patente, vivante? allez aux théâtres, aux concerts. Quels sont les
chanteurs dramatiques jouissant de la faveur générale, ceux qui
font le succès d'une infinité d'opéras bien écrits, mais privés
d'invention et de mélodie? Tous ces chanteurs sont des cantatrices, rossignolant sur quelques voyelles et n'ayant que très
peu de mots à fracasser en les estropiant. Les opéras favoris,
les seuls qui produisent une longue suite de recettes, n'existent
que par les vocalises. Aussi n'obtiennent-ils pas l'honneur d'une
reprise, et la province les dédaigne.

A tous ces acteurs que vous forcez de chanter faux en leur
donnant une prose inchantable à dépecer, opposons le virtuose
dont la mission est de lacérer, d'anéantir la mélodie. Celui-ci
va briser avec raison le dessin musical, incompatible avec les
paroles qu'il veut, qu'il doit caresser afin de les présenter d'une
manière spirituelle et parfaitement intelligible. Assemblez des

20

chanteurs d'un grand mérite, devant exécuter des chefs-d'œuvre
français aussi bien que des paroles barbares le leur permet-
tront, annoncez un concert, et comptez sur une opulente re-
cette; l'expérience vous a prouvé cent fois qu'elle serait peu
digne d'une telle réunion de talents. Que Levassor tout seul!
comme un Liszt, un Paganini, annonce une longue suite de chansons récitées, et quinze mille francs seront comptés, encaissés,
avant que la salle soit ouverte au public. Levassor serait-il votre
chanteur par excellence? Une majorité formidable, fashionable
et sans rivale répond du moins à son appel.

L'affiche d'un concert de bon goût, promettant de belle musique vocale bien exécutée, annonce qu'un ou plusieurs émules
de Levassor termineront la séance par des chansonnettes sans musique. Croyez que nul assistant ne quittera son poste avant cette
cadence desirée. Tous prendront leur mal en patience en écoutant
la musique noble ou d'une gaité modérée. Le programme sera
consulté vingt fois, et toujours avec un soupir, en attendant
l'arrivée des virtuoses favoris. Les voilà! toute l'assemblée se
lève, les derniers rangs montent sur les chaises, les premiers
s'avancent pour envahir le piano, si quelque barrière solide ne
vient s'opposer au torrent de ces ames en peine, délivrées enfin
de l'ennui qui les dévorait.

Si vos paroles marchaient d'accord avec la musique, il vous
serait permis d'être agiles, rapides, joyeux jusqu'à la folie. Vous
chanteriez avec une égale facilité les airs de tous les caractères,
depuis le *largo* jusqu'au *prestissimo*. Les Français ne seraient
plus contraints de se diviser en deux camps; toutes leurs sym-
pathies se portant sur une exécution doublement satisfaisante,
ils n'auraient plus besoin de deux virtuoses pour leur faire connaître la musique de chant: l'un en massacrant les paroles
pour ouvrir une route à la mélodie, l'autre en détruisant la musique afin d'articuler clairement, librement les paroles.

Et c'est dans une salle magnifique, à la lueur de mille flam-
beaux, au milieu de superbes peintures, au son d'un orchestre
admirable, que les Français produisent, étalent naïvement les
turpitudes parolières de leur opéra! C'est devant une foule

d'étrangers caustiques et malins dont il est la risée, devant des nationaux civilisés qui font chorus avec ces étrangers ! Lisez les journaux publiés chez nos voisins, et dont certains articles sont répétés dans nos gazettes, vous y trouverez une bonne part de ce que je vous dis à l'oreille. Sachez profiter d'un avis que l'Europe se plaît à vous donner.

J'espère que vous n'êtes plus étonnés qu'une ligue puissante, mais honteuse, timide, fouillant sous terre comme les taupes, et sans la moindre garantie du gouvernement, soit parvenue à me faire exiler de tous les théâtres lyriques de Paris : je pouvais les doter des bienfaits de la civilisation.

En 1760, notre Académie royale de Musique recevait ses danseurs les plus éminents, ses maîtres de ballets d'une petite ville d'Allemagne. Stuttgard nous donna Lepic, Mlle Heinel, Noverre, etc. La capitale du duché de Wurtemberg avait acquis une telle importance pour ses danseurs, que l'on disait : — Il est de l'école de Stuttgard, » quand on voulait faire un grand éloge d'un ballerin. Cette singularité piquante a son explication, tout aussi curieuse, dans l'Académie Impériale de Musique, tome I, page 213.

On dira bientot : — L'Orphéon religieux à grand chœur, peut-être même l'école de Mormoiron, » en parlant du répertoire immense et riche en chefs-d'œuvre, que cette villette du département de Vaucluse a commencé de répandre en France. Le temps n'est plus où l'on pouvait opprimer, torturer, étouffer un art entre deux guichets, d'autres diront : *deux académies*. Vous l'enchainez dans vos palais, il surgit en d'autres lieux, s'y montre dans sa liberté, dans sa force, et trouve à l'instant un peuple de zélateurs prêts à l'adopter, à le soutenir, à le propager.

Que les d'Assas, les Bisson, les Beaurepaire, se dévouant avec le noble enthousiasme qu'inspire l'amour de son pays, offrent leur poitrine aux baïonnettes ennemies, sombrent avec les débris de leur vaisseau, fièrement attendent que les ruines de leur citadelle viennent les enterrer ; ils avaient juré de les défendre jusqu'à la mort : ils tiennent leur serment. Voilà, certes, une opiniâtreté religieuse, sublime, que la patrie et la postérité récompensent par des couronnes, des monuments et des éloges sans fin.

Mais s'obstiner à soutenir une cause dont toute la faiblesse est connue et la vanité démontrée ; bouder, se révolter comme des écoliers paresseux et mutins ; plaider contre sa propre conviction ; poursuivre un projet, tenter une bataille dont le gain serait un déshonneur et la perte un ridicule, me paraît une de ces aberrations que nul prétexte ne saurait excuser.

Le courage malheureux, le soldat vaincu, peut montrer avec orgueil de glorieuses blessures, et recevoir un éclatant hommage de ses ennemis généreux.

Mais vous, académiciens lyriques prétendus ; vous, tortionnaires impénitents de nos musiciens, corrupteurs du gout national, le jour d'une défaite imminente, certaine et prévue, que montrerez-vous à la France vengée?

Ce que Brunel à Marphise montra.

EXEMPLES.

Ah! bĕllĕ | blōnde,
Aū cŏrps sī | gĕnt,
Pĕrlĕ dŭ | mōnde,
Quē j'aīmĕ | tānt!
D'une chose ai bien grand desir,
C'est un doux baiser vous tollir.

Blonde jolie
Que tant j'aimai,
Toute la vie
Vous servirai.
D'une chose ai bien grand desir,
C'est un doux baiser vous tollir.

Si, par fortune,
Courrouceriez,
Cent fois pour une
Vous le rendrais.
D'une chose ai bien grand desir,
C'est un doux baiser vous tollir.

THIBAUT IV, comte de Champagne et roi de Navarre,
XIe siècle.

| A ŭne | ăjoŭr | nĕe
Chevauchai l'autr' ier
En une valée
Près de mon sentier,

Pastore ai trouvée
Qui fait à proisier
Por esbanoier;
Bele ert et senée,
Je l'ai saluée.
Plus est colorée
Que flor de rosier, etc.

JEAN MONIOT DE PARIS, trentième poète cité par Fauchet.

| Aŭ maĭn (matin) | pār ŭn | ājoŭr | nänt
Chevauchai lez un buisson,
Lez l'orière (bord) d'un pendant
Bestes *gardait* Robeçon;
Quand le vi mis l'à reson :
— Bergier, se Dex bien te dont,
É-us onc en ton vivant
Por amor ton cuer joiant?
Car je n'en ai se mal non, etc.

Messire THIÉBAUT DE BLAZON, vingt-unième poète cité p Fauchet.

Pă | rēnz săṇs Ă, | mĭs,
Amis sans pouvoir,
Pouvoir sans vouloir,
Vouloir sans effect,
Effect sans proffict,
Proffict sans vertu,
Ne vaut un festu.

Dŭ | tēmps dŭ feŭ | rŏi (Charles VII)
N'estois en esmoy,
Que me greyast guère;
J'allois à part moy
Donner le beau moy (mai),

A quelque bergiere;
Douces chansonnettes,
Plaisans bergerettes,
Toutes nouvellettes
Pas ne s'y celoient;
Bouquets de violettes
A brins d'amourettes,
Et fleurs joliettes,
Ça et la voloient :
Oyseaux gazouilloient,
Qui nous reveilloient
Et rossignolloient,
Ainsi qu'alouettes;
Baisers se bailloient;
Cœurs s'amollioient,
Et puis s'accolloient
En ces entrefaites.

Martial de Paris, dit d'Auvergne, 1450.

Buvons | fort
Jusqu'au bord!
Buvons bien!
Nos cousines,
Nos voisines,
Vos mâ | ris n'en | sauront | rien.
L'autre jour trois femmelettes
Au marché vendirent lin,
Pour mieux faire les goguettes
Allèrent boire du vin.
Pot à pot,
Lot à lot,
Chacune manda le sien;
Là sifflaient,
Là buvaient
Au curé comme au doyen.

Olivier Basselin, 1450.

Mă | sœŭr Mădĕ | laīne,
De fol desir plaine,
En liesse vaine
S'esbat et pourmaine,
Chantant ses chansons;

Mon frère Lazare,
Portant haulte care (visage),
Ses chiens hue et hare,
Et souvent s'esgare
Parmy les buissons.

Ils n'ont soin en eulx
Fors d'estre joyeulx,
Et sont curieux
D'esbats et de jeulx,
A leurs volentés.

On les y soustient,
Rien *ne* les retient;
De Dieu ne souvient;
Fol desir les tient
En leurs voluptés.

Mystère de la Passion, 1482.

| Hăultĕ | Trīnī | tĕ,
Parfaite unité,
Singulière essence;
A ta majesté
Qu'il soit protesté
Los et préférence,
Car par ta clémence,
En notre présence
Nous as envoyé
L'esprit de science
Qui notre crédence
A fortifié.

Cavatine finale du **Mystère de la Passion**, chantée
par la sainte Vierge.

| Tĕndrĕs fĭl | lĕttes
Fraîches doucettes,
Et de valeurs,
Chargez houlettes
De violettes,
Feuilles et fleurs;
Délaissez pleurs,
Cris et douleurs,
Et nĕ crăi | gnĕz | êtrĕ sĕu | lĕttĕs;
Reprenez habits de couleurs,
Puisqu'ainsi s'en vont nos malheurs;
Sī jĕ suĭs | biĕn | aīnsĭ voŭs | l'êtes.

GUILLAUME CRETIN, 1490.

Aŭ | tănt qu'ău | ciel ŏn | vŏit dĕ | flămmes
Dorer la nuit de leurs clartés,
Autant on voit ici des dames
Orner ce soir de leurs clartés.

RONSARD, 1550.

Aŭx plăi | sīrs, aŭx dĕ | lĭcĕs, bĕr | gĕrĕs,
Il faut être du temps ménagères,
| Căr īl s'ĕ | coŭle ĕt sĕ | pĕrd d'hĕure ĕn | hĕurĕ
Et le regret seulement en demeure.
A l'amour, aux plaisirs, au bocage,
Employez les beaux jours de votre âge.

Les ruisseaux vont aux plaines fleuries,
Cajolant et baisant les prairies,
Le doux Zéphir parle d'amour à Flore,
Et les oiseaux en par*lent* à l'Aurore.
A l'amour, aux plaisirs, au bocage,
Employez les beaux jours de votre âge.

Ce qui vit, qui se meut, qui respire,
D'amour parle, ou murmure ou soupire;
Aussi le cœur qui n'en sent la peinture,

S'il est vivant, il est contre nature.
A l'amour, au plaisir, au bocage,
Employez les beaux jours de votre âge.

1610, d'un auteur inconnu, musiqué gracieusement
par Guédron.

Rhythme singulier, tout en rimes féminines, formé de deux
vers dactyliques, précédés et suivis par deux vers anapestiques.
Le premier et le troisième couplet sont excellents, trois accents
faux rompent l'harmonie du deuxième.

Brŭ | lĕ d'ŭnĕ | flāmme
Qui fait mon malheur,
Il faut dans mon ame
Cacher ma douleur.
Il faut que j'expire,
Victime du sort,
Sans même oser dire
Qui cause ma mort.

Parmi l'allégresse
D'un peuple assemblé,
Confus et troublé,
De quelle tristesse
Je suis accablé!

Brulé d'une flamme, etc.

Marmontel, air ajouté dans Atys, de Quinault, 1780.

Un | nōir vĕ | nĭn dĕ mŏn | āmĕ s'ĕm | pāre,
O trouble affreux! c'en est fait, je m'égare;
Il faut mourir de la main d'un barbare;
Serais-je, hélas! au dernier de mes jours?

Les Folies amoureuses, 1823.

Môn fîls | viênt, quĕ là | tâblĕ s'ăp | prête,
Près de toi, près de moi, quelle fête!
En buvant il va nous tenir tête,
Il nous va raconter ses exploits.

La Pie voleuse.

Quănd dĕs ĕ | toîles
Le feu palit,
Et dans ses voilés
La nuit s'enfuit,
L'oiseau murmure
Son chant d'amour,
Et la nature
Attend le jour.
La fleur nouvelle
Brille à mes yeux;
Amant fidèle,
Viens en ces lieux.
Sèche mes larmes;
Ce beau séjour
N'aura de charmes
Qu'à ton retour.

CASTIL-BLAZE, Euriante.

FRAGMENTS D'OBÉRON.

CHŒUR.

| Avăn | çŏns à | vĕc mys | tĕrĕ,
Et rendons, pour les servir,
Notre course plus légère
Que le souffle du zéphir
Le murmure de l'abeille
Troublerait son doux repos,
Obéron enfin sommeille;
Un dieu vient calmer ses maux.
Dĕ | nŏs chă | grïns puïs | sănt cŏn | sŏlă | teŭr,
Sŏm | meïl, | rĕnds là | païx | ā sŏn | cœur.

Récitatif.

Preux chevalier, accours, délivre-moi!
Entends les vœux d'une captive,
Je meurs si je ne suis à toi.

AIR.

| Dăns lă | peīne ĕt | lēs ă | lārmĕs, |
De l'espoir goutons les charmes;
Il viendra sécher mes larmes
Ce vaillant libérateur.
Près de moi l'amour t'amène,
Oui, tu viens briser ma chaîne,
Oui, tu viens finir ma peine,
Ton image est dans mon cœur.

En tŏus	liĕux jĕ	veŭx tĕ	suīvrĕ,
Seūl, tŭ poŭ	vaīs mĕ chăr	mēr.
Ah! plŭ	tŏt cĕs	sēr dĕ	vīvrĕ,
Quē dĕ cĕs	sēr dĕ t'ăi	mēr.

Dans la peine, etc.

———

AIR.

Esprits de l'air et de la terre!
Esprits qui régnez sur les eaux!
Vous qui lancez les vents et le tonnerre!
A ma voix accourez du bout de l'univers.

| Peūplĕ, dŏnt | l'œīl jă | maīs nĕ | dōrt, |
Qui sous la terre gardes l'or;
Vous qui plongez au fond des eaux;
Et dont la voix régit les flots;
Vous dont le vol audacieux
Monte jusqu'à l'azur des cieux;
Vous qui, du sein des noirs volcans,
Faites jaillir feux et torrents;
En quelque lieu que vous soyiez,
Vite, venez, obéissez!
Obéissez, suivez la loi
De votre ami, de votre roi.

CHŒUR.

Noŭs vŏi | lā, noŭs vŏi | lā! | părlĕ, quĕ | faŭt-il | fāirĕ? |
Arrĕ | tĕr lĕ sŏ | lĕil,
Et voiler sa lumière?
Que la nuit sans réveil
Épouvante la terre;
Dessécher de la mer les abîmes affreux?
Parle, ami, nous faut-il couper la lune en deux?
Avec notre aide on peut tout faire.

ARIETTE.

FATIME.

Mŏn | tāgnĕs d'Arā | biĕ,
O lieu plein de douceur!
Toi seule, ô ma patrie!
Peux faire mon bonheur.
Mon cœur vers toi s'élance,
Délicieux séjour!
Je garde l'espérance
D'aller te voir un jour.
J'irai chanter encore
A l'ombre de tes bois;
Aux sons de la mandore
Je veux unir ma voix.

La la la la la la!
Dĕ lā | nŭit lā plŭs | sŏmbrĕ,
Un rayon lumineux
A l'instant chasse l'ombre;
Et l'aurore d'amour vient briller à mes yeux.
La la la la la la!
Et la ruse et l'audace
Trŏmpĕ | rŏnt dŭ ty | răn lĕs prŏ | jĕts fŭrĭ | eŭx.
A nous suivre il se lasse,
Tout se rend au desir de nos cœurs amoureux.
La la la la la la!

La la la la la la !
Galopant sur la grève,
Nous fuyons de ces lieux;
Sur les monts orageux
Le coursier nous enlève.
Il n'est plus de danger,
La valeur, l'amitié nous saurons protéger.
Délivrés de sa chaîne,
Se moquer du tyran ce sera nous venger.
La la la la la la !

BARCAROLE.

| L'ŏnde ĕst | cālme, | aŭ dŏux | feŭ dĕs ĕ | toïlĕs,
Quel plaisir de voguer sur la mer !
Quand la brise caresse nos voiles,
Quel plaisir de voguer sur la mer !
Les parfums des rosiers du rivage
Sont portés dans les plaines de l'air;
Sans la crainte des vents, de l'orage,
Quel plaisir de voguer sur la mer !

Quelle ivresse ! en est-il de plus pure ?
La naïade en voguant sur les eaux,
A livré doux attraits, chevelure,
Au caprice des vents et des flots;
Et ses chants qu'a dictés la nature
Font au loin murmurer les échos.
Sans la crainte des vents, de l'orage,
Quel plaisir de voguer sur les flots !

CAVATINE.

Récitatif.

La peine du cordon? et c'est là sa clémence !
Lorsque sur un bucher mon ami va périr.
Loin de tes bords chéris, ô ma patrie, ô France !
Reçois mes derniers vœux et mon dernier soupir.

Largo.

| Quănd, sŏus lĕs | loĭs | dĕ lă chĕ | vălĕ | rĭe,
A mon pays je consacrai ma vie,

Donner mes jours fut ma plus chère envie,
| Et jĕ hă | tais | cĕ mŏ | mĕnt dĕsĭ | rĕ.
Hă | sărds, dăn | gĕrs, n'ŏnt pŏur | mŏi quĕ dĕs | chărmes;
Mais, loin des camps, éloigné des alarmes,
Faut-il, privé du secours de mes armes,
Mourir si jeune et mourir ignoré?

Récitatif.

Il va donc s'accomplir cet affreux sacrifice!
Sans palir je verrai les apprêts du supplice.
Qu'ai-je vu? notre sort va changer, et soudain.
De grâce, permettez qu'un instant la prière
Vienne rendre mon ame à sa vertu première.
O mon libérateur, j'ai reconnu ta main!

| Quănd tă pŭis | săncĕ
Prend ma défense,
Dois-je d'avance
Craindre un malheur?
Vienne l'orage,
Un tel présage
A mon courage
Rend sa vigueur.

Mon ame te défie,
O sort! de ta furie
Redouble les excès.
Aux yeux de mon amie,
Sans pleurs perdons la vie;
Mourons en brave, en chevalier français.

Quand ta puissance, etc.

Si lĕ | maîtrĕ s'ĕn | mĕlĕ,
On verra que dans peu,
Sur la troupe cruelle
Il va faire beau jeu.
Plus de crainte inquiète,
Implorons sa faveur,
Ils vont à leur défaite,
Ah! pour nous quel bonheur!

CASTIL-BLAZE.

Une | robě-lă. | gēre)
D'une entière blancheur;
Un chapeau de bergère,
De nos bois une fleur;
Oui, telle est la parure
Dont je suis enchanté;
Et toujours la nature
Embellit la beauté.

PLANARD, **Marie,** musique d'Hérold.

Dans la seconde partie de cette cavatine, le parolier prend un nouveau rhythme qu'il ne suit pas du tout, et prouve ainsi que nous devons au hasard huit vers mesurés. On se moqua long-temps de cette *beauté* que la nature *embellit*; Delille avait pourtant dit, sans exciter la moindre critique :

Et la grace plus belle encor que la beauté.

L'Homme des champs.

Vers pris à La Fontaine,

Rien ne manque à Vénus, ni les lis, ni les roses,
Ni le mélange exquis des plus aimables choses,
Ni ce charme secret dont l'œil est enchanté,
Ni la grace plus belle encor que la beauté.

Adonis, poème, vers 75 à 78.

Delille était un effronté plagiaire; il s'est approprié douze vers de Dorat, qu'il a transférés de la Déclamation, poème, pour en doter son poème de l'Imagination, chant III, *De l'homme infortuné*, etc.

Un beau vers de Saurin, Blanche et Guiscard, tragédie,

Qu'une nuit parait longue à la douleur qui veille,

figure aussi dans l'Imagination, avec le changement d'une syllabe.

Que la nuit parait longue à la douleur qui veille.

Il faut pourtant vous dire comme quoi le rocailleux Planard trouva huit vers excellents; il les dut au hasard le plus heureux qu'un parolier puisse rencontrer. Hérold, de bien chère et glorieuse mémoire, les lui présenta, le priant d'intercaler ce couplet dans la cavatine de Chollet, qu'il voulait rendre suave. — Voyez, lui dit-il, si ces rimes d'un musicien peuvent figurer parmi vos vers, tâchez d'en corriger les aspérités. » Planard lit ce huitain, et, chose remarquable ! il les approuve sans la moindre contestation. Croyez qu'il ne s'était point aperçu qu'ils étaient mesurés.

Voilà comment les seuls vers de Planard que l'on applaudit, que je puis citer avec honneur... sont d'Hérold, devenu poète un instant pour écraser tous ses paroliers.

CAVATINE.

Récitatif.

Qui veut connaître l'avenir,
Et savoir sa bonne aventure?
Je suis sorcier, c'est moi qui vous l'assure;
Femmes, filles, garçons, hatez-vous d'accourir.
Pour moi le sort n'a point de voiles,
Le jour je lis dans les étoiles.
Qui veut connaître l'avenir?

Andante.

Dŭ dĕs | tĭn dĕvănt | vŏŭs ăppă | rătt lĕ mĭ | nĭstre.
L'avenir à ma voix ouvrira son registre;
Aventure joyeuse, agréable ou sinistre,
Je sais tout, je dis tout; approchez, me voilà!
Un vulgaire sorcier fera fendre la terre,
Courroucer vents et flots, éclater le tonnerre.
Vous saurez votre sort, révélons ce mystère,
Et sans bruit, par ses airs, le hautbois parlera.

Récitatif.

Je ne vous dirai rien, la rustique musette
Pour moi va s'expliquer d'une voix claire et nette.
Daignez l'interroger, sur-le-champ elle va

Allegro.

Dĭre ă | gĕntĕ fĭl | lĕtte,
Que pour vieille coquette,

Son ami le trompette
Bientôt la quittera.
Ce que lui fait sa femme,
Qui médite en son âme
Une perfide trame,
Un mari le saura.
Elle dira de même
Si l'épouse qu'on aime
D'un nouveau diadème
Vous a paré le front;
A la prude Isabelle,
A la fringante Adèle,
Si l'amant qu'elle appelle
Sera brun, sera blond.

  Lĕs vŏy | āgĕs,
   Les naufrages,
   Héritages,
   Mariages,
  Toŭt sĕ | rā mŏdŭ | lĕ.
  Clairement révélé.

Voŭs vĕr | rēz dĕ vŏs | yĕux cĕ qŭe | l'ŏn n'ŏsĕ | crōirĕ,
Vous allez célébrer mon triomphe et ma gloire,
Admirer, applaudir un si rare talent.
  Pour moi le sort n'a point de voiles,
  Le jour je lis dans les étoiles.
  Venez, mon art est tout puissant!

  Je vais, par la magie,
  Donner à qui me prie
  De quelque loterie
  Tous les bons numéros.
  A celui qui trafique,
  Au rusé politique,
  Le moyen vrai, l'unique :
  Arriver à propos.
   Maladies,
   Incendies,
   Perfidies,
   Tragédies,

Tout sera modulé,
Clairement révélé.

On verra de ses yeux ce que l'on n'ose croire.
Vous allez célébrer mon triomphe et ma gloire,
Admirer, applaudir un si rare talent.
Venez tous, accourez, mon art est tout puissant!

Belzébuth ou les Jeux du roi René.

PRIÈRE.

Saĭntĕ | Vierge, ŏ mă | dĭgnĕ pă | trŏnnĕ!
A toi seule je dois recourir;
Si ton aide un instant m'abandonne,
C'en est fait, je n'ai plus qu'à mourir.

De ta voix la divine harmonie
Vient charmer, consoler tous les cœurs;
L'innocence en péril te supplie,
Prends pitié de ses maux, de ses pleurs.

Idem.

HALI.

Tu mourras, cet affront ne peut se pardonner.
Faut-il suivre l'usage ou de France ou de Rome?
Dois-je me battre avec mon homme,
Ou bien le faire assassiner?

DON PÈDRE.

Assassiner est, ce me semble,
Le plus sûr, le plus court chemin.

HALI.

Merci, que le perfide tremble.
Merci, le succès est certain.
Pĕn | dănt lă nŭit | sŏmbrĕ,
Ferrés jusqu'aux dents,
Huit braves dans l'ombre

Guettant les passants
Leur disent : Qui vive ?
Toujours à l'affut,
Si l'infame arrive
Ils frappent au but.
Rêvant à sa belle,
Joyeux, mais discret,
Il quitte pour elle
Brelan, cabaret.
Favorable ivresse,
O charme trompeur !
Le vin, la tendresse,
Possèdent son cœur,
Avec confiance,
Chantant un refrain,
Notre homme s'avance
Et court à sa fin.
Au coin de la rue,
Sur lui, sans effort,
La troupe se rue,
Et, zeste, il est mort.
Déroute complète,
Et, ruse d'enfer,
On traîne, l'on jette
Son corps à la mer.
Dans l'eau si profonde
Il tombe perdu,
Rayé de ce monde,
Ni vu ni connu.

Le Sicilien, d'après Molière.

LES SERMENTS.

BARCAROLE.

C'én ëst | fait, là răi | sòn m'ă | claïrĕ,
Plus de voiles devant mes yeux ;
Si Joconde avait su me plaire,
J'ai dû rompre d'indignes nœuds.

Délivré d'un trop long martyre,
Liberté fera mon bonheur.
De l'amour et de son empire
Je saurai préserver mon cœur.

C'en est fait, sur l'humide plage
N'irai plus follement courir;
Échappé d'un cruel naufrage,
On pourrait demain y périr.
Je retrouve mon humble asile,
Et j'y passe des jours heureux;
Mieux vaut charme d'un sort tranquille
Qu'affronter des périls affreux.

Je crois bien que chacun admire
La sagesse de tels serments;
Mais Joconde vient à sourire,
La mer brille par un beau temps.
Animés d'une ardeur nouvelle,
Oubliant ces vœux pour toujours,
Le nocher court à sa nacelle,
L'amant vole vers ses amours.

BOLERO.

Vĭĕns | ā Grĕ | nādĕ, ĕn | mōn pă | lāĭs,
Divin séjour où tant d'or brille;
Viens à Grenade, jeune fille,
Donner des lois à mes sujets.
— Non, non, je reste en mon village,
Aux lieux par Alonze habité;
A votre pompeux esclavage,
Je préfère ma liberté;
Vive, vive la liberté!

— Ce front pudique est radieux
De diamants, rubis, opales.
Au désespoir de tes rivales
Jette l'éclair de tes beaux yeux.
— Hélas! plus d'une infortunée

Maudit ce séjour enchanté,
Et changerait sa destinée
Contre un peu de ma liberté,
Vive, vive la liberté!

— Les jeux, la danse, les tournois,
Concerts, aimable poésie,
Les doux parfums de l'Arabie
Te vont charmer tout à la fois.
— En vain l'on a doré sa cage,
L'oiseau captif est attristé;
Ouvrez, il fuit; par son ramage
Il célèbre la liberté.
Vive, vive la liberté!

TRÈS-JOLIE ROMANCE

MISE EN VERS POUR LA RENDRE CHANTABLE.

Beaux | damoi | seaux et | damoi | selles,
Varlets, servantes et soldats,
Voyez au pied de ces tourelles,
Deux ménestrels qui sont bien las.
Contez à dame châtelaine
Qu'ils sont dolents et souffreteux;
Et qu'ils voudraient, en son domaine,
Passer, au moins, un jour ou deux!
Accordez-leur un jour ou deux!

Reçus ici pour la semaine,
Auprès du grand foyer assis,
Pour plaire à dame châtelaine
Ils trouveront joyeux devis.
De Fier-à-Bras, duc d'Aquitaine,
Ils vont redire exploits fameux;
Ils toucheront à la fredaine
Si chère aux jeunes amoureux!
Accordez-leur un jour ou deux!

Le Prince troubadour, Duval et Méhul, 1813.

LES LARMES.

| Quellĕ | grācĕ, | quĕl mys | tĕrĕ |
Qu'une larme dans les yeux !
C'est un baume salutaire
Qui, pour nous, descend des cieux.
Plus d'une âme, hélas ! brisée,
Sous les pleurs s'élève encor.
C'est ainsi que la rosée
Rend aux prés leur doux trésor.

Mais, des peines si les larmes
Amollissent les rigueurs,
Elles donnent plus de charmes
Aux plaisirs des jeunes cœurs.
D'une main folle et profane
Tout plaisir épand des fleurs,
Dont l'éclat bientôt se fane,
S'il n'est pas baigné de pleurs.

Loin d'un monde aux jeux frivoles,
Quand deux cœurs se sont élus,
C'est bien peu que des paroles,
Une larme en dit bien plus !
Oui, vainqueur, l'amour lui-même
Est à peine rassuré ;
On apprend combien on s'aime
Lorsque ensemble on a pleuré.

Émile Deschamps, sur une mélodie de Schubert.

Dĕ l'ă | mour, nŏblĕ | flămme,
Célébrons le pouvoir,
Et qu'il soit dans notre âme
Une ivresse, un devoir !
A la belle inhumaine
Arrachons un aveu;
En secret, de sa peine,
Exauçons le doux vœu.

Que le prix des victoires
Soit un jour le bonheur!
Unissons ces deux gloires,
La beauté, la valeur.

PAUL FOUCHER, **Richard en Palestine.**

| Sŭr mă rĕ | quête,
Par mon crédit,
J'obtiens défaut contre Jeudy,
Et l'on arrête
A mon profit
Qu'il me paira notre dédit.
Pour la Touraine
Je pars soudain.
C'est une plaine,
Un vrai jardin,
Et l'on y voit sur son chemin
Force moutons plus blancs que lin.
Moi j'en achète
Vingt des plus gras,
Disant tout bas :
Heureuse emplette!
Je mènerai du même pas
Et le débit et les achats,
Quand, tout à coup, je vois Panurge,
Assis au seuil d'un cabaret.
Il roucoulait,
Se gaudissait,
Et s'emplissait
D'un vin clairet.....

H. TRIANON, **Pantagruel,** opéra.

Voici quelques vers d'un conte facétieux qui, certes, n'a point
été fait pour la musique, et, cependant, il est mesuré, rhythmé
parfaitement. En 76 vers on n'y rencontre que deux lignes de
prose; l'auteur les aurait mises au point s'il avait destiné sa

pièce aux musiciens, s'il s'était même douté qu'elle était lyrique. Les Provençaux ont en horreur la prose rimée, à tel point que, sans le vouloir, et guidés par leur instinct, par une oreille sensible et délicate, ils cadencent leurs vers d'une manière charmante.

LOU BON DIÈU E SANT PÈIRE.

| Voūs qu'ă | măs lĭ | cŏnte, ĕ | lĭ dĭsĕs | bĕn
Ve n'en eici-v-un, doutour Yvarèn,
Que se l'escrivias, farié gau d'entèndre :
Vosto fino plumo a lou biais de rèndre
Tout ce que n'en sort en touti plasènt.
Ièu que sai tout just escriéure, pecaire!
Lou parla pacan que parlo ma maire,
Vau vous counta' içò coume à Sant-Roumié,
Vous lou countarien au mas di poumié.
Que voulès? chascun fai coume pòu faire.
E quau saup? belèu vous agradara,
E sarés d'avis qu'es de l'ipoucra.

J. ROUMANILLE, Armana prouvençau de 1858.

ORPHÉON MILITAIRE.

L'ARMÉE FRANÇAISE.

AIR : *Chasseur diligent*, chœur de **Robin-des-Bois**, Weber.

Chasseur, ta vaillance,
Qu'admire la France,
Soutient la puissance
    De ton pays.
Ta fougue entraînante
Va, fière et brulante,
Lancer l'épouvante
Sur nos ennemis.

O peine cruelle !
Tu laisses ta belle ;
La paix auprès d'elle
Te ramènera.
O gué! tra la la,
France triomphera.
La la la la la la,
Chasseurs et voltigeurs sont là.

Poursuis à la danse
Fatime ou Clémence,
Et pince en cadence
Un vrai cancan.
Bien loin de la ville,
Ta ruse subtile
Atteint le Kabyle
Au fond de son camp.
O peine cruelle! etc.
Sapeurs, lanciers, spahis sont là.

D'humeur libre et fière,
Achille à crinière,
De toute manière
S'est bien battu.
Plus brave qu'un reître,
Il peut, dit son maître,
Ne pas toujours être
Dragon de vertu.
O peine cruelle! etc.
Dragons et grenadiers sont là.

Héros à moustache,
Fillette s'attache
A ta sabretache
Comme à ton sort.
Loustic, bien qu'il rie,
Au train de sa vie,

Il est, je parie,
Hussard de la mort.
O peine cruelle, etc.
Hussards et tirailleurs sont là.

Zouave rapide,
Ton bras de Numide
Frappait comme Alcide
Sur Malakoff.
Ta soif de victoire
Te va faire croire
Capable de boire
La mer d'Ocsakoff.
O peine, etc.
Zouaves, canonniers sont là.

LA MARINE FRANÇAISE.

Air de Weber : *Hourra des Chasseurs de Lutzow.*

Lĕ | crī dĕ lă guĕrrĕ,
Lĕ | bruīt dĕs cŏmbāts,
É | clātĕnt sŭr l'ŏndĕ ĕt lă | tĕr, | rĕ.
O | Frāncĕ sĭ chĕrĕ, | *bis.*
Voĭ | cĭ tĕs sŏldāts,
Mĕ | prĭse ŭnĕ vaĭnĕ cŏ | lĕrĕ,
L'hŏn | nĕur noŭs ăp | pĕllĕ,
Mărchŏns!
Lă | mĕr ĕst sĭ | bĕllĕ,
Pārtŏns! |
| Vītĕ, ă lă voĭlĕ, păr | toŭs!

Faut-il de la plage
Chasser l'étranger?
Tu sais quel est notre courage.
Faut-il, à la nage, | *bis.*
Voler au danger,
Tenter fièrement l'abordage?
L'honneur, etc.

Soldat intrépide,
Joyeux de ton sort,
Marin, la fortune te guide.
Le sable torride, ⎫
Les glaces du Nord, ⎬ *bis.*
Signalent ta course rapide.
L'honneur, etc.

L'orage s'apprête,
L'éclair brille en vain,
Marin, jamais rien ne t'arrête.
Pour toi quelle fête, ⎫
Si, d'un front d'airain, ⎬ *bis.*
Tu vas défier la tempête !
L'honneur, etc.

L'ATTENTE DE L'ENNEMI.

L'ai | rain à son | né les com | bats,
Voyez l'ennemi qui s'avance,
Guerriers, attendons en silence
Qu'il vienne chercher le trépas.
Que | notre as | pect d'ef | froi le | glace,
Tout doit céder à la vertu ;
Et si, par une heureuse audace,
Nous l'arrêtons, il est vaincu.
Nous avons juré de mourir
Pour la patrie et pour la gloire ;
Nous rendrons le dernier soupir
Sous les palmes de la victoire.
Nous avons juré de mourir.

APRÈS BOIRE, À LA RESCOUSSE !

Air : *Laisse en paix le dieu des-combats,* **Anacréon, Grétry.**

Qu'un ins | tant le | dieu des com | bats
A Silène cède le pas ;
Si tout bas le sage nous gronde,
Que ta voix tout haut lui réponde :

Et pourquoi ne boirais-je pas,
Tandis que tout boit dans le monde? (Fin.)

Les | ondes | boivent | l'air,
Soleil, tu bois la mer,
La terre boit la pluie;
Par son feuillage vert
La plante boit la vie.
Qu'un instant le dieu des combats, etc.

La trompette sonne, à sa voix,
Par de fiers, de nobles exploits
Soutenons l'honneur de nos armes,
Retournons au sein des alarmes;
Quand on a triomphé cent fois,
Toujours le danger a des charmes. (Fin.)
Le feu des bataillons,
Des bombes, des canons,
Est un éclair de gloire;
A tous ces bruits joignons
Les chants de la victoire.
La trompette sonne, à sa voix, etc.

TURENNE.

Air de la *Marche de Turenne* (du régiment). Lulli, 1660.

Un honneur
Bien cher aux gens de cœur,
C'est d'obéir au sage, au grand Turenne,
Qui, prudent,
Comme un lion vaillant,
Est adoré de tout son régiment.
On est heureux,
On est joyeux,
Quand sous les yeux
De ce brave capitaine,
Dans les combats,
On marche au pas
D'un général ami de ses soldats.

Dans son art,
C'est un nouveau César;
Tout doit fléchir, sa voix est souveraine;
Et par lui,
Secrètement ourdi,
Un piège adroit arrête l'ennemi.
On est heureux, etc.

LE DRAPEAU.

Air du Drapeau.

| Vive, à jamais là | France, |
Terre de la vaillance !
C'est à sa confiance
Quĕ nŏus dĕ | vŏns cĕ drā | peāu.
Gage de la victoire,
Tous, dignes de mémoire,
Vont soutenir sa gloire.
Est-il un destin aussi beau?

Cĕ | cŏmpā | gnŏn dĕ nŏs | pās, dĕ nŏs | ārmĕs,
Navré cent fois, essuyant mille feux,
Nous précédait au milieu des alarmes.
Voyez flotter ses lambeaux glorieux.
Vivé à jamais, etc.

Si, quelque jour, par le sort de la guerre,
Pour te défendre il n'était plus de bras,
Tu descendrais dans le sein de la terre,
Et l'ennemi ne t'enlèverait pas.
Vive à jamais, etc.

Audace vaine, espérances trompées,
Que l'ennemi puisse voir de nouveau
Tout un rempart de mousquets et d'épées
Prêts à frapper pour l'honneur du drapeau.
Vive à jamais, etc.

LA CHARGE.

Air du *Pas redoublé.*

A | dĕlŏ | gĕr cĕs | batāil | lŏns
    Qu'ici chacun s'apprête;
Au pas de charge, amis, allons,
    Courons à cette fête.
Pour les chasser et dans l'instant
    Nous faire place nette,
Faut-il des balles? non vraiment,
    Poussons la bayonnette.

C'est impossible, non ce mot
    N'est point admis en France;
Dieu nous donna ce double lot,
    La force et la vaillance.
Chez nous, *possible* dit c'est *fait;*
    Cela n'importe guère;
Et l'impossible, s'il vous plaît,
    Croyez qu'on va le faire.

Est-il rempart, chemin coupé,
    Montagne si rapide,
Où les Français n'aient pas grimpé
    D'un pied leste et solide.
Alma, si bien flanqué, gardé,
    Semblait inaccessible;
Nos braves l'ont escaladé,
    Pour eux tout est possible.

Condé se plaît à nos chansons,
    Des balles il se raille,
Et c'est au son des violons
    Qu'il ouvre la bataille.
Chagrin causé par les amours,
    Le vin bientot l'apaise,
Et la valeur s'unit toujours
    A la gaité française.

A L'AVENTURE.

Mots et notes de Castil-Blaze.

En | éclâi | reurs,
En fourrageurs,
Allons à l'aventure;
La vie est dure,
Et cette fois
Le loup sortira de son bois,
Je crois,
Frappons d'estoc, de taille,
Lapins, moutons, volaille.
Accourez donc, briguez l'honneur
De régaler un tireur
Vainqueur.
Mourir d'un coup d'épée,
Comme un nouveau Pompée,
C'est trop heureux pour un oison,
Pour un dodu dindon.
En éclaireurs, etc.

Sans peur et sans reproche,
Voyez valser en broche
Un opulent roti
Cédé par l'ennemi.
Valsez, amis, que rien ne vous arrête,
Et si, d'un châtelain,
Nous empruntions du vin!
Quelle aubaine et pour nous quelle fête!
En éclaireurs, etc.

L'EMBUSCADE ET LE COMBAT.

Mots et notes de Castil-Blaze.

Pĕn | dant la | nuit, à | vec prŭ | dĕncĕ,
Vers l'ennemi dirigeons-nous.
Silence! il dort sans défiance;
Pourrait-il donc parer nos coups?

Rŭsé ă lă | guêrre ĕt | grănd cŏu | răgĕ
Poŭr l'ăttă | quer, sŏnt | rĕŭ | nis;
Sŭr | lŭi faĭ | sŏns tŏm | bĕr l'ŏ | răgĕ,
Il est vaincu s'il est surpris.
En ă | vănt! ĕn ă | vănt!
| Răn, răn, | răn, răn, | răn, răn, | răn, răn, | răn.
Une partie du chœur bat la charge et chante ce rhythme jusqu'à la fin.)

Grĕnă | diĕrs, ĕn ă | vănt, fĕrmĕ ă | lă băyŏn | nĕtte!
Accourez, cavaliers, soyez notre soutien!
Entendez le canon, le tambour, la trompette!
Quel fracas! le soldat ne s'alarme de rien.
La redoute est à nous et le champ de bataille;
Tirez donc et frappez, avançons, tout va bien.
Nous bravons le bancal, le fusil, la mitraille.
Quel enfer! les Français ne s'alarment de rien.
Vĭc | tŏire! ĕn | cŏre ŭnĕ vĭc | tŏirĕ!
Brĭl | lăntĕ | păgĕ poŭr l'hĭs | tŏirĕ!

AUX SARRASINS!

Frăn | çăis, dŭ | brăvĕ | Chărlĕ | măgnĕ,
Suivant les ordres souverains,
Marchons, courons jusqu'en Espagne
Pour attaquer les Sarrasins.
De lui nos biens, nos arts, nos gloires;
Il nous a dit au champ d'honneur :
Tous vos combats sont des victoires.
Allons, et vive l'empereur!

BONNE GARDE.

Marche de Léonore, Beethoven.

| Oŭi, bră | vŏns dĕ l'ăs | săut lĕs pĕ | rĭls, lĕs hă | sărds.
A | vĕc cŏu | răge, ă | vĕc prŭ | dĕncĕ, |
Gardons l'abord de ces remparts;
Que la terreur qui nous devance

22

Arrive ici de toutes parts. |
Faisons silence |
Si l'ennemi |
Marche et s'avance, |
Point de merci ! |
Si l'ennemi s'avance,
Frappons à mort, point de merci.
Gloire, honneur à notre maître,
Qu'il apprenne à nous connaître,
Et méritons du gouverneur
La confiance et la faveur.

LES PHILISTINS SONT LA.

Air basque du xv° siècle.

Mô | ment rent | pli dę | charmes; |
La troupe est sous les armes;
Chacun, dans les alarmes,
Dira : C'est à mon tour.
Brillantes et légères,
La brise, avec amour,
Étale nos bannières
Aux feux d'un si beau jour.
Le vin pétille et mousse,
Désir guerrier nous pousse,
Et vite à la rescousse,
Les Philistins sont là !
La, la, la, la, la, la,
Les Philistins sont là !

CHANT DE VICTOIRE.

Air du *Chœur des Bardes*, de la *Donna del Lago*, Rossini.

Dü | Dieu d'Isrč | el |
Chantons la victoire;
Couverts de sa gloire,
Parons son autel

C'est lui qui nous guide
Et chefs et soldats ;
Son glaive préside
Au sort des combats.

Remplis d'espérance,
Les fils de Sion,
Avec confiance
Invoquent son nom.

Pour nous plus d'alarmes,
Un Dieu protecteur
A fait sous nos armes
Tomber l'oppresseur.

Sa main tutélaire
Répand les bienfaits,
Aux maux de la guerre
Succède la paix.

Le glaive s'arrête,
La paix vient à nous ;
Après la tempête
Le calme est plus doux.

Du Dieu d'Israel, etc.

ACTIONS DE GRACES.

Air : *O de Selma la gloire et l'espérance*, Méhul, Uthal.

| Dieu tout-puis | sant, protec- | teur de là | France,
Qui, tant de fois, as pour nous combattu ;
Conserve-nous ta divine assistance,
Et nous aurons notre même vertu.

Ces étendards que gagna la victoire
Sont destinés à parer ton autel ;
Gages brillants de bonheur et de gloire,
Accepte-les en ce jour solennel.

LA CHASSE.

Lĕ | cĭel dĕ | fĕux rŭis | sĕllĕ ;
Que la journée est belle !
La chasse nous appelle,
Du cor j'entends la voix.
Guerre au chevreuil timide,
Au cerf, au daim rapide !
L'audace qui nous guide
Va dépeupler le bois.
Au loin du cor j'entends la voix,

Brillant desir de gloire
Vient s'emparer de tous nos cœurs ;
Un prince aimable, aimé de la victoire,
Vient présider aux jeux, applaudir aux vainqueurs.
Le ciel de feux ruisselle, etc.

Pour nous est-il plus doux espoir,
Vraiment, et plus joyeuse fête ?
Chacun, fidèle à son devoir,
Dans la forêt gaîment s'apprête
A galoper et jusqu'au soir.

Notre espérance est vaine,
La chasse, dans la plaine,
S'éloigne, et non sans peine
Du cor, j'entends la voix,
Allons, courons au bois.

Vers calqués sur les ïambes que Rossini venait d'écrire en musique.

Passy, le 24 septembre 1857.

A là pâ | trïe
Brave Français
Donne sa vie,
Et sans regrets,
Vive tendresse
Brûle en son cœur
Pour sa maîtresse et
Son empereur.

Vite il s'apprête,
Rien ne l'arrête,
Si la trompette
Vient à sonner.
Il prend ses armes,
Court aux alarmes.

Son plein de charmes
Va l'entraîner.
A la patrie, etc.

Dactyles modelés sur les vers musicaux notés par Rossini.

Passy, le 4 octobre 1857.

CANTIQUES.

Air de la **Chanson de Roland**, musique de Castil-Blaze.

Dans la fortune ou la douleur
Voyons toujours l'arrêt céleste;
Au sort heureux, au sort funeste,
Soumettons-nous avec douceur.
Vierge Marie,
Reine chérie,
A toi ma vie,
A toi mon cœur.
De ta puissance,
De ta clémence,
Naît l'espérance
Du vrai bonheur.

Éloignons-nous des vains plaisirs;
Ce monde, hélas! n'est qu'un passage;
Ayons pour but du grand voyage
Le ciel, objet de nos désirs.
Vierge Marie, etc.

Air : *Du moment qu'on aime*, de Zémire et Azor, Grétry.

O bŏn | hĕur! | quĕllĕ | grâce!
Sĭ mŏn | dŏux Jĕ | sŭs
M'ăccŏr | dāit ŭnĕ | plăce
Părmĭ | sĕs ĕlŭs.

Pĭ | tĭé dŭ cŏŭ | păble!
Sa voix lamentable
Maudit son erreur.
O Dieu de clémence!
Tu rends l'espérance,
La paix à mon cœur.

Aria di Chiesa, air d'église de Stradella. 1676.

Mŏn | Dĭĕu, mŏn | pĕrĕ,
Vois ma misère,
Pitié, Seigneur!
A ma prière,
O tendre père,
Sois moins sévère
Dans ta rigueur!
J'ai l'espérance
Que ta clémence,
Malgré l'offense,
Pardonnera.
De mort cruelle,
Flamme éternelle,
Main paternelle
Me sauvera.

Air : *Plaisir d'amour*, romance de Martini.

Plaisirs mondains ne durent qu'un moment,
Remords vengeurs durent toute la vie.
J'ai tout quitté pour l'amour de Marie,
Et j'ai trouvé la fin de mon tourment.

Plaisirs mondains ne durent qu'un moment,
Remords vengeurs durent toute la vie.

A mes erreurs je rêvais tristement
Et j'implorais les secours de Marie;
Dans le péché mon âme ensevelie
Semblait perdue, et j'ai changé pourtant!
Plaisirs mondains ne durent qu'un moment,
Remords vengeurs durent toute la vie.

———————

Air : *L'aurore du bonheur*, rectifié, Perrin, de Montpellier.

CHŒUR.

Tout l'univers est plein de sa magnificence,
Qu'on l'adore ce Dieu, qu'on l'invoque à jamais.
Chantons, chrétiens, chantons, publions ses bienfaits;
Son empire a des temps précédé la naissance.
La lumière des cieux est un don de ses mains,
Il commande au soleil d'embellir la nature;
Mais sa loi sainte, sa loi pure,
Est le don le plus grand qu'il ait fait aux humains.

SEXTUOR.

Air : *Ricevete, o padroncina*, chœur de le *Nozze di Figaro*, Mozart.

Loi divine, loi charmante,
Grâce immense du Seigneur;
Que d'amour, douceur touchante,
Quel trésor et quel bonheur!
Pour ces biens, faveur extrême,
Ce Dieu juste veut qu'on l'aime,
Et demande notre cœur.

Tout l'univers, etc.

SEXTUOR.

Air : *Conservez bien la paix du cœur*, duo de le **Bouffe** et le **Tailleur**,
Gaveaux.

Il donne aux fleurs leur aimable peinture,
Il fait naître et mûrir les fruits;
Et leur dispense avec mesure
Et la chaleur des jours et la fraîcheur des nuits.

Tout l'univers, etc.

———————

Air : finale du troisième acte de **Léonore** (*Fidelio*), de Beethoven.

CHŒUR.

Gloire au roi des cieux, au souverain,
Garant sacré de la justice;
Qu'il nous pardonne ou qu'il punisse,
On doit toujours bénir sa main.
    O toi, dont la puissance
    Protège l'innocence!
Grand Dieu, comblés de tes faveurs,
Jamais, par la reconnaissance,
Pourrons-nous acquitter nos cœurs?
    O plaisir, aimable ivresse,
    Cris de joie et chants d'amour,
    Doux accents, vive allégresse,
    Célébrez un si beau jour.

DUO.

Ce n'est plus de l'espérance;
Mon bonheur est assuré.
Esprit-Saint, par ta présence
Tout mon cœur est enivré.

CHŒUR *et six voix récitantes.*

O plaisir, aimable ivresse,
Cris de joie et chants d'amour,
Doux accents, vive allégresse,
Célébrez un si beau jour.

———————

Air de la *Prière de* **Moïse**, Rossini.

O | Vierge | tûtě | laïrě,
Ton peuple est en prière;
Obtiens qu'à sa misère
Succède un sort plus doux.
    Pî | tiố dě | noûs!

Tout cède à ta puissance;
Pour nous, avec instance,

  Implore la clémence
  Du roi très-saint des cieux.
   Entends nos vœux !

ROGATIONS.

Air de Méhul, romance d'Héléna, *Accusé du meurtre d'un père.*

 | Du mã | tīn ë | toīlë brīl | lāntë,
 Qui sur nous épands tes rayons,
 O Marie ! vers nos moissons
 Porte un jour ta main bienfaisante.
 Vois l'état où nous a réduits
 Des saisons l'étrange folie ;
 Des frimas préserve nos fruits,
 Et rends-nous l'espoir et la vie.

 Que souvent un ciel sans nuages
 Du soleil nous rende les feux ;
 A jamais bannis de ces lieux
 La tempête et les noirs orages.
 Vois l'état, etc.

 Parcourant la verte campagne
 Aux accords d'un chant solennel,
 Nous allons parer ton autel,
 Seul trésor de notre montagne.
 Vois l'état, etc.

Air : *D'Innibaca donzella,* chœur de la Donna del Lago, Rossini.

  O | Viergë | glōrī | ëüsë,
  Puissante et gracieuse,
 Reçois nos vœux et notre amour.
  Ton peuple aimant, fidèle,
  Va faire, par son zèle,
 D'un vif éclat briller ce jour.
  Qu'ici chacun s'empresse,
  Témoigne sa tendresse,
  Et qu'une sainte ivresse
  Anime nos concerts ;
 Nos chants et nos parfums s'élèvent dans les airs.

Air : *Serenate i vaght rat*, chœur de **Semiramide**, Rossini.

Mâ | rie, en | tends ma | plainte,
Tu sais qu'elle est ma crainte;
A la parole sainte
Dispose, unis mon cœur;
Divine protectrice,
Sois-nous toujours propice;
Au jour de la justice
Apaise un Dieu vengeur.

Air : *Gloire, gloire, évan, évoé!* chœur des **Danaïdes**, Salieri.

Gloire, gloire à Marie, à jamais!
Par ses mérites, ses bienfaits,
Elle signale sa puissance.
Comblés de ses faveurs,
S'élève dans nos cœurs
La voix de la reconnaissance.
Bonne mère, à nos pleurs, à nos vœux,
Pour nous, implorez la clémence
Du roi dont le trône est aux cieux.

Marie est triomphante;
Par elle, de l'enfer le pouvoir est brisé;
De l'horrible serpent, dans sa rage mourante,
De son pied reste écrasé.
Gloire, gloire! etc.

Sa bonté nous appelle,
Et la Vierge immortelle
A l'infortune tend la main;
Jusqu'à nous elle s'avance,
A nos cœurs rend l'espérance,
Du ciel nous montre le chemin.
Gloire, gloire! etc.

———

Air : *Seule, en proie à sa peine*, Donizetti, **Anne de Boulen**.

Au | guste | souve | raine,
Aimable et sainte reine,
Épargne-nous la peine

Qui doit punir l'erreur.
Sensible à nos alarmes,
Tu vois couler nos larmes;
L'espoir a plus de charmes
S'il vient de ta faveur.
Accorde à notre plainte
Tes soins consolateurs,
Et d'une vive crainte
Apaise les douleurs.

Air : *Di tanti palpiti*, Rossini, **Tancredi**.

Grande reine, ta clémence
A mon cœur rend l'espérance;
Implorons un secours pour nous si précieux,
Et portons vers le ciel nos regards et nos vœux.

| Saintĕ pă | trĭĕ,
Gloire infinie,
Où, par Marie,
Suis appelé!
Bien que réclame
Toute mon âme,
Un trait de flamme
T'a révélé.
Mon âme desire,
Fidèle, soupire,
Du ciel implore la faveur,
Et brûle d'arriver au séjour du bonheur.

NOTRE-DAME-DE-LUMIÈRES.

Mots et notes de Castil-Blaze.

| Astre éclă | tant dĕ lŭ | mières |.
Vierge, trésor de bontés,
Daigne exaucer nos prières,
Fais luire en nous tes clartés.

Sĕ | joŭr dĕ | paĭx quĕ chĕ | rĭt Nŏtrĕ | Dāmĕ,
Où tant de fois a brillé sa faveur;

Les maux du corps et les peines de l'âme,
Y sont guéris par un baume vainqueur.
        Astre éclatant, etc.

Ici toujours ses bontés furent grandes,
Tout y révèle un pouvoir souverain,
Vous y voyez les modestes offrandes
Des malheureux soulagés par sa main.
        Astre éclatant, etc.

Immaculée, aimable et tendre mère,
Protége-nous, veille sur nos enfants!
Leurs jeunes voix et leurs vœux, je l'espère,
Pour t'exalter s'uniront à nos chants,
        Astre éclatant, etc.

Des monts lointains, de la mer, du rivage,
Ton peuple accourt embrasser ton autel;
Joyeuse fête et saint pélerinage,
Pour nous est-il de jour plus solennel?
        Astre éclatant, etc.

Pendant le cours de la nuit sans nuage,
Dix mille feux, sur le mont réunis,
Portés en chœur, nous présentent l'image
De la splendeur, des chants du paradis.
        Astre éclatant, etc.

———————

Air : *Régnez, divin sommeil,* chœur d'**Atys,** Piccinni.

Au pied de cet autel, allons, peuple fidèle,
Déposer notre encens, nos prières, nos vœux.
Admis un jour au rang des bienheureux;
Puissions-nous voir briller la lumière éternelle!

———————

Air: *Andante* du finale de **Robin-des-Bois,** Weber.

En | tends nŏs | vœux, dĭ | vĭnĕ | mērĕ,
Et prends pitié de nos malheurs!
Que Dieu, touché de ta prière,
Sur nous répande ses faveurs.

De l'arche sainte d'alliance;
Gage promis, consolateur,
En nous ramène l'espérance,
Rends-nous la paix et le bonheur.

Air : *Cherchons, amis, cherchons encor*, chœur d'Euriante, Weber.

Al | lōns āu, | tēmplĕ | dū Sĕi | gnēur,
Et pă | rōns sŏn āu | tĕl dĕ fĕs | tōns măgnī | fĭquĕs ;
Chantons, chétiens, chantons en chœur,
Redisons de Sina les sublimes cantiques.
A sa bonté, clémence,
Ayons toujours ferme espérance ;
Le ciel nous révèle ses lois,
La terre obéit à sa voix.

Vois ce peuple qui te prie,
Ne rejette point ses vœux !
Bonne mère, ô toi, Marie,
Dis un seul mot, il est heureux !
Allons, etc.

Air : *Le dieu de Paphos*, chœur d'Écho et Narcisse, Gluck.

Nōs | hŭmblĕs cŏn | cērts, lĕs | hymnĕs dĕs | āngĕs,
Cĕ | lĕbrĕnt, | chāntĕnt | l'Étĕr | nĕl;
Que notre encens et nos louanges
Montent, sonnent jusqu'au ciel.
Qu'un saint amour nous inspire,
Abaissons-nous devant sa volonté;
Tout reconnaît son empire,
Il réunit la force à la bonté.
C'est encor lui qui nous console
Dans la peine et les malheurs,
Le doux parfum de sa parole
Ranime l'espérance en nos timides cœurs.

Air : *Voici la charmante retraite*, chœur d'**Armide**, Gluck.

Vĕ | nĕz dăns lă | săintĕ rĕ | trāĭtĕ,
Où l'âme est enfin satisfaite,
Gŭé | rĭs dĕ | tōŭs vŏs | māŭx,
Gouter un doux repos.

Air : *Jamais dans ces beaux lieux*, chœur d'**Armide**, Gluck.

Prĕ | sĕnt dŭ | cĭel, | pāĭx ĕtĕr | nĕllĕ,
Sĭ | ōn ăs | pĭre | ā tĕs bĭen | făĭts.
Hĕŭ | rĕŭx lĕ | cœŭr pŭr | ĕt fĭ | dĕlĕ
Tōŭ | jŏurs ĕ | prĭs dĕ | tĕs ăt | trāĭts.

FIN

TABLE DES MATIÈRES.

Paris. — Typographie MORRIS et Cie, rue Amelot, 64.